JavaScriptとWebGLによる

画像処理プログラミング

Image Processing programming

Photo Index

各ページに出てくるカラー写真をまとめました。詳細については各画像下に示すページをご覧ください。

第1章　「2次元 図形」と「画像」の作成

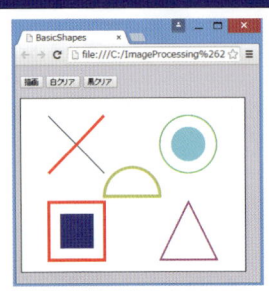

図1.1　「BasicShapes.html」の実行例（→　p.13）

図1.2　「TinyPaint1.html」の実行例（→　p.19）

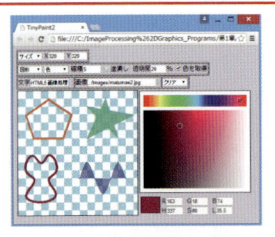

図1.3　「TinyPaint2.html」の実行例（→　p.34）

図1.4　「TinyPaint3」の初期画面（→　p.35）

図1.5　「TinyPaint3」の実行例（→　p.38）

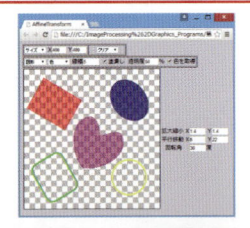

図1.6　「AffineTransform」の実行例（→　p.43）

第2章　基本的な「画像処理」

図2.1　「Simple.html」の実行例①（→　p.59）

図2.2　「Simple.html」の実行例②（→　p.60）

第3章　濃度変換

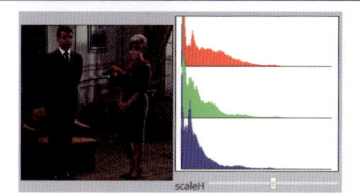

図3.3　ヒストグラムの例①（→　p.77）

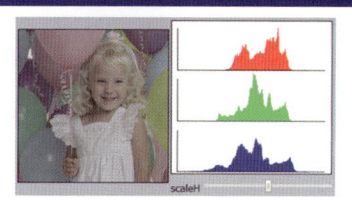

図3.4　ヒストグラムの例②（→　p.77）

図3.6　線形濃度変換の実行例（→　p.79）

図3.8　非線形濃度変換「タイプ1」の実行例
（→　p.80）

図3.9　非線形濃度変換「タイプ2」の実行例
（→　p.81）

図3.11　ヒストグラム平坦化「タイプ1」の実行例
（→　p.83）

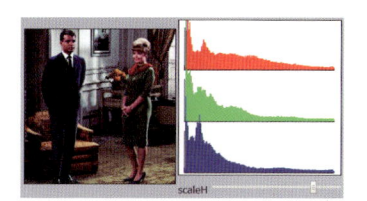

図3.12　ヒストグラム平坦化「タイプ2」の実行例
（→　p.83）

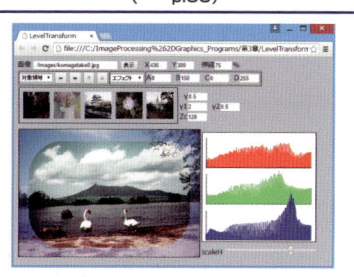

図3.13　「LevelTransform.html」の実行例
（→　p.84）

図3.15　ソラリゼーションの例（→　p.90）

第4章　平滑化フィルタ

図4.3　「平均値フィルタ」の例（「中心の重み」は「1」）（→　p.94）

図4.4　「ガウシアン・フィルタ」の例（→　p.95）

図4.6　「メディアン・フィルタ」の実行例（→　p.98）

図4.7　「選択的 局所 平均化」と「最頻値」フィルタの実行例（→　p.98）

図4.11　「デジタル・フィルタ」の実行例①（→　p.104）

図4.13　「Smoothing.html」の実行例（→　p.105）

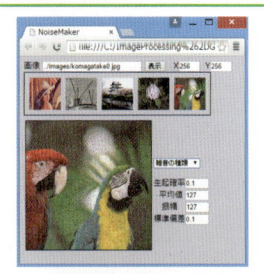

図4.15　「NoiseMaker.html」の実行例（→　p.111）

第5章　「エッジ検出」と「鮮鋭化」

図5.7　「EdgeFilterHQ.html」の実行例①
（→　p.132）

図5.12　「SharpenFilter.html」の実行例①
（→　p.132）

図5.13　「SharpenFilter.html」の実行例②（→　p.124）

第6章　「色による処理」と「画像合成」

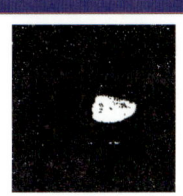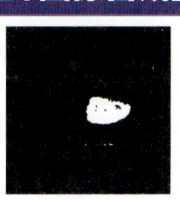

図6.11　「色相」による2値化の例（→　p.139）

図6.18　「QualityTransform.html」の実行例②（→　p.146）

図6.19　「アルファ・ブレンディング」の例（→　p.148）

図6.21 「クロマ・キー合成」の実行例(→ p.150)

図6.22 「特殊合成」の実行例(→ p.153)

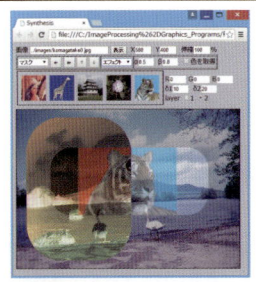

図6.23 「Synthesis.html」の実行例(→ p.153)

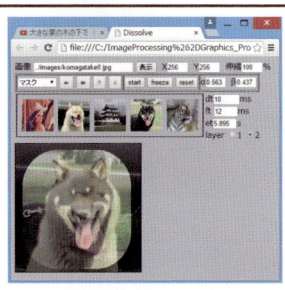

図6.24 「Dissolve.html」の実行例(→ p.157)

第7章 非写実的 描画

図7.2 「Illustrator.html」の実行例(→ p.162)

図7.5 「PenDrawer.html」の実行例①(→ p.167)

図7.6 「PenDrawer.html」の実行例②(→ p.168)

図7.7 「PaintingCreater.html」の実行例①(→ p.170)

図7.15 「Voronoi.html」の実行例⑤(→ p.182)

図7.8 「PaintingCreater.html」の実行例②(→ p.171)

第8章 「WebGL」による「画像処理」

図8.6 「WglSimple1.html」の実行例(→ p.205)

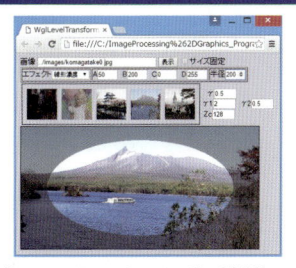

図8.9 「WglLevelTransform.html」の実行例(→ p.208)

第9章 「WebGL」による「変形処理」

図9.3 「WglLocal.html」の実行例①(→ p.218)

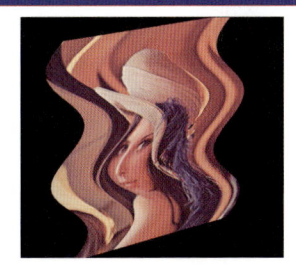

図9.7 「WglDeform3D.html」の実行例②(→ p.224)

第10章 「WebGL」による「3次元 効果」

図10.7 「WglPainting3D.html」の実行例
（→ p.253）

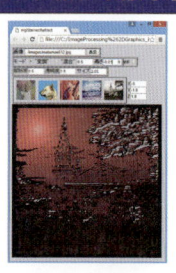

図10.12 「WglStainedRefract.html」の実行例
（→ p.262）

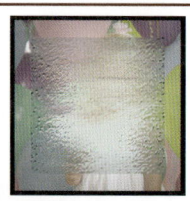

図10.11 「WglFrostedGlass.html」の実行例（→ p.261）

第11章 3次元の「非写実的 描画」

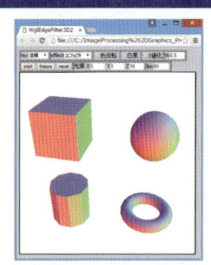

図11.10 「WglEdgeFilter3D2.html」の実行例①（→ p.287）

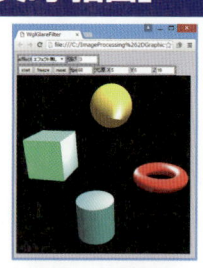

図11.15 「WglGlareFilter.html」の実行例①（→ p.298）

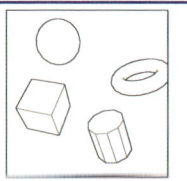

図11.14 「WglEdgeMRT.html」の実行例②（→ p.292）

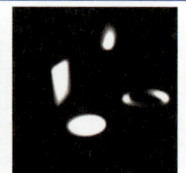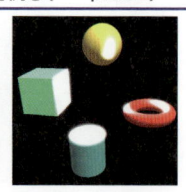

図11.16 「WglGlareFilter.html」の実行例②（→ p.299）

はじめに

　本書を執筆している時点では、Webページの作成には、「HTML5」「CSS3」および「JavaScript」などの「プログラミング・ツール」が利用されています。

> 　「**HTML**」（Hypertext Markup Language）は、「タグ」と呼ばれる要素を用いてWebページの骨組みを作るための言語。
> 　「**CSS**」（Cascading Style Sheets）は、文字の色やサイズなどのスタイルを具体的に指定するための言語。
> 　「**JavaScript**」は、Webブラウザで用いられるスクリプト言語であり、Webページの内容を動的に変更できる、「簡易プログラム言語」の一種。

　これらの言語はWebブラウザを利用できる環境では、「メモ帳」などのテキストエディタでもプログラミングでき、特別なプラグインなしでWebページやアプリケーションを作ることができます。

＊

　本書では画像処理のためのプログラミングに「WebGL」も利用します。「WebGL」はWeb上で3Dグラフィックスを利用できるようにした技術です。

　テクスチャを3D物体にレンダリングし、さまざまなエフェクト処理を実行するときや、3D-CGそのものに画像処理を適用するときには「WebGL」が必要になります。

　本書は「画像処理」が主なテーマですが、説明の都合上、2Dグラフィックスおよび3Dグラフィックスに関するアプリケーションも扱います。

＊

　アプリケーションの中には、効果が不十分なものや使い勝手の悪いものがあります。読者自身が改良されるよう期待します。

　筆者はこれまで、OpenGLやWebGLによってグラフィックス関係の書物を作ってきました（参考文献(24)〜(27)）。本書の内容（文章・図・プログラム）もこれら前著に酷似している場合があります。WebGLによるプログラミングのスタイルは、前著(25)〜(27)をほぼ踏襲しています。

酒井　幸市

JavaScriptとWebGLによる 画像処理プログラミング

CONTENTS

Photo Index 2
はじめに 9
「サンプル・プログラム」について 11

≪各章で作るアプリケーション名と説明≫

第1章 「2次元 図形」と「画像」の作成

[1-1] JavaScriptによる図形作成 13
[1-2] 「図形」の「線形変換」 42
[1-3] アニメーション 45
[1-4] 画像の作成 53

● BasicShape .... 「基本図形」の作成
● TynyPaint1 .... 「マウス操作」による「図形作成」
● TynyPaint2 .... 「カラーピッカー」を追加した「図形作成」
● TynyPaint3 .... 「図形」と「画像」の「合成」
● AffineTransform ...... アフィン変換
● Rotation .... 回転アニメーション
● Parabolic .... 放物運動アニメーション
● ImageCreater .... 「プログラム」による「画像作成」

第2章 基本的な「画像処理」

[2-1] 簡単な「画像処理」 56
[2-2] 階調数変換 65
[2-3] 拡大縮小処理 69

● Simple .... 「濃度反転」「グレイ・スケール変換」
　　　　　　　　　　　「セピア変換」「モザイク処理」
● Posterization .... 「階調数変換処理」
● Scaling .... 「サイズ変換」

第3章 濃度変換

[3-1] ヒストグラム 75
[3-2] 線形「濃度変換」 78
[3-3] 非線形「濃度変換」 79
[3-4] ヒストグラム平坦化 81
[3-5] アプリケーション「LevelTransform」 84
[3-6] ソラリゼーション 90

● LevelTransform .... 「線形濃度変換」「非線形濃度変換」
　　　　　　　　　　　　「ヒストグラム平坦化」「ソラリゼーション」

第4章 平滑化フィルタ

[4-1] 空間フィルタ 91
[4-2] 線形フィルタ 92
[4-3] 非線形フィルタ 95
[4-4] デジタル・フィルタ 99
[4-5] アプリケーション「Smoothing」 105
[4-6] 画像の「雑音」 110

● Smoothing .... 「平均値フィルタ」「ガウシアン・フィ
　　　　　　　　　　　　ルタ」「メディアン・フィルタ」「選択
　　　　　　　　　　　　的局所平均化」「最大値／最小値フィ
　　　　　　　　　　　　ルタ」「最頻値フィルタ」「デジタル・
　　　　　　　　　　　　フィルタ」
● NoiseCreater .... 「一様雑音とガウス雑音」の作成
● NoiseMaker .... 「雑音」を付加した「画像」の作成

第5章 「エッジ検出」と「鮮鋭化」

[5-1] 差分フィルタ 112
[5-2] 高精度の「エッジ検出」 118
[5-3] 鮮鋭化フィルタ 122
[5-4] エンボス・フィルタ 124

● EdgeFilter .... 「プレウィット」「ソーベル」「ロバーツ」「ラ
　　　　　　　　　　　　プラシアン」
● EdgeFilterHQ .... 「ゼロ交差法」「Cannyフィルタ」
● SharpeningFilter ...... 「ラプラシアン・フィルタ」「アンシャープ・
　　　　　　　　　　　　フィルタ」
● EmbossFilter .... 「エンボス・フィルタ」「鮮鋭化」

CONTENTS

第6章 「色による処理」と「画像合成」

[6-1]	色空間	128
[6-2]	2値化	136
[6-3]	「彩度」による「エッジ検出」	143
[6-4]	画質変換	145
[6-5]	画像の合成	147
[6-6]	ディゾルブ	157
[6-7]	「PNG画像」を作るアプリケーション	159

- ● Binarization……………「明度」「彩度」「色相」による2値化
- ● Posterization2………「明度」「彩度」「色相」による階調数変換
- ● EdgeFilterChroma……「彩度」によるエッジ検出
- ● QualityTransform………「HSV」「HSL」「YCC」色空間による画質変換
- ● Synthesis ……………「アルファ・ブレンディング」「クロマ・キー」「加算」「減算」「乗算」などの画像合成
- ● Dissolve ………………ディゾルブ
- ● PngCreater ……………PNG画像作成

第7章 非写実的 描画

[7-1]	概要	160
[7-2]	「イラスト風」画像作成	161
[7-3]	「ペン画風」画像作成	165
[7-4]	「絵画風」画像作成	169
[7-5]	「領域ベース」のNPR	172

- ● Illustrator ………………「イラスト風」画像作成
- ● PenDrawer ……………「ペン書き風」画像作成
- ● PaintingCreater ………「水彩画風」「油彩画風」の画像作成
- ● Voronoi …………………「ボロノイ図形」を利用した、「アート風」の画像作成

第8章 「WebGL」による「画像処理」

[8-1]	「WebGL」による「2Dグラフィックス」	183
[8-2]	「WebGL」による「画像処理」	194
[8-3]	その他の画像処理	208

- ● WglBasicShapes ……基本図形 作成
- ● WglParabolic1〜4 ……放物線運動
- ● WglSimple0〜2 ………「色反転」「グレイ・スケール」「セピア」「モザイク」
- ● WglLevelTransform ……線形 濃度変換」「非線形 濃度変換」
- ● WglSmoothing …………「平均値」「ガウシアン」
- ● WglEdgeFilter …………「プレウィット」「ソーベル」「ロバーツ」「ラプラシアン」

第9章 「WebGL」による「変形処理」

[9-1]	「画像空間」における「変形」	212
[9-2]	「幾何空間」における「変形」	219
[9-3]	「3次元空間」における「変形」	222
[9-4]	「WebGL」による「3D-CG」について	224

- ● WglDeform ………………「2次元空間」における「画像空間による変形」
- ● WglLocal …………………「2次元空間」における「局部的な変形」
- ● WglDeformGeometry ……「2次元空間」における「幾何空間による変形」
- ● WglDeform3D ……………「3D空間」における「変形」

第10章 「WebGL」による「3次元 効果」

[10-1]	「光」と「色」の表現	235
[10-2]	「凹凸感」の表現	246
[10-3]	「屈折環境マッピング」による「エフェクト」	254

- ● WglGraphics3D …………ライティングを組み込んだ「3D-CG」
- ● WglWave3D ………………波アニメーション
- ● WglWave3DSphere ………球体の波アニメーション
- ● WglPainting3D ……………絵画風画像作成
- ● WglLensRefract …………屈折環境マッピングによるレンズ効果
- ● WglWaveRefract …………屈折環境マッピングによる波効果
- ● Wgl FrostedGlass ………屈折環境マッピングによる曇りガラス効果
- ● WglStainedRefract ………屈折環境マッピングによるステンドグラス効果

第11章 3次元の「非写実的 描画」

[11-1]	トゥーン・シェーディング	263
[11-2]	「オフスクリーン描画」による「画像処理」	268
[11-3]	「法線」と「深度」による「エッジ検出」	286
[11-4]	「MRT」を用いた「エッジ検出」	290
[11-5]	グレア・フィルタ	298

- ● WglToonShading …………「基本立体」の「トゥーン・シェーディング」
- ● WglDogToon ……………「ペットロボット」の漫画風アニメーション」
- ● WglSimple3D1 …………「3Dグラフィックス」に対する「簡易画像処理」1
- ● WglSimple3D2 …………「3Dグラフィックス」に対する「簡易画像処理」2
- ● WglSimple3D3 …………「3Dグラフィックス」に対する「簡易画像処理」3
- ● WglSmoothing3D ………「3Dグラフィックス」に対する「平滑化処理」
- ● WglEdgeFilter3D ………「3Dグラフィックス」に対する「エッジ検出」
- ● WglEdgeFilter3D2 ………「法線」と「奥行き情報」を使った「エッジ検出」
- ● WglEdgeMRT ……………MRTを用いた「エッジ検出」
- ● WglGlareFilter …………「3Dグラフィックス」に対する「グレア処理」

参考文献	300
索引	301

●各製品名は一般に各社の登録商標または商標ですが、®およびTMは省略しています。

「サンプル・プログラム」について

本書の「サンプル・プログラム」は、工学社のホームページから入手できます。

http://www.kohgakusha.co.jp/

解凍にはパスワードが必要です。

9LTqqWysGAsG

解凍したものの中には、次のようなフォルダ、またはファイルがあります。

- ● lib ：本書で使うライブラリ用外部ファイル
- ● images ：テクスチャ画像
- ● 第1章～第11章 ：各章の「サンプル・プログラム」

本書のサンプル・プログラムは、「Google Chrome」だけで実行できます。

ただし、以下に示す手順が必要です。

① GoogleChromeのアイコンを右クリック。

② [プロパティ]－[ショートカット]と進み、

③ [ショートカット]タブのリンク先の最後に、

    `--allow-file-access-from-files`

を書き込みます。最初に、半角スペースが必要です。

④ [OK]ボタンをクリック。

⑤ このアイコンを起動。

注意することは、このような設定を行なったアイコンを起動した後で、サンプル・プログラムを立ち上げることです。

※一部のサンプル・プログラムに対しては、他のWebブラウザでも実行可能ですが、画像ファイルを必要とするプログラムは実行できないので注意してください。

[開発環境]

本書の「サンプル・プログラム」の開発環境は、以下の通りです。

OS	Windows8.1　64ビット
CPU	Core i5-3337U　1.8GHz
GPU	Intel HD Graphics 4000
RAM	4GB

[免責事項]

本書で作ったプログラムは読者のプログラムで必要に応じて自由に使ってかまいません。ただし、プログラムの使用にあたって生じたトラブルについては、著者および工学社は一切の責任を負いません。

「2次元 図形」と「画像」の作成

Making of 2D Shapes and Images

本章では、「2次元図形」と「画像」を作る、簡単なアプリを作ります。
作った図形や画像を「PNG画像」として保存します。

1-1 JavaScriptによる図形作成

第1章〜第7章は「JavaScript」のメソッドを用いた「図形」「画像」作成および「画像処理」について述べています。「WebGL」については第8章以降で扱います。

現在利用できる主要なブラウザでは、「HTML5」に含まれている <canvas> タグによってWebページ上に「キャンバス」を作り、その中に、プログラム言語「JavaScript」を使って、「2次元図形」や「画像」を描画できる機能が提供されています。

1.1.1 基本図形

JavaScriptで描画できる基本的な図形は、「直線」「四角形」「弧」です。
これらを用いて、「三角形」や任意の「多角形」「円」「楕円」を作ります。

図1.1 はアプリケーション「BasicShapes」の実行画面です。

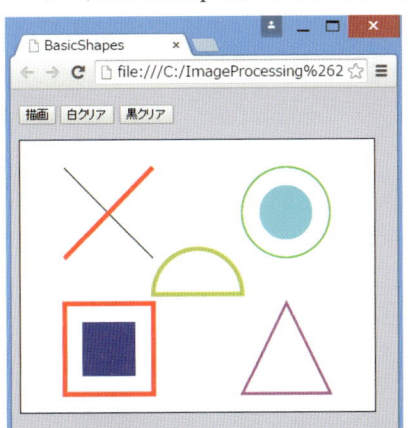

図1.1 「BasicShapes.html」の実行例

アプリを実行すると3個の「汎用ボタン」と「canvas要素」が表示され、ボタン[描画]をクリックすると、「左上」に2本の直線、「左下」に輪郭線の矩形と塗りつぶされた矩形、「右上」に輪郭線の円と塗りつぶされた円、「中心部」に輪郭線の半円、「右下」に輪郭線の三角形が表示されます。

ボタン[白クリア]および[黒クリア]で、キャンバス全体を、それぞれ、「白色」および「黒色」でクリアできます。

本書のアプリケーションは、拡張子「.html」のHTMLファイルと、拡張子「.js」のJavaScriptファイルで構成されます。

このアプリケーションのHTMLファイルは「BasicShapes.html」であり、JavaScriptファイルは「basicShapes.js」です。

リスト1.1に「BasicShapes.html」を示します。

リスト1.1　BasicShapes.html

```
 1  <!DOCTYPE html>
 2  <html lang="ja">
 3  <head>
 4  <meta charset="utf-8" />
 5  <title>BasicShapes</title>
 6  <script src = "basicShapes.js"></script>
 7  <style>
 8    body{ background-color: #ccd; }
 9    #canvas { background-color: #fff; border: 1px solid;}
10  </style>
11  </head>
12  <body onload = "main()" >
13    <p>
14      <input type="button" value="描画" onclick="draw()">
15      <input type="button" value="白クリア" onclick="clearWhite()">
16      <input type="button" value="黒クリア" onclick="clearBlack()">
17    </p>
18    <canvas id = "canvas" width="400" height=300 ></canvas>
19  </body>
20  </html>
```

プログラム解説

6行目の<script>タグによって、JavaScriptファイルを指定しています。

7～10行目の<style>タグによって、「css」スタイルシートを記述しています。

ここでは、「body」(Webページ全体)の色と「キャンバス」の色を指定しています(RGB各色を16進数で1桁または2桁で指定)。「背景画像」なども指定できます。

12行目において、Webページが読み込まれたとき、JavaScript側で最初に実行される関数を定義しています。

14～16行目で、「汎用ボタン」を作っています。

18行目で、「キャンバス」の「大きさ」を指定しています。

リスト1.2に「basicShapes.js」を示します。

リスト1.2　basicShapes.js

```
1  var can;  //キャンバス要素
2  var ctx;  //そのコンテキスト
3
4  function main()
5  {
6    //キャンバス要素の取得
7    can = document.getElementById('canvas');
8    //キャンバス用コンテキストの取得
9    ctx = can.getContext("2d");
10 }
11
12 function draw()
13 {
14   //直線1
15   ctx.beginPath();
16   ctx.moveTo(50, 30);
17   ctx.lineTo(150, 130);
18   ctx.stroke();
19   //直線2
20   ctx.strokeStyle = "rgba(255, 0, 0, 1.0)";
21   ctx.lineWidth = 5;
22   ctx.beginPath();
23   ctx.moveTo(50, 130);
24   ctx.lineTo(150, 30);
25   ctx.stroke();
26   //矩形1（輪郭線）
27   ctx.strokeRect(50, 180, 100, 100);
28   //矩形2（塗潰し）
29   ctx.fillStyle = "rgba(0, 0, 255, 1.0)";
30   ctx.fillRect(70, 200, 60, 60);
31   //円1（輪郭線）
32   ctx.lineWidth = 2;
33   ctx.strokeStyle = "rgba(0, 255, 0, 1.0)";
34   ctx.beginPath();
35   ctx.arc(300, 80, 50, 0, Math.PI*2, true);
36   ctx.stroke();
37   //円2（塗りつぶし）
38   ctx.fillStyle = "rgba(0, 255, 255, 1.0)";
39   ctx.beginPath();
40   ctx.arc(300, 80, 30, 0, Math.PI*2, true);
41   ctx.fill();
```

```
42    //弧,半円
43    ctx.lineWidth = 5;
44    ctx.strokeStyle = "rgba(200, 200, 0, 1.0)";
45    ctx.beginPath();
46    ctx.arc(200, 170, 50, 0, Math.PI, true);
47    ctx.closePath();
48    ctx.stroke();
49    //三角形
50    ctx.strokeStyle = "rgba(255, 0, 255, 1.0)";
51    ctx.lineWidth = 3;
52    ctx.beginPath();
53    ctx.moveTo(300, 180);
54    ctx.lineTo(350, 280);
55    ctx.lineTo(250, 280);
56    ctx.closePath();
57    ctx.stroke();
58 }
59
60 function clearWhite()
61 {
62    // canvasを白く塗り潰す
63    ctx.clearRect(0,0, can.width, can.height);
64 }
65
66 function clearBlack()
67 {
68    // canvasを黒く塗り潰す
69    ctx.fillStyle = "black";
70    ctx.fillRect(0,0, can.width, can.height);
71 }
```

プログラム解説 •

　1行目の「can」および2行目の「ctx」は、それぞれ、「canvas要素」と、この canvas要素の「**描画コンテキスト**」です。これらをプログラム内のどこからでもアクセスできるように「グローバル変数」で宣言しています。

　4～10行目はWebページが読み込まれたときに実行される「関数」です。

　ここでは、「canvas要素」とその「コンテキスト」を定義しているだけです。

　本書のアプリケーションでは、「コンテキスト名ctx」を用いて「キャンバス」に対する「描画メソッド」を利用しています。

　Webページの[描画]ボタンをクリックすると、**12～58行目**が実行され、キャンバスに「図形」が表示されます。

● 直線

(x1, y1) から (x2, y2) に「直線」を描画するには、

```
ctx.beginPath();
ctx.moveTo(x1, y1);
ctx.lineTo(x2, y2);
```

のようにコーディングします。

「beginPath()」メソッドは現在のパスをリセットし、新しいパスの作成を開始するメソッドです。

● 矩形(四角形)

「左上の座標」が (x, y)、「幅」が「w」、「高さ」が「h」の「矩形」の「輪郭 (枠線) を描画」するときは、

```
ctx.strokeRect(x, y, w, h);
```

「塗りつぶす」ときは、

```
ctx.fillRect(x, y, w, h);
```

のようにコーディングします。

● 弧

「円弧」を描くには、「arc()」メソッドを利用します。

```
ctx.arc(x, y, radius, startAngle, endAngle, anticlockwise);
```

ここで、「x, y」は「円弧の中心座標」、「radius」は「半径」、「startAngle, endAngle」はそれぞれ「円弧を描き始める角度」と「描き終える角度」です。

「X軸方向」から「右回り」の角度であり、「ラジアン」で指定します。「startAngle=endAngle」であれば、完全に閉じた円になります。

「anticlockwise」は「円弧」を描く方向を決定するパラメータであり、「true」または「false」で指定します。「true」ならば「反時計回り」、「false」ならば「時計回り」となります。

「arc()」メソッドの後で「**stroke()**」メソッドであれば「輪郭線」、「**fill()**」メソッドであれば「塗りつぶし」の「円弧」になります。

*

次に、「図形表示」に必要な項目を示します。

● キャンバスの座標系

キャンバスの座標は、横軸右方向がX軸方向、縦軸下方向がY軸方向であり、キャンバス左上が原点です。ピクセル単位で指定します。

● 線幅の指定

直線や輪郭線の線幅の初期値は1ピクセルです。

線幅を変更するときは、「lineWidth」プロパティを使います。

```
ctx.lineWidth = 5;
```

のようにコーディングします。

● 色の指定

色を特に指定しなければ、「黒色」で描画されます。

色を変更するには、「直線」や「輪郭線」に対しては「strokeStyle」プロパティを使い、「塗りつぶし」に対しては「fillStyle」プロパティを使って、次のように「文字列」で「色」を指定します。

```
ctx.strokeStyle = ' rgba(R, G, B, A)' ;
ctx.fillStyle = ' rgba(R, G, B, A)' ;
```

ここで、「rgba」は、「赤」(red)、「緑」(green)、「青」(blue)、「アルファ値」(alpha)を表わしています。

引数の値「R,G,B」には0～255の整数を、「A」には0.0～1.0の小数点数で指定します。

「A=0.0」のとき「完全な透明」になります。

限られた「色」に対しては、「'red'、'green'、'blue'」などの「文字」も利用できます。

「文字列」の括りには、「ダブル・クォーテーション」も利用できます。

● 「closePath()」メソッドについて

リスト1.2の**47行目**と**56行目**では「closePath()」メソッドを使っています。

このメソッドは、「最後の点」と「始点」を結ぶコマンドとして利用できます。

「塗りつぶす」ときには、このメソッドを必要としません。

● クリア

図1.1において、[白クリア]ボタンでキャンバス全体を白色でクリアできます。

「clearRect()」メソッドを使います。

```
ctx.clearRect(0,0, can.width, can.height);
```

「fillRect()」メソッドを使うと任意の色でクリアできます。

黒色でクリアするには、

```
ctx.fillStyle = "black";
ctx.fillRect(0,0, can.width, can.height);
```

とします。

1.1.2 インタラクティブに図形を描画する

　アプリケーション「BasicShapes」では、基本的な図形描画のためのプログラムを示しました。

　このアプリケーションの欠点は、図形の「位置」や「大きさ」を変えるには、その都度プログラムコードを書き換える必要があります。

　お絵かきソフトでは、マウス操作によってさまざまな図形をインタラクティブに描画できます。

　サンプル・プログラム「TinyPaint1」は、「ブラシ」「直線」「矩形」「角丸矩形」「円」「楕円」「ハート型」「多角形」「曲線」「文字」「画像」を表示できるアプリケーションです。

　プログラムを実行すると、タイル状の背景画像が表示されます。初期設定では「ブラシ」が有効です。

　アプリケーション「TinyPaint1」の実行例を**図1.2**に示します。

　この図には、「ブラシによる数字の"3"」「直線」「塗りつぶしの矩形」「塗りつぶしの角丸矩形」「塗りつぶしの楕円」「塗りつぶしのハート型」「画像」「塗りつぶしの文字」を描いています。

　「角丸矩形」「楕円」「ハート型」に対しては、それぞれ「50％」「60％」「70％」の透明度で描いています。

図1.2　「TinyPaint1.html」の実行例

*

この「サンプル・プログラム」の概要を、以下に示します。

● 「キャンバス・サイズ」を指定

キャンバスの「枠サイズ」は、「select 要素 [サイズ]」で変更できます。

変更した「枠サイズ」は、右横の「数値入力要素」に表示されます。この「数値入力要素 [X], [Y]」によっても、任意の「枠サイズ」に変更できます。

● 「図形の種類」を指定

「図形の種類」は、「select 要素 [図形]」で決定します。

ブラシ………「鉛筆」や「筆」のように、フリーハンドで図形を描きます。

マウスの「左ボタン」を押した状態で移動します。ボタンを離すと終了します。

直線…………「直線」を作ります。

マウスの「左ボタン」を押した位置が「始点」、そのままドラッグして、ボタンを離した位置が、「終点」です。

矩形…………「四角形」を作ります。

マウスの「左ボタン」を押し、そのままドラッグして、ボタンを離すと、「四角形」が決定されます。

角丸矩形……「角を丸くした四角形」を作ります。

マウスの「左ボタン」を押しそのままドラッグして、ボタンを離すと、「角丸四角形」が決定されます。

円……………「完全な円」を作ります。

マウスの「左ボタン」を押した位置が「中心」で、中心位置からドラッグして離した位置までを「半径」とする「円」になります。

楕円…………「楕円」を作ります。

マウスの「左ボタン」を押し、そのままドラッグして、ボタンを離すと、「四角形に内接する楕円」が決定されます。

ハート………「ハート型」を作ります。

「楕円」を描画するときと同じように、「矩形枠」の中に表示されます。

多角形‥‥‥‥「任意の頂点数」の「多角形」を作ります。

「左ボタン」をクリックしたとき、「頂点」が決定されます。

「最初の頂点」だけ、「点」(半径1の円)が表示されます。

「輪郭線」の場合は、最初の点に一致したとき、「閉じた多角形」が決定されます。

「最初の点」以外の点を2度クリックすると、その点が「終点」となり、「開かれた図形」になります。

[塗潰し]が「有効」のときは、「始点」と「終点」を結んだ、「塗りつぶされた多角形」になります。

曲線‥‥‥‥‥「3次スプライン補間」により「曲線」を作ります。

「頂点間の線分」(セグメント)を「5分割」(補間点は4個)に固定しています。

頂点を決める手順は多角形のときと同じです。

文字‥‥‥‥‥[文字]テキストボックスに書き込んだ文字を表示します。

楕円を描画するときと同じように、「矩形枠」の中に表示されます。

ほぼ「矩形枠」の大きさに、「拡大・縮小」されますが、「文字の長さ」が短ければ、右側に揃えられます。

始点より終点が左または上部であれば、表示されません。

画像‥‥‥‥‥[画像]テキストボックスに書かれた「ローカルファイルの画像」を描画します。

楕円を描画するときと同じように、「矩形枠」の中に表示されます。

「矩形枠」の大きさに、「拡大・縮小」されます。

●「図形の色」を指定

「図形の色」は、「select要素[色]」で決定します。

「赤、緑、青、黄、シアン、マゼンタ、黒、白」を選択できます。初期設定は「赤」です。

● 線幅を指定

「ブラシ、直線、図形および文字」の「輪郭線の太さ」は、「数値入力要素[線幅]」で変更できます。

● 「塗りつぶし」を指定

チェックボックス [塗潰し] で変更できます。

「ブラシ」「直線」「画像」以外の図形に適用されます。

● 「透明度」を指定

「数値入力要素 [透明度]」で変更できます。

この値を変更した後で描画した図形に、適用されます。

パーセンテージで指定します。「0」で不透明、「100」で完全に透明です。

画像以外の図形に適用されます。

図形を描画した後でも透明度を変更できます。

「チェックボックス [色を取得]」を選択して図形をクリックすると、その図形と同じ色の図形の透明度が、「数値入力要素 [透明度]」の値に変更されます。

再度「図形描画モード」に変更するときは、「チェックボックス [色を取得]」を「非選択」としてください。

● クリア

描画した図形を「select 要素 [クリア]」によってすべて削除できます。3通りのクリアがあります。

透明…………すべての画素の RGBA を「0」にしてクリア (背景画像が表示)。

白……………すべての画素の RGB を「255」、A を「1」にして「白色」でクリア。

黒……………すべての画素の RGB を「0」、A を「1」にして「黒色」でクリア。

● 画像の保存

通常の Web ページ上の画像と同じように「PNG ファイル」として保存できます。

・キャンバス上を「右クリック」します。

・「名前を付けて画像を保存」をクリックします。

・①「保存先のフォルダ」を表示し、②「ファイル名」を決め、③ [保存] をクリックします。

1.1.3 プログラム(tinyPaint1.js)

以後のプログラムについては、「JavaScript」側を中心に説明します。

プログラムコードは一部しか示していません。表示されていない部分は、ダウンロードしたプログラムで確認してください。

● 「マウス操作」について

マウスによってインタラクティブに図形を描画するには、キャンバス内の「マウ

スの位置」を知る必要があります。

たとえば、「main() 関数」において、

```
can.onmousedown = mouseDown;
```

のように設定しておくと、キャンバス内でマウスが押されたときに、「mouseDown()
関数」がコールされるようになります。このような関数を、「イベント・ハンドラ」
と言います。

または、

```
can.addEventListener("mousedown", mouseDown, false);
```

のように「addEventListener()」メソッドを用いる方法があります (実際の使用例
は、**1.1.6項のリスト1.9**参照)。

本書のプログラムでは、「マウス」が「移動」したとき、および「離され」たときの
「イベント・ハンドラ」を、以下のように設定しています。

```
can.onmousemove = mouseMove;
can.onmouseup = mouseUp;
```

また、このプログラムでは、「main() 関数」において、

```
document.onmousemove = docMouseMove;
```

もコーディングしてあります。これは、「Webページ全体」で「マウス」が移動した
ときの、「イベント・ハンドラ」です。

「docMouseMove()」イベント・ハンドラは、「マウスの位置」によって「カーソル
の形」を変更するための関数です。

「document」は、「windowオブジェクト」のプロパティでもあるので、「**window.
onmousemove**」としても、あるいは省略しても、同じように動作します。

リスト1.3に、これらの「イベント・ハンドラ」を示します。

リスト1.3 「tinyPaint1.js」の「マウス操作」イベント・ハンドラ

```
1  function docMouseMove(e)
2  {
3    if(typeof rectC == "undefined") return;
4    //マウスがcanvas領域に入った時rectCは定義される
5    var x = e.clientX - rectC.left;
6    var y = e.clientY - rectC.top;
7    if(e && x > 0 && x < can.width && y > 0 && y < can.height)
8      document.body.style.cursor = "crosshair";
```

```
 9    else
10      document.body.style.cursor = "auto";
11 }
12
13 function mouseDown(e)
14 {
15    if(e.button == 0) //左マウス押下
16    {
17      getCanvasData();
18      //canvas座標を取得
19      flagMouseDown= true;
20      px0 = px1 = e.clientX - rectC.left;
21      py0 = py1 = e.clientY - rectC.top;
22      vertex.push([px0, py0]); //多角形、曲線描画で使用
23      if(flagGetColor) {
24        flagMouseDown = false;
25        getColor(px0, py0);
26      }
27    }
28 }
29
30 function mouseMove(e)
31 {
32    //クライアント座標系のcanvas領域(ピクセル単位)
33    rectC = e.target.getBoundingClientRect();
34    //クライアント座標系のマウス座標を取得
35    if(e.button == 0 && flagMouseDown)
36    {//マウス位置がcanvas内ならcanvas座標を取得
37      px2 = e.clientX - rectC.left;
38      py2 = e.clientY - rectC.top;
39      //最新のcanvas内容を描画
40      ctx.putImageData(canvasImage, 0, 0);
41
42      if(kind == "ブラシ") drawLine(px1, py1, px2, py2);
43      if(kind == "直線") drawLine(px0, py0, px2, py2);
44      if(kind == "矩形") drawRect();
45      if(kind == "角丸矩形") drawRoundRect();
46      if(kind =="円") drawCircle();
47      if(kind =="楕円") drawEllipse();
48      if(kind == "ハート") drawHeart();
49      if(kind == "文字") drawText();
50      if(kind == "画像") drawImage();
51      if(kind == "ブラシ") getCanvasData();//これまでの結果を保存
52      px1 = px2;
53      py1 = py2;
54    }
55 }
56
57 function mouseUp(e)
58 {
59    if(e.button == 0 && flagMouseDown)
60    {
61      if(kind == "多角形" || kind == "曲線")
```

```
62        {
63          if(kind == "多角形") drawPolygon();
64          if(kind == "曲線") drawCurve();
65        }
66        else vertex.length = 0;
67
68        flagMouseDown= false;
69      }
70 }
```

プログラム解説 • • • • • • • • • • • • • • • •

　このリストの「行番号」は説明のための「行番号」であり、「テキスト・エディタ」で表示される「行番号」とは異なります(以後のリストも同じ)。

＊

　各「イベント・ハンドラ」の引数「e」は、「イベント」に関する情報をもつ「**イベント・オブジェクト**」です。

　「マウスカーソルの位置」は、「e.clientX」と「e.clientY」で取得できます。

　しかし、これらは「キャンバスの座標値」ではなく「クライアント領域の座標値」です。

　「クライアント領域」とは、「Web ページ全体の中の表示領域」です。

　「クライアント座標系」も「キャンバス座標系」と同じく、「左上」を原点として、「右方向」が「正の x 軸方向」、「下方向」が「正の y 軸方向」です。

　クライアント領域におけるキャンバスの座標を取得するには、**33行目**にあるように、

```
rectC = e.target.getBoundingClientRect();
```

によって求めることができます。

　「rectC.left」および「rectC.top」が「クライアント領域」における「キャンバス」の「左上」すなわち「原点座標」になります。

　すなわち、**5、6行目**にあるように、

```
var x = e.clientX - rectC.left;
var y = e.clientY - rectC.top;
```

によって、「キャンバス座標系」の「マウス位置」を求めることができます。

　同じようなコードが、**20、21行目**および**37、38行目**にあります。

　マウス操作によって、その「座標値」は、「px0、py0、px1、py1、px2、py2」に記録されます。

　これらは、「グローバル変数」として定義されています。

20、21行目で、「マウス左ボタン」が最初に押下されたときの「座標値」を、「px0、py0, px1、py1」としています。

37、38行目で、「マウスが移動し静止したときの座標」を「px2、py2」とし、「描画処理」が終わったあとで、「px2、py2」を、それぞれ、「px1、py1」に置き換えています。

● 「図形描画」について

「図形の種類」は、「select要素[図形]」で選択します。

選択された図形の種類は、グローバル変数「kind」に与えられており、マウスを移動したとき、その都度、「mouseMove()」イベント・ハンドラにおいて、それぞれの「描画関数処理ルーチン」がコールされます。

◉ブラシ描画

マウスを移動するたびに「px1、py1」から「px2、py2」に直線を描くと、「ブラシによる描画処理」が実行されます（**42行目**）。

◉直線描画

マウスの「左ボタン」を「押した位置」(px0, py0) から、ボタンを「離した位置」(px2, py2) まで直線を描くと、「直線描画」になります（**43行目**）。

◉矩形描画、円描画

「マウス操作」によって「始点」(px0, py0) と「終点」(px2, py2) が与えられると、アプリケーション「BasicShapes」で述べた方法で、「矩形」と「円」も描画できます。

「矩形」の「幅」は「w=px2-px0」、「高さ」は「h=py2-py0」で求めています。

「円」の「半径」は「$r = \text{Math.sqrt}((px2 - px0)*(px2 - px0) + (py2 - py0)*(py2 - py0))$」で求めています。

◉角丸矩形

「角丸矩形」は「矩形」の4個の角を「arc()」メソッドを用いて「丸み」を与えた図形です。

リスト1.4に描画関数「drawRoundRect()」を示します。

リスト1.4 「tinyPaint1.js」の「drawRoundRect()」

```javascript
 1 function drawRoundRect()
 2 {
 3   var w = px2 - px0;
 4   var h = py2 - py0;
 5   var d = 5;//短い辺の分割数
 6   var rad;//角の半径
 7   if(w < h) rad = w / d;
 8   else      rad = h / d;
 9   //角の弧の中心
10   var cx = []; cy = [];
11   cx[0] = px0+rad; cy[0] = py0+rad;//左上角
12   cx[1] = px2-rad; cy[1] = py0+rad;//右上角
13   cx[2] = px2-rad; cy[2] = py2-rad;//右下角
14   cx[3] = px0+rad; cy[3] = py2-rad;//左下角
15   ctx.beginPath();
16   if(form1.fill.checked)//塗りつぶし
17   {
18     ctx.fillStyle = setColor();
19     ctx.arc(cx[0], cy[0], rad, Math.PI, 270*Math.PI/180, false);//左上
20     ctx.arc(cx[1], cy[1], rad, 270*Math.PI/180, 0, false);//右上
21     ctx.arc(cx[2], cy[2], rad, 0, 90*Math.PI/180, false);//右下
22     ctx.arc(cx[3], cy[3], rad, 90*Math.PI/180, Math.PI, false);//左下
23     ctx.fill();
24   }
25   else//輪郭線
26   {
27     ctx.lineWidth = parseInt(form1.linewidth.value);
28     ctx.strokeStyle = setColor();
29     ctx.arc(cx[0], cy[0], rad, Math.PI, 270*Math.PI/180, false);//左上
30     ctx.arc(cx[1], cy[1], rad, 270*Math.PI/180, 0, false);//右上
31     ctx.arc(cx[2], cy[2], rad, 0, 90*Math.PI/180, false);//右下
32     ctx.arc(cx[3], cy[3], rad, 90*Math.PI/180, Math.PI, false);//左下
33     ctx.closePath();
34     ctx.stroke();
35   }
36 }
```

プログラム解説 ●

　このプログラムでは、「角の弧の半径」は、「幅w」と「高さh」を比較し、短いほうの辺の長さの「1/5」としています。

　配列「cx[]」および「cy[]」には「弧」の「中心」を求めておき、「角度90度」の「弧」を、「時計回り」で描いています。

　「塗りつぶし」のときも「輪郭線」のときも「弧」と「弧」の間の「直線」を描画する必要はなく、「前の弧の終点」と「次の弧の始点」を「パス」で結んでくれます。

　「輪郭線」のときの「最終パス」は「**closePath()**」メソッドで作れます（**33行目**）。

◉楕円描画

リスト1.5に、「楕円描画ルーチン」を示します。

リスト1.5 「tinyPaint1.js」の「drawEllipse()」ルーチン

```
 1 function drawEllipse()
 2 {
 3   var w = px2 - px0;
 4   var h = py2 - py0;
 5   if(Math.abs(w) < 5 || Math.abs(h) < 5) return;
 6   ctx.beginPath();
 7   ctx.lineWidth = parseInt(form1.lineWidth.value);
 8   var rad = 50;//半径
 9   var scaleX = 1;
10   var scaleY = 1;
11   if(w > h){ rad = Math.abs(h) / 2; scaleX = Math.abs(w/h);}
12   else     { rad = Math.abs(w) / 2; scaleY = Math.abs(h/w);}
13   ctx.save();
14   ctx.scale(scaleX, scaleY);
15   if(form1.fill.checked)
16   {
17     ctx.fillStyle = setColor();
18     ctx.arc((px0+w/2)/scaleX,(py0+h/2)/scaleY,rad,0,Math.PI*2,false);
19     ctx.fill();
20   }
21   else
22   {
23     ctx.strokeStyle = setColor();
24     ctx.arc((px0+w/2)/scaleX,(py0+h/2)/scaleY,rad,0,Math.PI*2,false);
25     ctx.stroke();
26   }
27   ctx.restore();
28 }
```

プログラム解説 ●

「矩形描画」と同じように、「px0、py0、px2、py2」から、「幅w」「高さh」を求めます。

「中心」を(px0+w/2, py0+h/2)とし、「w」と「h」の小さいほうの値の「1/2」を「半径 rad」とする「円」を描きます。

この「円」に対し、「scale()」メソッドを用いて、スケーリングします。

14行目の「ctx.scale(scaleX, scaleY)」は、「幅」(x軸方向)を「scaleX倍」、「高さ」(y軸方向)を「scaleY倍」します。「scaleX、scaleY」は**9〜12行目**で求めています。

しかし、このままでは「中心位置」もスケーリングされます。

「中心位置」を固定するために、**18行目**、**24行目**にあるように、「中心」を
((px0+w/2)/scaleX, (py0+h/2)/scaleY)としています。

「**scale()**」メソッドのように「描画状態」を変更するコマンドは、後に描画する
図形にも影響します。
このようなとき、「**save()**」メソッドで「現在の描画状態」を「保存」し(**13行目**)、
「描画後」に「**restore()**」メソッドで「復元」する必要があります(**27行目**)。

●多角形、曲線、ハート描画

「**mouseDown()**」ルーチンにおいて「マウス」をクリックするたびに、その「座標
値」(px0, py0)は配列「vertex[]」に格納されます(**リスト1.3の22行目**)。
この「vertex[]」は「多角形」および「曲線描画」に利用されます。

「多角形」と「曲線」の「描画関数」(「drawPolygon()」と「drawCurve()」)はすべて
の「頂点」(制御点)をクリックし、マウスを離したとき、すなわち、「mouseUp()」
ルーチンにおいてコールされます(**リスト1.3の63、64行目**)。

「vertex[]」は「ハート描画」でも利用していますが、「drawHeart()」ルーチン内で
決められた「頂点座標」(制御点)です。

「曲線」および「ハート型」描画は、「2次元」の「3次スプライン補間」を利用してい
ます。
「3次スプライン曲線」を描画するためのライブラリは、[lib]フォルダに実装し
てある「spline3.js」です。
(「3次スプライン補間」については、他書を参照してください)。

●文字描画

リスト1.6に「文字描画関数」の「drawText()」を示します。

リスト1.6 「tinyPaint1.js」の「drawText()」ルーチン

```
1 function drawText()
2 {
3   var str = form1.text.value;
4   var w = px2 - px0;
5   var h = py2 - py0;
6   if(w < 5 || h < 5) return;
7   var scX = 1;
8   var scY = h/50;
```

```
 9    ctx.font = "normal 50px 'MS 明朝'";
10    ctx.textAlign = "end";
11    ctx.save();
12    ctx.scale(scX, scY);
13    if(form1.fill.checked)
14    {
15      ctx.fillStyle = setColor();
16      ctx.fillText(str, px2/scX, py2/scY, w);
17    }
18    else
19    {
20      ctx.lineWidth = parseInt(form1.lineWidth.value);
21      ctx.strokeStyle = setColor();
22      ctx.strokeText(str, px2/scX, py2/scY, w);
23    }
24    ctx.restore();
25  }
```

プログラム解説 ••

　「文字」は「**strokeText()**」メソッド、または「**fillText()**」メソッドで描画できます。

　「strokeText()」は「文字の外枠」だけを表示し、「fillText()」は塗りつぶします。

```
ctx.strokeText(str, x, y, maxWidth);
ctx.fillText(str, x, y, maxWidth);
```

のようにコーディングします。

　ここで、「str」は「文字列」で、「x、y」は「文字の位置」です。4番目の引数は、文字全体の幅の最大値です。「maxWidth」を省略すると、文字フォントのサイズで、「文字全体の長さ」が固定されます。

　このプログラムでは **16、22行目** にあるように「矩形幅w」で指定しており、「矩形幅」の中に納まるように縮小されます。

　もし、「w」が「文字フォント」のサイズで決まる長さより大きくなれば、その長さに固定されます。「高さ」も「矩形枠」の「高さ」にほぼ一致させるように「scale()」メソッドを使っています。

　10行目 にあるように「**textAlign**」プロパティを「"end"」で指定しているので、「文字」は「矩形枠」の中に納まるようになります。

　「文字フォント」は **9行目** にあるように「CSS」の「**font**」プロパティと同じ方法で指定します。

「イタリック」の「太字」などにしたいときは、

```
ctx.font = "italic bold 50px 'MS 明朝'";
```

とします。

●画像描画

画像描画関数「drawImage()」を**リスト1.7**に示します。

リスト1.7　「tinyPaint1.js」の「drawImage()」ルーチン

```
 1 function drawImage()
 2 {
 3   var image = new Image();
 4   var w = px2 - px0;
 5   var h = py2 - py0;
 6   image.onload = function(){
 7     ctx.drawImage(image, px0, py0, w, h);
 8   }
 9   image.src = form1.sourceImage.value;
10 }
```

プログラム解説 ●

1行目の「drawImage()」は、「mouseMove()」ルーチンからコールされる関数です。**7行目**の「drawImage()」が画像をキャンバスに描画するためのメソッドです。

3行目の「image」は「Imageオブジェクト」です。
このメソッドには、

```
ctx.drawImage(image, dx, dy);
ctx.drawImage(image, dx, dy, dw, dh);
ctx.drawImage(image, sx, sy, sw, sh, dx, dy, dw, dh);
```

の3種類あります。
「dx, dy」は「描画先矩形」の「左上座標」で、「dw, dh」はその「横幅」と「縦幅」、「sx, sy, sw, sh」はそれぞれ「描画元」の「左上座標」「横幅」「縦幅」です。
「1番目」および「2番目」のメソッドの場合、「sx=sy=0」で「sw, sh」は画像固有のサイズに一致します。「1番目のメソッド」では、「dw, dh」が、「画像固有のサイズ」に一致します。

このプログラムでは**7行目**のように2番目のメソッドを使っており、指定された画像をマウス操作によって作られた「矩形サイズ」に「拡大縮小」されます。

*

なお、JavaScriptで「画像」を「キャンバス」に表示する手順は、以下の通りです。

・イメージ（画像）オブジェクトを作る（**3行目**）

・「画像」読み込み完了時の「イベント・ハンドラ」を設定する（**6〜8行目**）

・「画像」を読み込む（**9行目**）

　9行目にあるように、「Image」オブジェクトの「srcプロパティ」に読み込みたい「画像ファイル」または「url」を指定しておきます。

　9行目が実行されると、「ブラウザ」は画像の読み込みを開始し、「読み込み」が終了した時点で、「イベント・ハンドラ」内の「drawImage()」メソッドが実行され、画像は描画されます。

●「図形の一時保存」と「再描画」

　このアプリケーションを実行してみると分かるように、「ブラシ」と「多角形」および「曲線」以外は、「マウス」を移動している間、次々と「図形」や「画像」が変化します。

　そのため、「マウス」を移動させるたびにこれまでの「マウス」操作で描いた図形を消去しなければなりません。しかし、そのままでは、現在描いている図形しか見ることはできないことになります。

　複数の「図形・画像」を残すには一時的に「図形・画像」を保存し、「現在描いている図形」が完成した時点で「保存していた図形」を「再描画」するようにする必要があります。

　「ブラシ」の場合は、「マウス移動中の図形」を常に「再描画」させるようにします。

＊

　「現在のキャンバス」の「ビットマップ画像」を取得するには「getImageData()」メソッドを使います。

```
var canvasImage = getImageData(x, y, w, h);
```

は、「キャンバス座標」(x, y)を「左上」、「横幅w、縦幅h」とする「矩形領域の画像データ」を取得し、結果を「ImageData」オブジェクトの「canvasImage」に返します。

　「canvasImage.data」には「RGBA」の順番で「0〜255」の数値が「一次元配列」となって格納されます。

　この「配列データ」は各「画素の色」と「透明度」を表わします。

　「A=0」が「透明」、「A=255」が「完全不透明」となります。

　リスト1.3の「mouseDown()」および「mouseMove()」イベント・ハンドラに「getCanvasData()」がコーディングされています（**17行目**と**51行目**）。

これは、「キャンバス・データ」を一時保存する関数であり、この関数には、次の1行がコーディングしてあるだけです。

```
canvasImage = ctx.getImageData(0, 0, can.width, can.height);
```

「canvasImage」は「グローバル変数」として宣言しています。

「mouseMove()」ルーチンの**40行目**には、

```
ctx.putImageData(canvasImage, 0, 0);
```
がコーディングされています。

マウスが移動するたびに、この「putImageData()」メソッドによって一時保存されていた「キャンバス画像」が復元されることになります。

● 「色」と「透明度」の指定

1.1.1項でも述べたように、「文字列化」して色を指定します。

本プログラムでは、「文字列化」を関数「setColor()」で行なっています。**リスト1.8**に示します。

リスト1.8 「tinyPaint1.js」の「setColor()」ルーチン

```
1 function setColor()
2 {
3   var A = 1 - parseFloat(form1.coef_trans.value) / 100;
4   var C = "rgba(" + Red.toString(10) + "," + Green.toString
  (10) + "," + Blue.toString(10) + "," + A.toString(10)+ ")";
5   return C;
6 }
```

プログラム解説

色変数「Red,Green,Blue」は「グローバル変数」で与えられており、「select 要素[色]」で変更すると、「onChangeColor()」イベント・ハンドラが実行され、これらの色変数の値が決まります。

「アルファ値」(A)は、「数値入力要素[透明度]」で変更できます。

3行目において、パーセンテージで与えられた透明度を、「100%」が「A=0」に、「0%」が「A=1」になるように計算しています。

4行目において「toString()」メソッドを使って数値を「文字列化」しています。

1.1.4 「カラーピッカー」を追加

アプリケーション「TinyPaint1」の色指定は、「赤、緑、青、黄、シアン、マゼンタ、白、黒」に限定していました。「TinyPaint2」は、任意の色を指定できるように「カラーピッカー」を追加したプログラムです。

本プログラムの「カラーピッカー」は**「HSL色空間」**を用いています。

「色」を「RGB」の「3原色」で表現する代わりに、**「色相」**(Hue)、**「彩度」**(Saturation)、**「明度」**(Luminance)の「3要素」で表現する**「色空間」**です。

「色空間」については、**第6章**で説明します。

＊

図1.3に「TinyPaint2」の実行例を示します。

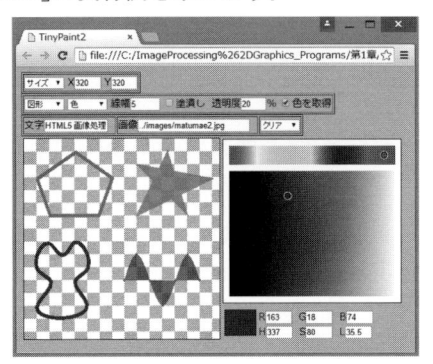

図1.3 「TinyPaint2.html」の実行例

「図形」を作る「メイン・キャンバス」(canvasMain)の右横に、「カラーピッカー用」の「キャンバス」(canvasPic)を配置しています。

最上部の「帯状のカラーマップ」は「色相用」です。

「色相用カラーマップ」(Hueマップ)はあらかじめ画像作成用アプリで作り（**1.5節**参照）、「canvasPic」の「背景画像」としています。

この「Hueマップ」上をクリックすると、「色相」を0〜360の範囲で求めることができます。

マウスを押下すると、「円」のマーカーは、その位置に移動します。**スライダー**のように、そのまま横方向にドラッグさせることもできます。

マウスを離した位置が、確定値になります。

「大きな矩形のカラーマップ」(S-Lマップ)によって「彩度」と「明度」を同時に取得できます。

「縦軸」が「彩度」、「横軸」が「明度」で、どちらも0〜100の範囲で求まります。
2次元のスライダーのように使えます。
「初期設定値」は、「色相0（赤）」「彩度100」「明度50」になっています。

得られた値は、下段の数値入力要素[H],[S],[L]に表示されます。
同時にRGBに変換され、数値は入力要素[R],[G],[B]に表示されます。
これらの数値入力要素によっても、色を変更できます。
　下段左側の小さなキャンバス（canvasResult）には、得られたRGBで決まる色
を表示しています。

　図1.3の「メイン・キャンバス」には、「多角形」と「曲線」の実行例を示しています。
右上は閉じた多角形ですが、頂点を1つおきに指定した結果です。
右下は閉じていない曲線です。「塗潰し」はどちらも透明感を与えています。

1.1.5 「画像」と「図形」を合成するアプリ

　これまでのアプリケーションでも、先に画像を描画し、その上に図形を描けば、
画像と図形は合成されます。
　その場合は、「塗りつぶし図形」の「透明度」を、前もって指定した後で、図形を
描かなければなりません。
　「画像」と「図形」が重なっているところでは、それぞれの色が混合され、「RGB
値」が一定ではないので、図形を描いた後で、その図形の領域全体を同じ透明度で
透明にすることはできません。

　「TinyPaint3」は図形を描いた後でも、「図形部分」を「任意の透明度で指定」して
合成できるアプリケーションです。

　初期画面を**図1.4**に示します。

図1.4　「TinyPaint3」の初期画面

● アプリケーションの概要

3個の「キャンバス」を重ね、「3層構造」としています。

「最下層」(レイヤー0、canvas0)には「画像」を表示し、「中間層」(レイヤー1、canvas1)には「半透明な図形および文字」を描画できます。これらを統合した画像を「最上層」(レイヤー2、canvas2)に統合でき、「新しい画像」として保存できます。

プログラムを立ち上げると、[画像]テキストボックスに書かれているファイル名の画像が「最下層」に表示されます。

初期状態ではすべてのフォームが表示されます。

[アクティブ・レイヤー]ラジオボタンを"1"に変更すると、レイヤー0に関係する入力フォームが非表示になります。

ラジオボタンを"0"に戻すとレイヤー1に関係する入力フォームが非表示になります。

「アクティブ・レイヤー」が1に対する入力フォームの働きは、「TinyPaint2」のときとほとんど同じです。

● 画像の表示

「最下層」に表示できる画像は、[画像]テキストボックスで変更できます。

ファイル名を書き込み、[表示]ボタンをクリックします。

さらに、「canvas」内に「ローカルファイル」を**ドラッグ&ドロップ**することによって、画像を読み込むことができます。

大きなサイズの画像は1200px (pxはpixelの意)以下に縮小されます。

右横の数値入力フォーム[X],[Y]には画像サイズが表示されます。

入力フォーム[伸縮]によって「縦横同じ割合」で「拡大縮小」できます。

すべての「canvasサイズ」は「canvas0」のサイズに統一されます。

[アクティブ・レイヤー]ラジオボタンを"1"にしておくと、ドラッグ&ドロップによって「中間層」にも表示できます。

このとき、「canvasサイズ」より大きな画像は、「縮小表示」され、「canvasサイズ」より小さな画像は、「原画像のサイズ」に固定されます。「画像の中心」は「canvas中心」に一致します。

●「枠サイズ」の決定

「アクティブ・レイヤー」が"0"のとき「最下層」のレイヤーに「矩形枠」を表示し、その枠内の画像を新規画像として作成できます。

マウスの「左ボタン」を押し下げ、そのままドラッグしてボタンを離すと、「枠」が決定され、「画像サイズ入力フォーム」の値が変化します。

「セレクト要素[枠選択]」によって、決められたサイズの枠を表示できます。

枠の中心が「canvas」の中心に一致しています。

右横の「矢印ボタン」によって移動させることができます。

また、[←]などの「矢印キー」によっても移動させることができます。

[Shift]キーと[Ctrl]キーを併用すると、片側だけを移動させることができます。

[新規作成]ボタンをクリックすると、選択枠内の画像が作られます。

このとき、他の「canvas」のサイズも「最下層」の「canvasサイズ」に一致するようになります。

● クリア

「レイヤー1」に描画した図形を、「select要素[クリア]」によってすべて削除できます。

3通りの「クリア」があります。

「クリア処理」は「レイヤー1」に対してだけ有効です。

・**透明**………すべてのRGBを0、透明度100％でクリア
・**白**…………すべての画素のRGBを255、白色でクリア。
・**黒**…………すべての画素のRGBを0、黒色でクリア。

白と黒に対しては入力フォーム[透明度]の値が有効です。

● 統合

[統合]ボタンをクリックすると、「レイヤー0」の「画像」と「レイヤー1」の「図形」を統合した画像が、「レイヤー2」にレンダリングされます。

図1.5に「TinyPaint3」の実行例を示します。

図1.4の「初期画面」をそのまま使っています。

図1.5 「TinyPaint3」の実行例

図1.5の作成手順は、以下の通りです。

① 「表示レイヤー」および「アクティブ・レイヤー」を"1"としたのち、60％の「黒クリア」を実行。
② 次に、大きめの「赤の角丸矩形」を描き、さらに「青のハート型」を描く。
③ ［色の取得］をチェックしたのち［透明度］を70％にしてから、「赤の角丸矩形」をクリック。
④ ［透明度］を100％に変更し、「ハート型図形」をクリック。
⑤ 「表示レイヤー」の"2"をチェックしたのち、［統合］をクリック。
⑥ 「キャンバス」上で右クリックし、「PNG画像」として保存。

1.1.6 「tinyPaint3.js」のプログラム

「ドラッグ＆ドロップ」によって「キャンバス」に「ローカル・ファイル」の画像を読み込む方法と、「2つのレイヤーの画像」の統合について説明します。

● ドラッグ＆ドロップによる「画像ファイル」のロード

「HTML5」の「Drag and Drop API」と「File API」を使うと、「ローカル・ファイル」を「Webブラウザ」の「ウインドウ」内に「ドラッグ＆ドロップ」して画像を読み込むことができます。

このアプリでは、「canvas0」と「canvas1」にロードできるようにしてあります。

＊

リスト1.9に「main()」ルーチンからコールされる「drag_drop()」ルーチンを示します。

リスト1.9 「tinyPaint3.js」の「drag_drop()」ルーチン

```
1  function drag_drop()
2  {
3      //デフォルトのイベントを禁止
4      window.addEventListener("dragover", function(e){
5        e.preventDefault();
6      }, false);
7      //ドラッグアンドドロップで画像を取り込む
8      window.addEventListener("drop", function(e)
9      {
10       e.preventDefault();// デフォルトのイベントを禁止
11       var file = e.dataTransfer.files[0];//ドロップされた最初のファイル
12       var type = file.type;// ファイルのMIMEタイプ
13       // 画像データを読み込み
14       if (type.indexOf("image") == -1)
15       { alert("画像ファイルを指定してください"); return; }
16
17       var reader = new FileReader();// ファイルリーダーオブジェクトの作成
18       reader.onload = function(e)
19       { // ファイル読み込み完了時の処理
20         image = new Image();//画像オブジェクトを作成
21         image.onload = function()
22         { //画像が読み込まれたら表示
23           //サイズをmaxSize以下に限定
24           if(activeLayer == 0)
25           {
26             sc = 1;
27             var mSize = Math.max(image.width, image.height);
28             if(mSize > maxSize){
29               if(image.width > image.height) sc = maxSize /
   image.width ;
30               else sc = maxSize / image.height;
31             }
32             can[0].width = can[1].width = can[2].width = image.width * sc;
33             can[0].height = can[1].height = can[2].height =
   image.height * sc;
34             form1.sizeX.value = can[0].width;
35             form1.sizeY.value = can[0].height;
36             ctx[0].scale(sc, sc);
37             ctx[0].drawImage(image, 0, 0);
38             ctx[0].scale(1/sc, 1/sc);//倍率を元に戻す
39
40             scale = 1;//追加スケーリングを初期化
41             form1.scale.value = 100;
42           }
43           else if(activeLayer == 1)
44           {
45             sc = 1;
46             if(can[1].width < image.width || can[1].height <
   image.height)
47             {
48               var mSize = Math.max(image.width, image.height);
49               if(mSize > can[1].width) sc = can[1].width /
```

```
    image.width ;
50              else sc = can[1].height / image.height;
51          }
52          //左上の位置
53          var x0 = 0.5*(can[1].width - image.width*sc);
54          var y0 = 0.5*(can[1].height - image.height*sc);
55          ctx[1].scale(sc, sc);
56        ctx[1].drawImage(image, x0/sc, y0/sc);//x0,y0も縮小される
57          ctx[1].scale(1/sc, 1/sc);//倍率を元に戻す
58          }
59        else{
60          alert("アクティブ・レイヤー2には描画できません！");
61          }
62      }
63      image.src = reader.result;//読み込まれたデータをそのまま代入
64    }
65    reader.readAsDataURL(file);//画像データの読み込み
66  }, false);
67 }
```

プログラム解説 •

「ドラッグ＆ドロップ機能」は、「ドラッグ操作」と「ドロップ操作」に分かれます。

「windowオブジェクト」の「addEventListener()」メソッドの「第1引数」が "dragover"であれば、「ドラッグ要素」が「ドロップ要素」に重なっている間に「イベント」が発生します。

「第1引数」が"drop"であれば、「ドロップ時」（マウスを離したとき）に「イベント」が発生します。

5行目および**10行目**において「イベント・オブジェクト」の「preventDefault()」メソッドで「ドラッグ＆ドロップ機能」のデフォルトのイベントの動作を禁止しています。

これらがなければ、「ローカル・ファイル」を「Webブラウザ」に「ドラッグ＆ドロップ」すると、ページが切り替わり、「新しいページ」に「ローカル・ファイルの内容」が表示されてしまいます。

11行目において、「ドロップ」の内容を「イベント・オブジェクト」の「dataTransfer.files配列」で受け取ります。ファイルが1個だけの場合は、「files[0]」に保存されます。

12～15行目で、ファイルの「MIME」タイプを調べ、「画像データ」でなければ

処理を中止します。

17行目で、「FileReaderオブジェクト」を作り、18行目でその「onload」プロパティにファイル読み込み時の「イベント・ハンドラ」を設定しています。

「ファイルの読み込み」は65行目の「readAsDataURL()」メソッドで実行されます。

「Imageオブジェクト」の読み込みと同じように、「非同期」で行なわれるため、「readAsDataURL()」メソッドの呼び出しは最後になります。

21行目で「Imageオブジェクト」を作り、画像が読み込まれたときの「イベント・ハンドラ」を21行目で設定しています。「画像の読み込み」は63行目で実行されます。

「readAsDataURL()」メソッドで得られた内容は、「reader.result」に保存されるので、そのまま「Imageオブジェクト」の「srcプロパティ」に設定しています。

＊

「アクティブ・レイヤー」が"0"であれば、26～41行目が実行され、読み込まれた画像は「canvas0」に描画されます。

その際、「ドラッグ＆ドロップ」された画像の「width」と「height」を比較し、その大きいほうが許容最大サイズ「maxSize」(このアプリでは1200)より大きいときは、すべての「キャンバス」のサイズはこの値以下に調整されます。

「アクティブ・レイヤー」が"1"であれば「canvas1」に描画されます。

「canvas0」のときと同様にサイズ調整されますが、常に「画像の中心」と「キャンバスの中心」が一致するように設定しています。

● 統合

本アプリは、「[統合]ボタン」をクリックすると、「canvas0」の「画像」と「canvas1」の「図形」または「画像」とを合成し、その結果を「canvas2」に「描画」します。

「統合処理ルーチン」を**リスト1.10**に示します。

リスト1.10 「tinyPaint3.js」の「onClickMerge()」ルーチン

```
function onClickMerge()
{
  ctx[2].drawImage(can[0], 0, 0);
  ctx[2].drawImage(can[1], 0, 0);
  //統合後はcanvas0とcanva1の画像を消去
  ctx[0].clearRect(0, 0, can[0].width, can[0].height);
  ctx[1].clearRect(0, 0, can[1].width, can[1].height);
}
```

プログラム解説 ••

　「drawImage()」メソッドの「第1引数」に他の「canvas要素」を指定すると、その「canvas要素」の「画像」をコピーしてくれます。

　「canvas0」の画像を「下」に、「canvas1」の画像を「上」に重ねるときは、このリストにあるように「can[0]」を先に指定します。

　「統合」した後で、「canvas0」と「canvas1」の「画像」を「消去」したいときは、「clearRect()」メソッドを使います。

1-2　「図形」の「線形変換」

　「キャンバス」に「描画」された「図形」に対して、「**平行移動**」「**回転**」「**拡大縮小**」などを実行するためのメソッドがあります。

　「**translate()メソッド**」は、「平行移動」に利用されます。
　「**rotate()メソッド**」は、「回転」に利用されます。
　「**scale()メソッド**」は、「拡大縮小」に利用されます。

　このうち、「scale()」メソッドはすでに説明しています。
　これらのほかに「変換行列」の「値」を「直接変更」する「transform()」メソッドや「setTransform()」メソッドがありますが、本書では使いません。

＊

　「平行移動」の構文は、

```
ctx.translate(tx, ty);
```

です。「tx,ty」が「平行移動量」で、単位は「ピクセル」です。

「回転」の構文は、

```
ctx.rotate(angle);
```

です。「回転角angle」は[rad]単位です。

「拡大縮小」の構文は、

```
ctx.scale(sx, sy);
```

です。「sx, sy」はそれぞれ「x軸方向」および「y軸方向」の「伸縮率」です。

*

「平行移動」「回転」「拡大・縮小」のような「線形変換」は「アフィン変換」とも呼ばれます。

サンプル・プログラム「AffineTransform」は、「アフィン変換」を実現するアプリケーションです。

*

図1.6に実行例を示します。

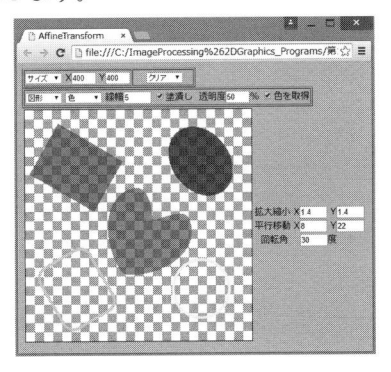

図1.6 「AffineTransform」の実行例

このアプリで作れる図形は、「矩形」「角丸矩形」「楕円」「ハート型」だけです。

「select要素[図形]」で「種類」を選択すると、「キャンバス」の中心に表示されます。
キャンバス右の「入力フォーム」で、「拡大縮小」「平行移動」「回転」を実行できます。
「回転角」の単位は[deg]です。
「正の角度」なら「右回り」、「負」ならば「左回り」です。

これらの「アフィン変換」は、直前に描画した図形に対してだけ有効です。
これまでのアプリと同じように、「チェックボックス[色を取得]」をチェックし

てあれば、図形上をクリックすることで「半透明化」できます。

＊

アフィン変換は「変換の順序」が重要です。このアプリでは、

拡大縮小⇒回転⇒平行移動

としています。このようなときプログラミングは、

平行移動⇒回転⇒拡大縮小

のように「逆順」でコーディングします。

このように設定すると、「拡大縮小」は常に「元の姿勢」で伸縮され、「平行移動」後でも「回転」は「図形の中心」を「回転軸」として回転します。

「コーディングの順序」を変えると、「アフィン変換」の結果は、異なったものになります（**1.3節**の「自転」と「公転」を参照）。

リスト1.11に「楕円描画ルーチン」を示します。

リスト1.11 「affineTransform.js」の「drawEllipse()」ルーチン

```
 1 function drawEllipse()
 2 {
 3   ctx.save();
 4   var x0 = can.width / 2;
 5   var y0 = can.height / 2;
 6   //半径
 7   var rad = 50;
 8   ctx.lineWidth = parseInt(form1.lineWidth.value);
 9   ctx.beginPath();
10   ctx.translate(x0+tx, y0+ty);
11   ctx.rotate(angle);
12   ctx.scale(sx, sy);
13
14   if(form1.fill.checked)
15   {
16     ctx.fillStyle = setColor();
17     ctx.arc(0, 0, rad, 0,Math.PI*2, false);
18     ctx.fill();
19   }
20   else
21   {
22     ctx.strokeStyle = setColor();
23     ctx.arc(0, 0, rad, 0, Math.PI*2, false);
24     ctx.stroke();
25   }
26   ctx.restore();
27 }
```

プログラム解説 ●●●●●●●●●●●●●●●●●●●●●●●●●●●●●●●●

　3行目の「save()」メソッドで現在の「変換行列」などの「描画状態」を保存し、**26行目**のように描画後に「restore()」メソッドで「復元」します。

　これらを省略すると、「あとから描く図形」の「変換行列」に「影響」を与えます。

　10～12行目で「アフィン変換」を実行しています。

　16～18行目で「塗りつぶし」の「円」を、**22～24行目**で「枠線の円」を描いています。

　これらの「円」は、「原点」(キャンバス領域の左上)を中心として描かれます。

　「アフィン変換」の「平行移動量」(tx, ty)が「0」のとき「キャンバス」の「中心位置」に移動させる必要があります。

　そのため**10行目**において「translate()」メソッドの「引数」を(x0+tx, y0+ty)としています。

　12行目の「scale()」メソッドの「引数」の値が異なるとき、「楕円」になります。

　「楕円」と「ハート型」では「枠線」を描くときその「太さ」も「scale()」メソッドの影響を受けることになります。

　「矩形」および「角丸矩形」のときは、これを避けるため、「矩形の幅」と「高さ」に「伸縮率」を乗じています。

1-3　　　　　　　　　アニメーション

　「アフィン変換」のパラメータを連続的に変化させると、「アニメーション」を作成できます。

　「JavaScript」で「アニメーション」を行なうには、「**setInterval()**」メソッドまたは「**setTimeout()**」メソッドの「**タイマー関数**」を使います。

　ここでは、「setInterval()」だけを利用します。

　次の構文は「setInterval()」の例です。

```
intervalID = setInterval(animate, time);
```

　「第1引数」は一定時間ごとに呼び出される「関数」、「第2引数」は「呼び出す時間間隔」であり、「ミリ秒単位」で指定します。

このタイマーを止めるときは、「clearInterval()」メソッドを、次のように利用します。

```
clearInterval(intervalID);
```

引数の「intervalID」は「setInterval()」が返す固有の変数です。

1.3.1 回転アニメーション

「天体」の「恒星」や「惑星」「衛星」は、**公転**(revolution)しながら**自転**(rotation)しています。

「恒星」は「銀河中心」の周りを、「惑星」は「恒星」の周りを、「衛星」は「惑星」の周りを公転しています。

サンプル・プログラム「Rotation」は、「自転」と「公転」を理解するためのアプリケーションです。

前節の「AffineTransform」において「拡大縮小」がなければ、「回転が実行」された後に「平行移動」しています。この場合は「自転」になります。

「公転運動」を作りたいときは、「平行移動」後に「回転」を行なうようにします。

● 「自転」と「公転」

図 1.7 に「自転」と「公転」の関係を示します。
「円形軌道」上を「長方形物体」が「自転」しながら「公転」している様子です。
実際の「天体運動」は「楕円軌道」ですが、ここでは単純に「円軌道」とします。

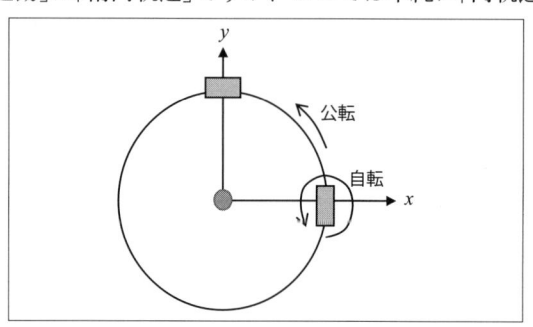

図1.7 「自転」と「公転」

もし、「地球」の周りを回っている「月」のように「公転周期」と「自転周期」が同じであれば、この図のように「長方形」の「長軸」が常に「公転軌道」に「平行」になります。

「1回転」に要する時間を「周期」(period)と言います。

いま、「自転周期」を「T_{rot}」とし、「公転周期」を「T_{rev}」とすると、微小時間「Δt」の間に回転する角度、「$\Delta\theta_{rot}$」「$\Delta\theta_{rev}$」は、それぞれ、

$$\Delta\theta_{rot}=\frac{2\pi\Delta t}{T_{rot}}, \Delta\theta_{rev}=\frac{2\pi\Delta t}{T_{rev}} \tag{1.1}$$

で与えられます。微小時間「Δt」は「時間刻み」「タイム・ステップ」などと呼ばれます。

● 実行例

アプリケーション「Rotation」の実行例を**図1.8**に示します。

「自転」しながら「公転」する物体を、「赤」と「青」の「半円」を結合した「円」(以後「円盤」と呼びます)で描画しています。

アプリケーションを立ち上げると、「円盤」は右側に表示されます。

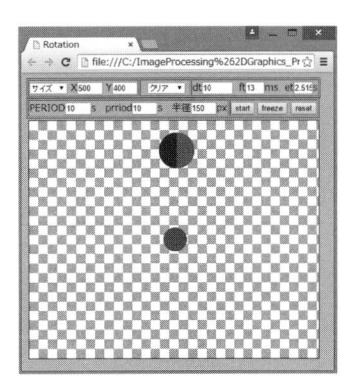

図1.8 「Rotation.html」の実行例

[start]ボタンをクリックすると「円盤」は「反時計回り」に回転します。

[freeze]をクリックすると中断し、もう一度クリックするとその位置から回転を続けます。

[reset]をクリックすると、「初期位置」に戻ります。

ここでは、「キャンバス中心」を「座標中心」としています。

これまでのアプリと同じように、「キャンバス」の「サイズ」を「変更」や、「透明クリア」「白クリア」「黒クリア」が実行できます。

*

「入力フォーム」1段目の[dt]は**式(1.1)**の微小時間「Δt」に相当します。

プログラムでは「deltaTime」としており、単位は[ms]です。

この「deltaTime」を「setInterval()」メソッドの「第2引数」に用いています。

すなわち、「アニメーション関数」の「animate()」を繰り返し呼び出す時間間隔は「deltaTime」に一致します。

「deltaTime」を大きくすると「1フレーム当たり」の「回転角度」が大きくなり、「円盤」は"カクカク"した動きになります。

「deltaTime」を小さくすると、滑らかになりますが、小さくしすぎると実際の1フレームに要する時間が「deltaTime」に一致しなくなります。

「[ft] テキストボックス」に表示される値が、実際の「フレーム時間」です。

プログラムでは「frameTime」としており、「0.5秒間隔」で表示しています。

「[et] テキストボックス」には「経過時間」(elapseTime)を「秒単位」で示しています。

図1.8は「約90度回転」したときのスナップです。

*

「入力フォーム」2段目の、[PERIOD][period]は、それぞれ、「公転周期」「自転周期」です。

初期設定ではどちらも「10[s]」であり、「円盤」の「赤」と「黒」の接続線が常に座標の中心を向くようになります。

[半径]は「座標中心」から「円盤中心」までの距離であり、「公転軌道」の「半径」です。「ピクセル単位」で指定できます。

●「rotation.js」のプログラム

リスト1.12に「rotation.js」の「animate()」ルーチンを示します。

リスト1.12 「rotation.js」の「animate()」ルーチン

```
1  function animate()
2  {
3    var currentTime = new Date().getTime();//[ms]
4    var frameTime = currentTime-lastTime;
5
6    elapseTime += frameTime;
7    elapseTime1 += frameTime;
8    if(elapseTime1 >= 500){//0.5sに1度表示
9      form1.frameTime.value = frameTime.toString();
10     form1.elapseTime.value = (elapseTime/1000).toString();//秒表示
11     elapseTime1 = 0;
12   }
13   lastTime = currentTime;
14
15   var x0 = can.width / 2;//canvas中心
16   var y0 = can.height / 2;
17   if(clearKind == "TRANS") clearTrans();
18   else if(clearKind == "WHITE") clearWhite();
19   else clearBlack();
20
```

```
21   var PERIOD = parseFloat(form1.PERIOD.value);//公転周期
22   var period = parseFloat(form1.period.value);//自転周期
23   var radius = parseFloat(form1.radius.value);//軌道半径
24   if(PERIOD == 0 || period == 0){
25     lastTime = currentTime; return;
26   }
27   ANGLE -= 2*Math.PI * (deltaTime/1000) / PERIOD;
                                      //deltaTimeを秒に変換
28   angle -= 2*Math.PI * (deltaTime/1000) / period;
29   ctx.save();
30   ctx.translate(x0, y0);//原点をcanvas中心に平行移動
31   drawCenter();
32   ctx.rotate(ANGLE);          //公転
33   ctx.translate(radius, 0);   //右方向に軌道半径分平行移動
34   ctx.rotate(angle-ANGLE);//自転
35   drawCircle();
36   ctx.restore();
37 }
```

プログラム解説 •

3～13行目で「時間計測」を行なっています。

現在時刻「currentTime」は「Date」オブジェクトの「**getTime()**」メソッドによって、「ミリ秒単位」で求まります。

「1フレーム」に要する時間は、前回の「currentTime」（**13行目**で「lastTime」に保存）との差で求めています。

この「フレーム時間」（frameTime）を「経過時間」（「elapseTime」および「elapseTime1」）に加えています。

「elapseTime1」は「500ミリ秒」（0.5秒）の計測に使い、「0.5秒」ごとに「フレーム時間」を「ミリ秒」で、「全経過時間」（elapseTime）を「秒」で表示しています。

21～23行目で、「入力フォーム」で指定した「公転周期」（PERIOD）、「自転周期」（period）、「軌道半径」（radius）を求め、**27～28行目**で式(1.1)に基づいて「公転角度」（ANGLE）および「自転角度」（angle）の増分を求めています。
「負号」を付けているのは「PERIOD」や「period」が「正」のとき「反時計回り」にするためです。

32～34行目で「自転」と「公転」のための「アフィン変換」を行なっています。
前にも述べたように、「変換の順序」は「逆順」でコーディングします。

34行目が「自転」のための「回転操作」です。33行目で「右方向」の「初期位置」に「平行移動」した後で、「公転」のための「回転操作」を32行目で行なっています。

ここで注意することは、「平行移動」後に「回転」すると図1.7のように、姿勢も変化することです。

すなわち、34行目の「自転操作」がないときでも「公転角度」と「自転角度」が一致するようになります。

そのため、34行目の「ctx.rotate()」の引数を「angle-ANGLE」としています。

30行目の「平行移動」は、座標系の原点をキャンバス中心に移動しているだけです。

1.3.2 放物運動アニメーション

「地上」で物体を放ると、「放物運動」が見られます。

サンプル・プログラム「Parabolic」は、「放物運動」をシミュレートするアプリケーションです。

● 数値解法

「物体の運動」は「位置」「速度」「加速度」によって表現できます。

いま、「x軸方向」に「速度v」で移動する物体を考えてみます。

微分方程式は、

$$\frac{dx}{dt} = v \tag{1.2}$$

で与えられます。

もし、「速度」も「時間的」に変化するならば、

$$\frac{dv}{dt} = a \tag{1.3}$$

となります。この「a」は「加速度」と呼ばれます。ここでは「a」は常に「一定」の、**等加速度運動**を扱います。

「微分」は時間変化ぶん「dt」を「0」の「無限小」の極限で考えますが、「コンピュータ」では有限な微小時間「Δt」で扱わなければなりません。

この微小時間「Δt」の間に「位置」と「速度」がそれぞれ「$\Delta x , \Delta v$」変化したとします。

「微小時間」の間は「速度」と「加速度」は一定とすると、上式より、

$$\Delta x = v\Delta t , \Delta v = a\Delta t \qquad (1.4)$$

が導かれます。

時刻「$t = t_n$」のときの「位置」と「速度」をそれぞれ「x_n , v_n」とします。

微小時間「Δt」後の「位置」と「速度」をそれぞれ、「x_{n+1} , v_{n+1}」と置くと、「$\Delta x = x_{n+1} - x_n , \Delta v = v_{n+1} - v_n$」となります。上式を用いて「$x_{n+1} , v_{n+1}$」は、

$$\begin{cases} x_{n+1} \cong x_n + v_n\Delta t \\ v_{n+1} \cong v_n + a\Delta t \end{cases} \qquad (1.5)$$

で近似できます。

これは最も単純な「数値解法」であり**「前進オイラー法」**と呼ばれます。

時刻「$t = 0$」で初期値「x_0, v_0」を与えておくと、「$n = 1, 2, \cdots$」の「位置」と「速度」が次々と求まります。

「物体」を「空気中」で「移動」させると、「空気抵抗」によって減速します。

ここでは、「空気抵抗」を無視して、「鉛直軸方向」の「重力加速度g」だけを考慮します。

すなわち、

$$a_x = 0 , a_y = -g \qquad (1.6)$$

とします。ただし、「y軸正方向」は「鉛直軸上向き」の方向としています。

「前進オイラー法」は、

$$\begin{cases} x_{n+1} \cong x_n + v_{x,n}\Delta t \\ y_{n+1} \cong y_n + v_{y,n}\Delta t \\ v_{y,n+1} \cong v_{y,n} - g\Delta t \end{cases} \qquad (1.7)$$

となります。「速度」の「x成分v_x」は常に一定です。

「後退オイラー法」は、

$$\begin{cases} v_{y,n+1} \cong v_{y,n} - g\Delta t \\ x_{n+1} \cong x_n + v_{x,n+1}\Delta t \\ y_{n+1} \cong y_n + v_{y,n+1}\Delta t \end{cases} \tag{1.8}$$

となります。プログラムでは、「後退オイラー法」を用いています。

● 実行例

アプリケーション「Parabolic」の実行例を図1.9に示します。

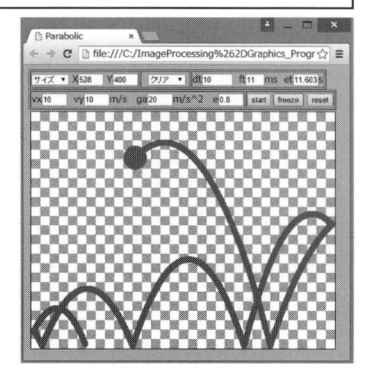

図1.9 「Parabolic.html」の実行例

アプリケーションを立ち上げると「半径20ピクセル」の「赤い円盤」が現われます。[start] ボタンで円盤は動き出します。

「入力フォーム1段目」は前項の「Rotation」と同じです。
「2段目」の [vx] と [vy] は「初速度」で、単位は [m/s] です。
ただし、「キャンバス座標」の「10ピクセル」を1[m] としています。

[ga] は「重力加速度」(単位は [m/s^2]) です。
地上の重力加速度は約9.8[m/s^2] ですが、アプリケーションでは自由に変更できるようにしてあります。
「0」にすると「無重力状態」となって直線的に移動し、「負」にすると天井のほうに"落ちる"ようになります。

[e] は「反発係数」です。「キャンバスの境界線」を「床」「壁面」「天井」と見なし、これらに「衝突」したときは「速度方向」を反転させ、「大きさ」を「反発係数倍」だけ小さくしています。

「重力加速度」と「反発係数」はアニメーション中に変更できます。
「初速度」を変更したときは、再度スタートさせます([reset] → [start])。

「円盤の初期位置」は乱数で決めており、[reset]ボタンをクリックすると変化します。

[Ctrl]キーを押している間、「円盤の移動軌跡」が表示されるようになります。

「軌跡」を表示するときは、「円盤の半径」を「5ピクセル」とし、「フレーム」が切り替わっても画面のクリアはできないようにしています。

1-4　画像の作成

1.1.3項において「**getImageData()**」メソッドを使い、「キャンバス」の「画像データ」を「ImageData」オブジェクトの配列として取得できることを述べています。

ここでは、新たに「ImageData」オブジェクトを作り、プログラムによって画像を作る方法を述べます。

「ImageData」オブジェクトを作るには、「**createImageData()**」メソッドを使います。

```
var imageData = ctx.createImageData(w, h);
```

は、矩形のサイズが「横幅w」「縦幅h」の「ImageData」オブジェクトの「imageData」を作ります。

この新規の「ImageData」オブジェクトは、「透明な黒」となっています（「RGBA」すべて「0」の値）。

すなわち、「imageData.data」はすべて「0」にクリアされた「一次元配列」になっています。

＊

作られた「ImageData オブジェクト」を「キャンバス」に表示するには、次のように「putImageData()」メソッドを使います。

```
ctx.putImageData(imageData, dx, dy);
```

「第2引数」と「第3引数」の「dx」と「dy」は、貼り付けるキャンバス上の「左上座標」です。

このほかに「imageData」の一部を描画する方法もありますが、省略します。

＊

サンプル・プログラム「ImageCreater」は「ゾーンプレート」と「色相マップ」を作るアプリケーションです。

「ゾーンプレート」は**第2章**で使います。

「色相マップ」は「色相」と「角度」の関係を表現した「カラーマップ」で、アプリケーション「TinyPaint2」で使っています。

このアプリケーションでは2種類のカラーマップを作成できます。

「カラーマップ1」は、角度の範囲[0,360]を直接横軸ピクセルに一致させています。

「カラーマップ2」は、横軸ピクセルの範囲を[0,270]としています。

「TinyPaint2」では、後者を使っています。

*

リスト1.13に「ImageCreater.js」の「HueMap2()」ルーチンを示します。

リスト1.13 「ImageCreater.js」の「HueMap2()」ルーチン

```
1  function HueMap2()
2  {
3     //Hueの最大値を270としている（360の0.75倍）
4     var w = 271, h = 30;
5     var dw = 270/6;
6     form1.sizeX.value = can.width = w;
7     form1.sizeY.value = can.height = h;
8     //ImageDataオブジェクトの作成
9     var output = ctx.createImageData(w, h);
10
11    var luminance = 50;//明度50のときの色相
12    var saturation = 100;
13    var maxC = luminance * (1 + saturation/100) * 2.55;
14    var minC = 510*luminance/100 - maxC;
15    var red, green, blue;
16
17    var i, j;
18    for(j = 0; j < h;j++)
19    {
20       for(i = 0; i < w; i++)
21       {
22          hue = i;
23          if(hue < dw){
24             red = maxC;
25             green = (hue/dw) * (maxC-minC) + minC;
26             blue = minC;
27          }
28          else if(hue < 2*dw){
29             red = ((2*dw-hue)/dw) * (maxC-minC) + minC;
30             green= maxC;
31             blue = minC;
32          }
33          else if(hue < 3*dw){
34             red = minC;
35             green = maxC;
```

```
36        blue = ((hue-2*dw)/dw) * (maxC-minC) + minC;
37    }
38    else if(hue < 4*dw){
39        red = minC;
40        green = ((4*dw-hue)/dw) * (maxC-minC) + minC;
41        blue = maxC;
42    }
43    else if(hue < 5*dw){
44        red= ((hue - 4*dw)/dw) * (maxC-minC) + minC;
45        green = minC;
46        blue = maxC;
47    }
48    else if(hue <= 6*dw){
49        red = maxC;
50        green = minC;
51        blue = ((6*dw-hue)/dw) * (maxC-minC) + minC;
52    }
53    var k = (j * w + i) * 4;// //各ピクセルの先頭インデックス番号
54    output.data[k + 0] = red;
55    output.data[k + 1] = green;
56    output.data[k + 2] = blue;
57    output.data[k + 3] = 255;
58    }
59  }
60  ctx.putImageData(output, 0, 0);
61 }
```

プログラム解説 •

9行目で「ImageData」オブジェクトを「output」として作っています。

11~52行目で「角度」に対する「色相のRGB値」を求めています。
これについては**第6章**を参照してください。

求めた「色データ」は「1次元化」した配列「output.data[]」に格納されます。
53行目で各ピクセルの先頭を与えるインデックス番号を求めています。
「canvas」と同じように「左上」が「原点」であり、「変数i」によって右に行くほど「x
座標」は大きくなり、「変数j」によって下に行くほど「y座標」は大きくなります。
「1ピクセル」につき「RGBA」の「4成分」が必要なことに注意してください。

54~57行目で、その配列に「RGBA値」を与えています。
完全な不透明にするときは「A成分」を「255」とします。

60行目で、「putImageData()」メソッドを用いて「キャンバス」に「レンダリング」しています。

第2章

基本的な「画像処理」

Basic Image Processing

「画像処理」にはさまざまな目的があります。

本書では、「元の画像」を加工して「新しい画像」に変換することを主な目的にしています。

「画像の変換処理」には大変多くの種類があります。

この章では、比較的簡単な「濃度反転」「グレイ・スケール変換」「セピア変換」「モザイク処理」「サイズ変換」「階調数変換」などを扱います。

「画像」を加工してさまざまな効果を与えることを、「エフェクト処理」とも言います。

2-1 　　　　　　　　簡単な「画像処理」

きわめて単純な「画像処理」として、「濃度反転」「グレイ・スケール変換」「セピア色変換」、さらに、「モザイク処理」を説明します。

2.1.1 「濃度反転」「色反転」

「コンピュータ内部」では、「信号値」を「1バイト」(8ビット) で扱っています。「$2^8 = 255$」です。

「デジタルカメラ」などで取り込んだ画像は、空間的に離散化され、「**画素**」(pixel) の集合体で表現されます。各「画素」は一般に、「R (赤)」「G (緑)」「B (青)」の3成分をもち、それぞれ「256階調」の「**画素値**」に「量子化」されています。

この「画素値」は「モニタ」(ディスプレイ) で表示したときの明るさであり、「**輝度値**」または「**濃度値**」などと呼ばれます。

「**濃度反転**」は、「明るい部分を暗く」「暗い部分を明るく」する処理です。

ある「画素」の「処理前の濃度値」を「Z」とし、「濃度値の最大値」を「Z_M」、「処理後の濃度値」を「Z'」とすると、「濃度反転」の一般式は、

$$Z' = Z_M - Z \tag{2.1}$$

です。

カラー画像に対してはこの式を画像全体の画素のRGB各3成分に対して適用す

るので、「**色反転**」になります。

2.1.2 グレイ・スケール変換

「R,G,B」3成分の「濃度値」を同じ値にすると、「色」のない、「白黒画像」になります。「モノクロ画像」「**グレイ・スケール画像**」とも言います。

「グレイ・スケール変換」には、

・RGB各成分の「単純平均化」

・RGB各成分に「重み」を付けた、「NTSC加重平均法」

などがあります。

本書で使う「NTSC加重平均」では、次式を利用します。

$$Z' = 0.299R + 0.587G + 0.114B \tag{2.2}$$

2.1.3 「セピア色」変換

「セピア」(sepia)とは、「イカ墨」のことです。

「イカ墨」で作られた絵具で描かれた「絵」や「文字」は、日光などで褪色すると薄い褐色になります。「古い写真」は色が褪せると、やはり淡い褐色になります。

「写真」などで言われる「セピア色」は、本来の暗褐色の「イカ墨」の色でなく、この褪色した「淡い褐色」の色を言います。

「セピア色」は、「グレイ・スケール画像」の「赤成分」を強くし、「G」と「B成分」を弱くすると、実現できます。

本書では、次式を利用しています。

$$\begin{pmatrix} R' \\ G' \\ B' \end{pmatrix} = Z' \begin{pmatrix} 0.95 \\ 0.7 \\ 0.4 \end{pmatrix} \tag{2.3}$$

ここで、「R', G', B'」は変換後の「RGB」3成分、「Z'」は**式(2.2)**で求めた「グレイ・スケール濃度値」です。

2.1.4 モザイク処理

「テレビ」や「インターネット」で「写真」を公開する場合、「プライバシー保護」のために、「**モザイク処理**」(mosaic processing)や「**ぼかし処理**」が必要になるあることがあります。

画像は「画素数」が多ければ多いほど精細になります。「モザイク処理」は「画像全体」の「画素数」は同じで、「見かけの画素数」を少なくする処理です。

「ぼかし処理」については**第4章**で述べます。

● 「モザイク処理」のアルゴリズム

「原画像」を「横方向」および「縦方向」に、ある画素数、「N_p」のブロックで分割します(「ブロック」の「総画素数」は「$N_p \times N_p$」)。

その「ブロック内部」を、「均一の濃度値」に変更します。

「均一濃度値」の決め方として、

①原画像のブロック内部の濃度値の平均値

②原画像のブロック内部の代表値(たとえば各ブロック中心点の濃度値)

があります。本書では②の方法を用いています。

2.1.5 アプリケーション「Simple」

サンプル・プログラム「Simple」は、「色反転」「グレイ・スケール」「セピア」「モザイク」の簡単な画像処理を体験できる、アプリケーションです。

このアプリケーションは、次のような特徴をもっています。

● 「サムネール画像」の表示

「画像」を「メイン・キャンバス」にロードする方法として、前章のアプリ「TinyPaint3」と同じように、(A)[画像]テキストボックスを使うか、(B)ドラッグ＆ドロップが使えます。

このほか、(C)5個のサムネール画像をクリックすることによっても切り替えることができます。

● 「エフェクト処理領域」を「複数選択」可能

マウス操作によって「半透明図形」を作ると、「エフェクト処理」はその領域だけに限定されます。

「エフェクトの種類」は「select要素[エフェクト]」によって変更できます。

プログラムを立ち上げ、「エフェクトの種類」(「色反転」「グレイ・スケール」「セ

ピア」「モザイク」)を選択すると、「メイン・キャンバス」全体の画像が処理対象になります。

　マウスによって「処理対象領域」を1個でも作ると、その領域だけが処理対象になります。

　「select要素[対象領域]」によって、「図形」(「矩形」「角丸矩形」「楕円」「ハート型」)を選択できます。
　デフォルトは「矩形」です。

　前章のアプリケーションで説明したように、「矢印ボタン」によって移動させることができます。
　または、[←]などの「矢印キー」によっても移動させることができます。
　[Shift]キーと[Ctrl]キーを併用すると、片側だけを移動させることができます。
＊
図2.1に実行例を示します。

　この例では、4個の異なる「図形」に対して、異なる「エフェクト処理」が実行されています。
　左上の「楕円領域」は「モザイク処理」、右上の「ハート型領域」は「色反転」、ハクチョウ左の「矩形領域」は「グレイ・スケール変換」、ハクチョウ右の「角丸矩形領域」は「セピア色変換」です。

図2.1　「Simple.html」の実行例①
選択領域によってエフェクト処理が異なる例。左上「楕円領域」は「モザイク処理」、右上「ハート型領域」は「色反転」、ハクチョウ左側の「矩形領域」は「グレイ・スケール変換」、右側の「角丸矩形領域」は「セピア色変換」。

1つの「選択領域」に対して「エフェクト処理」を実行すると、「実行後の画像全体」が「新しい原画像」になります。

「新しい領域」を選択すると、「その領域」だけが「次の処理の対象領域」になります。

＊

図2.2は、最初に「ハート型領域」に対して「色反転」を実行し、続けて「大きな角丸矩形」で「選択領域」を作り、再度、「色反転」を行なった結果です。

「重複領域」は2度「色反転」されるので、「元の色」に「復元」されています。

図2.2 「Simple.html」の実行例②

最初に「ハート型領域」に対して「色反転」を実行し、続けて大きな「角丸矩形」で「選択領域」を作り、再度「色反転」を行なうと、重複領域は「元の色」に「復元」される。

2.1.6 「simple.js」のプログラム

アプリケーション「Simple」に特有な事項を説明します。

●「サムネール画像」の作成

「サムネール画像」は、「HTML」側で作った「横幅380px」「高さ84px」の「サムネール用キャンバス」(ID名は"canvasThumb")に、「JavaScript」側でアップロードしています。

「サムネール画像」は、サイズが「64px×64px」に「縮小表示」されます。

マウスが「サムネール画像」を指したとき、マウスカーソルは"pointer"になるようにしています。

リムネール画像作成ルーチンは「upThumbnail()」です。

●「ImageData」オブジェクトについて

「画像全体」に対して「エフェクト処理」を行なうだけであれば、「メイン・キャンバス」の「ImageData」オブジェクトとして1つ用意しておけば、すみます。

このアプリケーションでは、「選択領域」だけを処理できるように、「canImage」

と「subImage」の2つの「ImageData」オブジェクトを利用しています。これらを「グローバル変数」として宣言しています。

「canImage」は「原画像の画像データ」であり、「subImage」は「選択領域作成後の画像データ」です。

前項で述べたように、「メイン・キャンバス」への「画像」のロードには、3種類の方法が利用できます。

どの方法でも、「メイン・キャンバス」(ID名は"canvas")に「画像」が新しくロードされたときは、

```
canImage = ctx.getImageData(0, 0, can.width, can.height);
subImage = ctx.createImageData(can.width, can.height);
```

によって、「canImage」を新しい「画像データ」で更新し、「subImage」をクリアしておきます。

この「初期状態」では、「ImageData」オブジェクトの「canImage」は「原画像データ」そのものであり、「subImage」は「RGBA」すべての成分が「0」のデータとなっています。

「自然界の写真」から作られた「canImage」の「RGB成分」は、「全領域」において「subImage」の「RGB」と一致することはありません。

また、マウス操作によって「半透明な図形」を「キャンバス画像」と合成すると、その部分だけ「原画像」と「RGB成分」が一致しない領域が作られます。

この「図形」作成後の「画像データ」を「mouseUp()」ルーチンにおいて「getCanvasData()」をコールして「subImage」としています。

*

以下の「エフェクト処理ルーチン」では、2つの「画像データ」の「RGB」を比較して、完全に一致したときは、その点の「画素」に対して何も処理せず、そうでないときは「エフェクト処理」を実行しています。

● 色反転処理

「色反転処理」「グレイ・スケール変換」「セピア色変換」などは、画素ごとに処理をする「**点処理**」です。

通常は、左上からはじめて、1点ずつ処理していって右下の画素で終了します。

　「点処理」では「処理対象領域」がどのような形状でも、「画像全体」が「対象領域」のときと同じように、処理できます。

　リスト2.1に「色反転処理」ルーチンの「toInverse()」を示します。

リスト2.1　「simple.js」の「toInverse()」ルーチン

```
 1 function toInverse()
 2 {
 3   var w = can.width, h = can.height;
 4   var output = ctx.createImageData(w, h);
 5
 6   var i, j;
 7   for(j = 0; j < h;j++)
 8   {
 9     for(i = 0; i < w; i++)
10     {
11       var k = (j * w + i) * 4;
12       var r = canImage.data[k + 0];
13       var g = canImage.data[k + 1];
14       var b = canImage.data[k + 2];
15       var a = canImage.data[k + 3];
16       if(subImage.data[k] == r && subImage.data[k+1] == g &&
   subImage.data[k+2]  == b){
17         // 領域外は非処理
18         output.data[k + 0] = r;
19         output.data[k + 1] = g;
20         output.data[k + 2] = b;
21         output.data[k + 3] = a;
22       }
23       else{
24         output.data[k + 0] = 255 - r;
25         output.data[k + 1] = 255 - g;
26         output.data[k + 2] = 255 - b;
27         output.data[k + 3] = a;
28       }
29     }
30   }
31   ctx.putImageData(output, 0, 0);
32   //処理後の画像を次のエフェクト処理の原画像canImageとする
33   canImage = output;
34   px0 = px2 = py0 = py2 = -1000;//選択領域をcanvas外へ
35 }
```

プログラム解説

　4行目で、新しい「ImageData」オブジェクトとして「output」を作っています。

　16行目で、原画像データ「canImage」と「subImage」の「RGB成分」を比較し、完全に同じであれば、「出力データ」は**18～21行目**で「原データのRGBA」に等し

くしています。

そうでなければ、**24～27行目**で「RGB成分を反転」させています。

31行目で、出力データ「output」を「メイン・キャンバス」に表示しています。

33行目で、この「新画像」を「次のエフェクト処理の原画像」にするため、「canImage」に「output」をコピーしています。

34行目は、「キャンバス」内に「選択領域」をなくすためのコードです。

もし、「選択領域」をそのまま残しておくと、「矢印キー」をうっかりクリックしたときに、プログラムが正常に動作しないことがあるためです。

「グレイ・スケール変換」と「セピア色変換」も「処理形態」は同じです。実際のプログラムを参照してください。

● モザイク処理

「モザイク処理」は、**2.1.4項**で述べたように、「注目点」を含む周りの複数の「画素値」を用いて、「注目点の新しい画素値」を求めています。このような「処理形態」を、**「局所処理」**と言います。

＊

「モザイク処理」は「画像全体」を小さな「ブロック」に分け、その「ブロック」を同じ「画素値」にしています。

このようときは、あらかじめ「画像全体」を処理しておき、「注目点」が「対象領域」のときだけ、その「処理結果の画素値」と置き替えるようにすると、「プログラム・コード」が簡単になります。

＊

リスト2.2に、モザイク処理ルーチン「toMosaic()」および「toMosaic0()」を示します。

リスト2.2　「simple.js」の「toMosaic()」と「toMosaic0()」ルーチン

```
1 function toMosaic()
2 {
3   var w = can.width, h = can.height;
4   var mosaic = ctx.createImageData(w, h);//全体のモザイク画像
5   var output = ctx.createImageData(w, h);//出力画像
6
7   var i, j, ii, jj;
8   var sizeM = parseFloat(form1.mosaicSize.value);
                              //モザイクサイズ（ブロックの幅）
9   var d = Math.round(sizeM/2);//その半分の長さ
```

```
10
11    //step1(あらかじめ全体のモザイク画像を作成しておく)
12    for(j = 0; j < h; j += sizeM)
13      for(i = 0; i < w; i += sizeM)
14      {
15        var k = ((j+d) * w + i+d) * 4;//ブロック内部の中心点のインデックス番号
16        var r = canImage.data[k + 0];
17        var g = canImage.data[k + 1];
18        var b = canImage.data[k + 2];
19        var a = canImage.data[k + 3];
20        for(jj = 0; jj < sizeM; jj++)
21          for(ii = 0; ii < sizeM; ii++)
22          {
23            var k = ((j+jj)*w + i+ii) * 4;
24            mosaic.data[k + 0] = r;
25            mosaic.data[k + 1] = g;
26            mosaic.data[k + 2] = b;
27            mosaic.data[k + 3] = a;
28          }
29      }
30
31    //step2(canImageとsubImageの比較)
32    for(j = 0; j < h;j++)
33      for(i = 0; i < w; i++)
34      {
35        var k = (j * w + i) * 4;
36        var r = canImage.data[k + 0];
37        var g = canImage.data[k + 1];
38        var b = canImage.data[k + 2];
39        var a = canImage.data[k + 3];
40        if(subImage.data[k] == r && subImage.data[k+1] == g &&
   subImage.data[k+2] == b){
41          //領域外は非処理
42          output.data[k + 0] = r;
43          output.data[k + 1] = g;
44          output.data[k + 2] = b;
45          output.data[k + 3] = a;
46        }
47        else
48        {
49          output.data[k + 0] = mosaic.data[k + 0];
50          output.data[k + 1] = mosaic.data[k + 1];
51          output.data[k + 2] = mosaic.data[k + 2];
52          output.data[k + 3] = mosaic.data[k + 3];
53        }
54      }
55    ctx.putImageData(output, 0, 0);
56    //処理後の画像を次のエフェクト処理の原画像canImageとする
57    canImage = output;
58    px0 = px2 = py0 = py2 = -1000;//選択領域をcanvas外へ
59 }
```

プログラム解説 ••••••••••••••••••••••••••••••••••

12～29行目で「キャンバス全体のモザイク画像」を求め、結果を「ImageData」オブジェクトの「mosaic」に格納しています。

15行目で「mosaic.data[]」配列に対し、各「ブロック」の「中心点」の先頭を与える「インデックス番号」を求めています。

20～28行目で、この「ブロック内部」のすべての「色データ」を、「中心点のRGBA」で統一しています。

32～53行目は、「色反転」などと同じ処理形態であり、「canImage」と「subImage」を比較して、完全に等しいときは「output」の「色データ」を「canImage」の「RGBA」にし、等しくないときは「mosaic」の「RGBA」に置き換えています。

2-2 階調数変換

「デジタルカメラ」や「イメージスキャナ」から「ADコンバータ」を用いて「コンピュータ」に「画像」を取り込みます。

その際に、「明るさ」(濃度値、画素値)は、「**量子化**」によって離散化されます。

この「量子化」の細かさを表現する数値を、「**量子化数**」または「**階調数**」などと言います。

パソコンでは、「8ビット256階調」が一般的です。階調数が大きければ大きいほど画質が精細になるので、「**濃度分解能**」とも呼ばれます。

＊

図2.3に連続的に黒から白に変化する濃淡画像(グラデーション画像)に対し、階調数を変化させたときの結果を示しています。「64階調」までは濃度の違いがはっきり分かります。

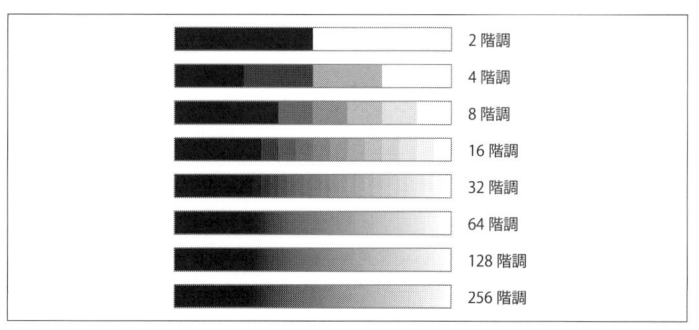

図2.3 階調数による濃度分解能の違い
「階調数」が大きいほど、「濃度分解能」はよくなり、「濃淡値」は連続的に変化している。

65

このように、本来、滑らかに変化している部分で、「階調数」が小さいときは"偽りの輪郭"となって、認識されます。このような現象を、「**疑似輪郭**」と言います。

第7章で示すように、「絵画調」などの特殊効果を高めるために、わざと「階調数」を落とす処理が行なわれます。これを、「**階調数 変換**」「**濃度階調 変換**」「**ポスタリゼーション**」などと言います。

2.2.1 線形 量子化法

「階調数 変換」にもいくつか方法があります。本書では、最も単純な、「**線形 量子化法**」(均等 量子化法)を使います。

＊

「階調数 変換」も「濃度変換」の一種です。

図2.4に「線形 量子化法」の「濃度変換 曲線」を示します。

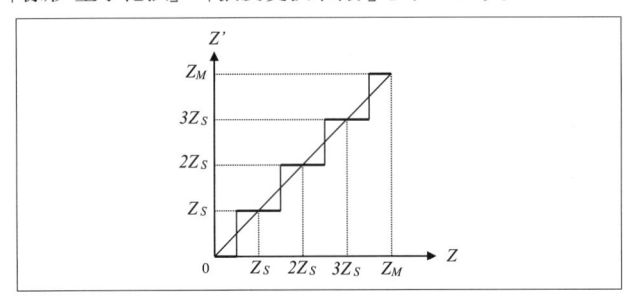

図2.4　線形量子化法の濃度変換曲線(5階調の例)

「階調数」を「n」としたとき、「変換後の画像」の「濃度値Z'」は、

$$Z' = mZ_s((m-0.5)Z_s \le Z < (m+0.5)Z_s,\ m = 0,1,\cdots,n-1) \tag{2.4}$$

で与えられます。ここで、「m」は、

$$m = \left[\frac{Z}{Z_s} + 0.5\right] \tag{2.5}$$

「濃度ステップZ_s」は、

$$Z_s = \frac{Z_M}{n-1} \tag{2.6}$$

であり、「Z_M」は「最大 濃度値」です。

式(2.5)の括弧は「**ガウス記号**」であり、[x]は「xを超えない最大の整数」を表わします。

2.2.2　アプリケーション「Posterization」

　「Posterization」は、「線形 量子化法」を用いて「ポスタリゼーション」を行なうアプリケーションです。

　プログラム全体の構成は「Simple」とほとんど同じで、「エフェクト処理」に「ポスタリゼーション」を追加し、「モザイク処理」を除いただけです。

　他のエフェクト（「色反転」「グレイ・スケール変換」「セピア色変換」）と「ポスタリゼーション」を組み合わせて実行できます。

　図2.5に実行例を示します。

図2.5　Posterization.htmlの実行例①
「角丸矩形」の選択領域に対して「色反転」後、3階調の「ポスタリゼーション」を実行。

　「select要素［エフェクト］」によって、「色反転」「グレイ・スケール変換」「セピア色変換」が実行できます。

　「ポスタリゼーション」は「select要素［階調変換］」によって実行可能です。

　［階調変換］をクリックすると、「2階調」から「32階調」のメニューが表示されます。

　図2.5の例では「角丸矩形」で選択領域を作り、「色反転処理」後、3階調のポスタリゼーションを実行しています。

2.2.3 「posterization.js」のプログラム

「select要素[階調変換]」をクリックして、「階調数」を選択すると、「ポスタリ
ゼーション」の処理ルーチンが実行されます。**リスト2.3**に示します。

リスト2.3 「posterization.js」の「onClickPosterization()」ルーチン

```
 1  function onClickPosterization()
 2  {
 3    var postNo = form1.posterization.selectedIndex;
 4    if(postNo == 1)        nLevel = 32;
 5    else if(postNo == 2) nLevel = 16;
 6    else if(postNo == 3) nLevel = 8;
 7    else if(postNo == 4) nLevel = 4;
 8    else if(postNo == 5) nLevel = 3;
 9    else if(postNo == 6) nLevel = 2;
10    form1.posterization.selectedIndex = 0;
11
12    //濃度ステップ
13    var zStep = 255 / (nLevel-1);
14
15    var w = can.width, h = can.height;
16    var output = ctx.createImageData(w, h);
17
18    var i, j;
19    for(j = 0; j < h;j++)
20    {
21      for(i = 0; i < w; i++)
22      {
23        var k = (j * w + i) * 4;//各ピクセルの先頭インデックス番号
24        var r = canImage.data[k + 0];
25        var g = canImage.data[k + 1];
26        var b = canImage.data[k + 2];
27        var a = canImage.data[k + 3];
28        if(subImage.data[k] == r && subImage.data[k+1] == g &&
   subImage.data[k+2] == b){
29          //領域外は非処理
30          output.data[k + 0] = r;
31          output.data[k + 1] = g;
32          output.data[k + 2] = b;
33          output.data[k + 3] = a;
34        }
35        else{
36          output.data[k + 0] = zStep * Math.round(r / zStep);
37          output.data[k + 1] = zStep * Math.round(g / zStep);
39          output.data[k + 2] = zStep * Math.round(b / zStep);
40          output.data[k + 3] = a;
41        }
42      }
43    }
44    ctx.putImageData(output, 0, 0);
45    //処理後の画像を次のエフェクト処理の原画像canImageとする
46    canImage = output;
```

```
47    px0 = px2 = py0 = py2 = -1000;//選択領域をcanvas外へ
48 }
```

プログラム解説 ••

3～10行目で選択要素[エフェクト]のメニューから「階調数」を取得しています。

15行目で**式(2.6)**の「濃度ステップZ_s」を求めています。

「ポスタリゼーション」は**36～39行目**で行なっています。

「カラー画像」を対象としているので、「RGB」各成分に対して計算しています。

「Math.round()」関数を用いて四捨五入しています。

式(2.5)のように計算したいときは、「Math.floor()」関数を使います。

たとえば、「R成分」であれば、

```
output.data[k + 0] = zStep * Math.floor(r / zStep + 0.5);
```

です。

2-3 拡大縮小処理

「ディスプレイ上の画像」の「横方向」および「縦方向」の「画素数」を変更することを、「サイズ変換」または「リサイズ処理」と呼んでいます。

「拡大縮小 処理」または「スケーリング」(scaling)とも呼ばれます。

2.3.1 「スケーリング」のアルゴリズム

「サイズ変換」を行なうと、**図2.6**に示すように「処理後の画素の位置」が、相当する「原画像側の画素の位置」に一致しなくなることがあります。

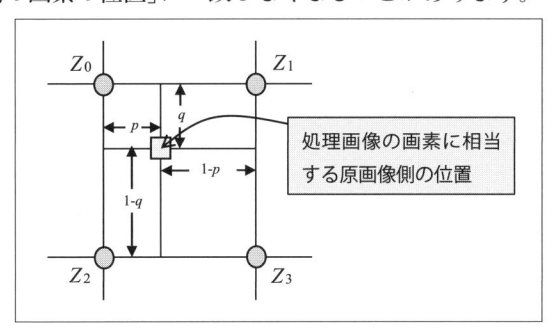

図2.6 サイズ変換

○は「原画像の画素位置」、小さな□は「変換処理後の画素」に相当する「原画像側の位置」。

○は「原画像の画素位置」、小さな□は「変換処理後の画素に相当する原画像側の位置」を示しています。

このようなとき、「処理後の画素値」を、「原画像空間における周囲の画素値」(Z_0, Z_1, Z_2, Z_3) を用いて求めるようにします。

● 最近傍法

最も単純な方法は、「変換処理後の画素位置」に相当する「原画像の位置」(「注目点」と呼ぶことにします)を求め、「最も近い画素の画素値を使う方法」です。

図2.6のときは「左上の画素の濃度値Z_0」になります。このような方法は、「**最近傍法**」または「**ニアレスト ネイバー法**」と呼ばれます。

この方法では、「拡大率」が大きくなると、「エッジ部分のギザギザ」が目立つようになります。

● 双線形補間法

「エッジのギザギザ」を軽減する方法として「**双線形 補間法**」(bilinear method) があります。

これは、注目点に隣接する4個の「画素値」を使いますが、単純な平均値ではなく、**図2.6**に示すように、4個の画素までの距離を求め、最も近い画素の濃度値が強く反映されるように補間する方法です。

各点の「画素値」を「$Z_0 \sim Z_3$」としたとき、「補間式」は、

$$Z = (1-p)(1-q)Z_0 + p(1-q)Z_1 + (1-p)qZ_2 + pqZ_3 \qquad (2.7)$$

となります。

「補間法」には、さらに外側の画素も含めた「双3次 補間法」もあります。

2.3.2 　縮小処理

「サイズ変換」において最大の問題は、「縮小処理」のときに発生する「エイリアシング」(aliasing)です。

「アナログ信号」を「標本化」(サンプリング)する際に「**リンプリング定理**」に反する「高い周波数 成分」が存在するとき、「原信号」には存在しない「低い周波数成分」が現われる現象です。

図2.7に示すように「$f_s / 2$」を超える「高い周波数成分」は「低い周波数成分」に折り返されるので、「**折り返しひずみ**」とも言います。

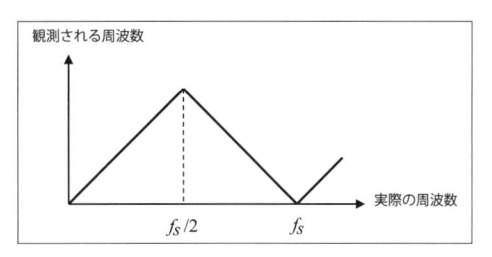

図2.7　エイリアシング
「サンプリング周波数f_s / 2」より「高い周波数成分」は「低周波」側に変換されて観測される。

　「f_s」は「サンプリング周波数」であり、「音声」のように「時間的」に変化する信号に対する「サンプリング定理」は、

　「原信号の最大周波数」が「f_{max}」のとき、

$$\tau \leq \frac{1}{2f_{max}}$$

の「サンプリング間隔」で「標本化」すれば、「元の信号」を「復元」できる。

です。
　「画像」の場合は、以下のように表現できます。

　「画素間の間隔」が「d」のとき、「標本化された画像空間」において、明暗の周期が、

$$2d$$

以上に保たれているならば、「元の画像」を「復元」できる。

　「縞模様の服」などの短い周期の明暗模様が表示されている「テレビ受像機」で、「ギザギザ模様」や「長い周期模様」となって観測されるのは、この「サンプリング定理」に違反しているためです。

＊

　図2.8は前章のアプリ「ImageCreater」で作った画像です。

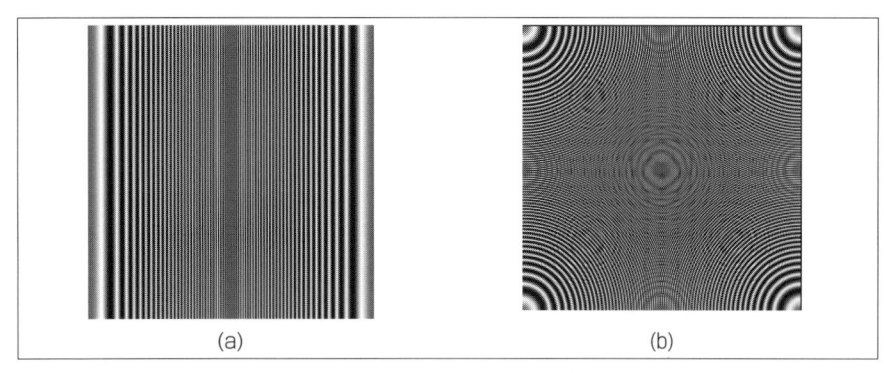

(a)　　　　　　　　　　　　(b)

図2.8　エイリアシングの例

(a)は、次式で作られた、周波数が変化する「正弦波」です。

$$f(x,y) = 127 + 120\sin\left(\frac{\pi x^2}{w}\right) \tag{2.8}$$

ここで、「w」は「キャンバスの横幅」です。

この式では「x」が大きいほど、すなわち、右に行くほど明暗の周期は短くなるはずですが、ちょうど中央付近で明暗の周期は最短(周波数は最大)になり、右端ほど周期は長く(周波数は低く)なっています。

この中央付近が**図2.7**の「$f_s/2$」に相当しています。

(b)は次式で作られており、「ゾーン・プレート」の中心を左上に置いた画像になっています。

$$f(x,y) = 127 + 120\sin\left(\frac{\pi(x^2 + y^2)}{2w}\right) \tag{2.9}$$

左上のリング以外は「エイリアシング」で発生したリングです。

「画像サイズ」を「縮小」すると、「画素間隔」は同じですが、「明暗の周期」が短縮されるため、「サンプリング定理」が破たんしやすくなります。

「原画像」に「エイリアシング」が存在していなくても、「縮小処理」によって「エイリアシング」が発生することがあります。

「エイリアシング」が生じてからでは、この「低周波成分」を取り除くことは不可能なので、「縮小処理」を行なう前に、または、「縮小処理中」に、「不要な高周波成分」を削除する必要があります。

　ここでは、まず「画像全体」について「低域通過のフィルタリング」(LPF)を実行し、その結果に対して、「スケーリング」を行なう、「2段階処理」による方法を示します。

　「フィルタリング」については**第4章**で示します。

　次項のアプリケーションでは、「遮断周波数」を自由に選択できる「デジタル・フィルタ」を使っています。

2.3.3 　アプリケーション「Scaling」

　サンプル・プログラム「Scaling」は「拡大縮小」の効果を調べるだけのアプリケーションです。

　実行例を**図2.9**に示す。

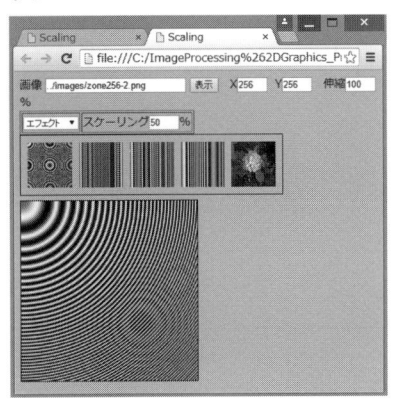

図2.9 「Saling.html」の実行例

　「画像テキストボックス」には次式で作った「ゾーンプレート画像」の「zone256-2.png」が登録されており、アプリを立ち上げると、キャンバスには、左上に「ゾーンプレート」の中心がある画像が表示されます。

$$f(x,y)=127+120\sin\left(\frac{\pi(x^2+y^2)}{8w}\right) \tag{2.10}$$

　「select要素[エフェクト]」をクリックすると「最近傍」「双線形」「LPF」「LPF-双線形」の4個の選択肢が表示されます。

　「最近傍」と「双線形」をクリックすると、**2.3.1項**で説明した手法で「スケーリング」された結果が表示されます。

　「拡大率」または「縮小率」は、[エフェクト]要素の右横の[スケーリング]入力

フォームで変更できます。

「横方向」および「縦方向」の「画素数」に対する「スケーリング係数」であり、「パーセント」で指定します。

デフォルトは「50%」になっています。

「LPF」をクリックするとデジタル・フィルタによる「低域通過フィルタ」だけが実行され、「サイズ」は変更されません。「デジタル・フィルタ」の「正規化 遮断周波数」は縮小率に一致させています。

「LPF-双線形」をクリックすると、「低域通過フィルタ」が実行され、続けて「双線形 補間法」によって「スケーリング」されます。

なお、入力フォーム「1段目」の[伸縮]は、「ctx.scale()」メソッドによる「スケーリング」です。

式 (2.10) で作った「原画像」には「エイリアシング」はほとんどみられません。しかし、「最近傍」または「双線形」で縮小すると、「エイリアシング」が現われます。

図2.10(a)(b) は「双線形」による「50%」および「25%」のスケーリング結果です。
(c)(d) は「LPF-双線形」のときの結果です。後者のほうがエイリアシングの影響は小さいことが分かります。

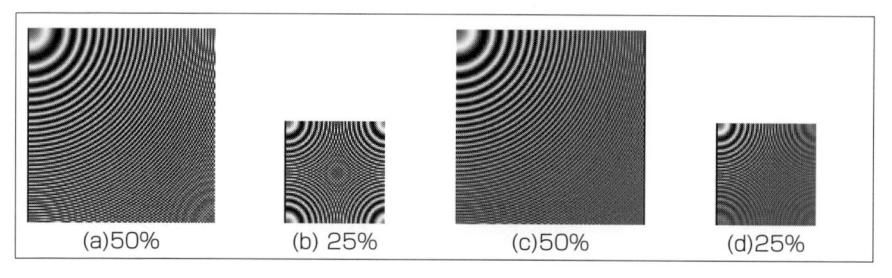

(a)50%   (b) 25%   (c)50%   (d)25%

図2.10 「Scaling.html」の実行例
(a)(b)は「双線形補間法」だけによる「縮小」、
(c)(d)は「LPF後双線形補間法」による「縮小」結果。

第3章

濃度変換

Gray Level Transform

　写真を撮影すると、明るすぎたり、暗すぎたりします。このようなときには、コンピュータによって各点の「画素」の「濃度値」を、ある規則に従って変更する処理をします。

　「濃度変換」（濃度補正）、「レベル変換」（レベル補正）または「色調変換」と呼ばれます。

　このような処理をするときには、前もって「原画像」の「ヒストグラム」を調べておくことが重要です。

3-1　　　　　　ヒストグラム

　最新のデジタルカメラには、リアルタイムでモニタ画面にヒストグラムが表示される機種があります。画像全体に含まれる同じ濃度の画素数を数え、図3.1のようにグラフ化したものを「濃度値ヒストグラム」または単に「**ヒストグラム**」（histogram）と言います。

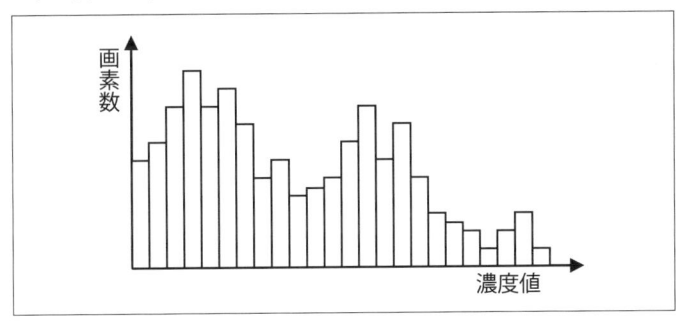

図3.1　ヒストグラム

　ヒストグラムは、

・どのような濃度変換をすべきかの判断材料
・2値化処理のしきい値の決定
・対象物体の面積の計算

など、さまざまな画像処理に利用されます。

3.1.1　ヒストグラム

ヒストグラムの代表例を**図3.2**に示します。

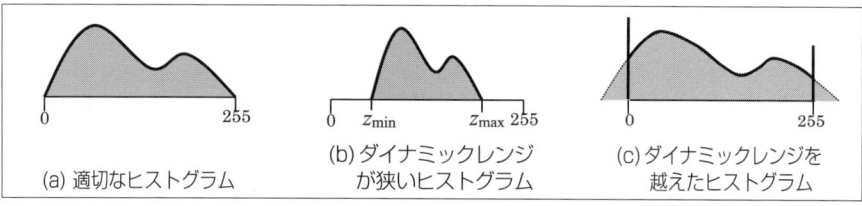

（a）適切なヒストグラム　　（b）ダイナミックレンジ　　（c）ダイナミックレンジを
　　　　　　　　　　　　　　が狭いヒストグラム　　　　　越えたヒストグラム

図3.2　代表的なヒストグラム

（a）は「ダイナミックレンジ」（256階調の画像であれば0から255の範囲）を有効に利用している画像です。

（b）は暗い部分と明るい部分の画素が存在しないヒストグラムです。

このようなダイナミックレンジを有効に利用していない画像はコントラストが低くなり、明るさにメリハリのない画像になります。

これとは反対に、（c）のヒストグラムはダイナミックを超えた場合であり、ハミ出した画素値が、強制的に0または255の濃度値に組み込まれています。

このような画像では、ハミ出した部分の濃度差がなくなり、ディテールが失われます。

これらは"黒つぶれ"や"白とび"と言われる現象です。

「画像のコントラスト」を定量的に表現するときには、次式を用います。

$$C = \frac{Z_{max} - Z_{min}}{Z_{max} + Z_{min}} \tag{3.1}$$

「Z_{max}」や「Z_{min}」は**図3.2(b)**に示すパラメータです。

3.1.2　「ヒストグラム」の作成

「ヒストグラム」を作るアルゴリズムは、極めて簡単です。

「グレイ・スケール画像」の場合、たとえば配列「histo[]」を用意し、

```
for(j = 0; j < h; j++)
for(i = 0; i < w; i++) histo[image[i + j * w]] ++;
```

のようにコーディングします。「w, h」はそれぞれ「画像」の「横幅」と「高さ」です。

実際のプログラムでは、「カラー画像」なので、「RGB」3色ぶんが必要です。

図3.3は「SIDBA」の「couple.bmp」に対する実行例です。

「RGB」ともにヒストグラムが左半分に偏っており、非常に暗く、暗いほうのディテールが失われています。

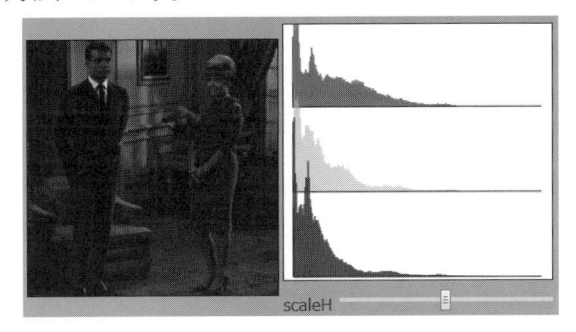

図3.3 ヒストグラムの例①
「黒つぶれ」の代表例。黒い部分の階調が失われている。

図3.4は同じく「SIDBA」の「balloon.bmp」に対する実行例です。

ヒストグラムが図3.2(b)のように中央に集まっており、コントラストの悪い画像です。

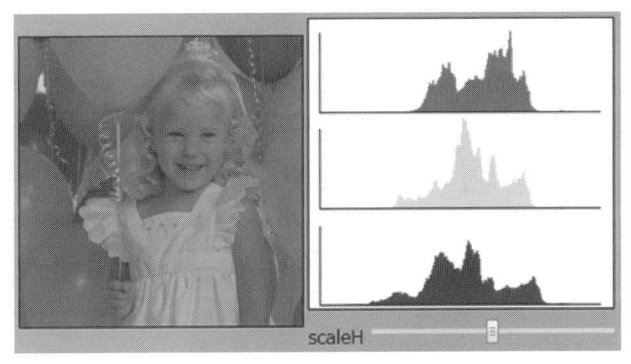

図3.4 ヒストグラムの例②
左右両端のヒストグラムが欠けており、コントラストの悪い例。

アプリケーションは「LevelTransform」です。使用法やプログラムについては3.5節で述べます。

3-2 線形「濃度変換」

「濃度変換」を実行する場合は、「濃度変換曲線」を使うと便利です。

これは、「横軸」に変換前の濃度値を、「縦軸」に変換後の濃度値を表わしたグラフで、「変換前の濃度値」が「変換後」にどの濃度値に対応しているかが分かります。

最も単純な「濃度変換」は「**線形濃度変換**」です。

これは**図3.5**のように「変換曲線」（「**トーンカーブ**」と言います）をすべて「直線」で表現します。

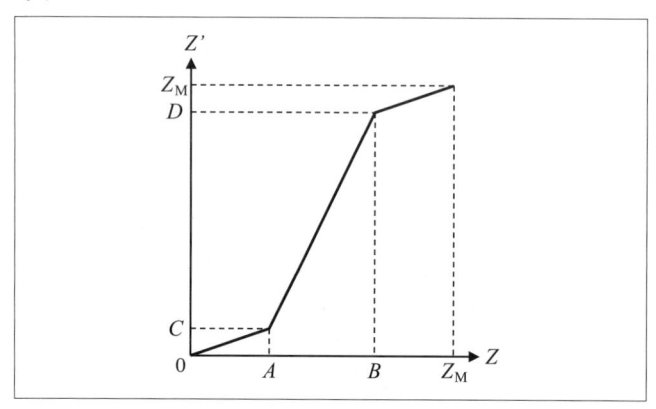

図3.5 線形濃度変換のトーンカーブ

式で示すと、

$$Z' = \begin{cases} \dfrac{C}{A}Z & (0 \leq Z < A) \\[2mm] \dfrac{D-C}{B-A}(Z-A)+C & (A \leq Z < B) \\[2mm] \dfrac{Z_M-D}{Z_M-B}(Z-B)+D & (B \leq Z \leq Z_M) \end{cases} \tag{3.2}$$

となります。

「暗い画像を明るくしたい」ときは「トーンカーブ」を「左上」へ、「明るい画像を暗くしたい」ときは「右下」へシフトします。

図3.6に実行例を示します。

原画像は**図3.4**の「Balloon.bmp」です。

式 (3.2) のパラメータ「A, B, C, D」のパラメータはそれぞれ「50、200、0、255」としています。

ヒストグラムを見ると、ダイナミックレンジ全体に広がっており、コントラストが改善されていることが分かります。

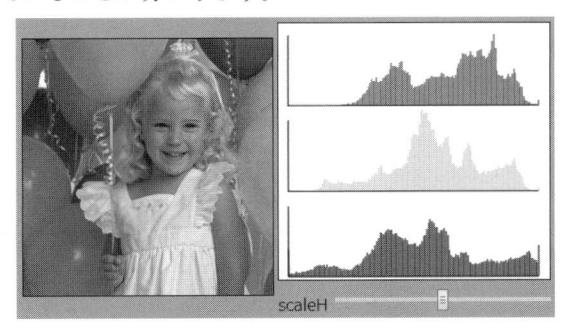

図3.6　線形濃度変換の実行例
パラメータ「A, B, C, D」は、それぞれ「50, 200, 0, 255」で実行。

3-3　非線形「濃度変換」

「トーンカーブ」の式が「2次式」や「根号」を含むとき、「**非線形な濃度変換**」と言います。**図3.7**にその例を示します。

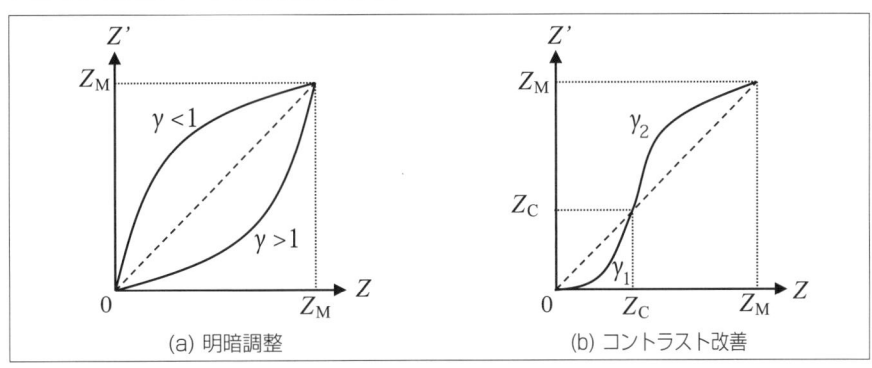

図3.7　非線形濃度変換のトーンカーブ

「トーンカーブ」の一般式は、

$$Z' = Z_M \left(\frac{Z}{Z_M} \right)^{\gamma} \tag{3.3}$$

で与えられます。これは**図3.7(a)**の「トーンカーブ」であり、「ガンマ補正」と呼ばれます。

この式を使って明暗を調整することができます。

> 明るくするとき：$\gamma < 1$
> 暗くするとき　：$\gamma > 1$

図3.7(b) は、**図3.2(b)** および**図3.4**のような「コントラストの悪い画像」に効果的な「トーンカーブ」です。

式で示すと、

$$
Z' = \begin{cases} Z_C \left(\dfrac{Z}{Z_C} \right)^{\gamma_1} & (Z \leq Z_C) \\[4mm] Z_C + \left(Z_M - Z_C \right) \left(\dfrac{Z - Z_C}{Z_M - Z_C} \right)^{\gamma_2} & (Z > Z_C) \end{cases}
\tag{3.4}
$$

となります。ここで、「Z_C」は「γ値」を「γ_1」から「γ_2」に切り替える「濃度値」です。

式(3.3)のように「ガンマ値」が1つだけの「非線形 濃度変換」を「タイプ1」とし、**式(3.4)**のように2つ用いたときを「タイプ2」とします。

「タイプ1」の実行例を**図3.8**に示します。

このときの「原画像」は**図3.3**の「couple.bmp」です。

このときのガンマ値は「$\gamma = 0.5$」です。「黒つぶれ」および「コントラスト」が改善されています。

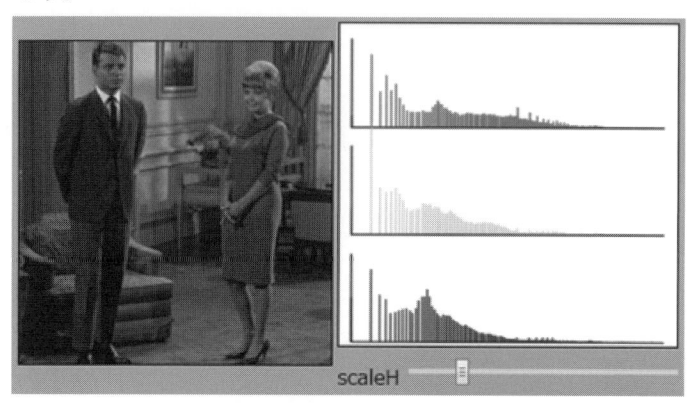

図3.8　非線形濃度変換「タイプ1」の実行例
「黒つぶれ」が改善されている。パラメータ「$\gamma = 0.5$」で実行。

「タイプ2」の実行例を**図3.9**に示します。

「原画像」は**図3.4**の「Balloon.bmp」です。このときの「ガンマ値」は「$\gamma_1 = 2.0, \gamma_2 = 0.5$」です。

図3.6のときと同じように「ヒストグラム」が全体に広がり、「コントラスト」が改善されています。

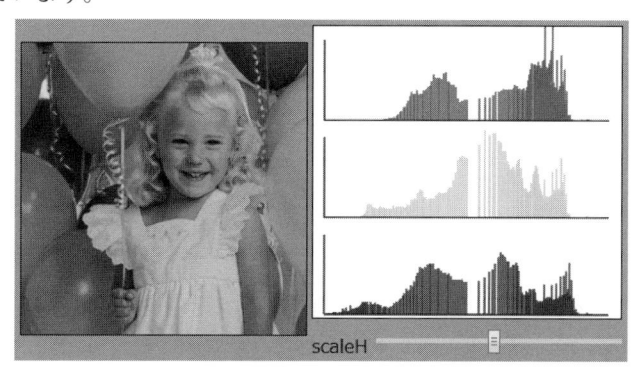

図3.9 非線形濃度変換「タイプ2」の実行例
「コントラスト」が改善されている。パラメータ「$\gamma_1 = 2, \gamma_2 = 0.5$」で実行。

3-4　ヒストグラム平坦化

これまでの「濃度変換」では、「ヒストグラム」のスケールが引き伸ばされたときは「ヒストグラム」の「抜け」が生じます。この空白部分の幅が広くなると、その部分の濃度変化の段差が大きくなり、やはり「ディテール」が失われます。

このようなとき、やや複雑なアルゴリズムによって、「ヒストグラム」を「平坦化」することが有効になります。

＊

まず、「ヒストグラム」を「完全に平坦にする」アルゴリズムを述べます。

● 完全に平坦化する方法(タイプ1)

あらかじめ「原画像」の「ヒストグラム」を調べ、それぞれの「レベル」(濃度値)についてどの「レベル」に移動させるべきかを決めます。

「原画像」の「レベルk」の「画素数」を「$H[k]$」とし、「平均値」を「H_{mean}」、「レベルk_1」から「レベルk_2」にシフトさせる「画素数」を「$N[k_1, k_2]$」とします。

図3.10は「レベル$k-1$」での「平坦化」(すなわち「移動数」)は決定されている状態を示しています。

「$N[k,k]$」は初期状態の「$H[k]$」に等しく、「$H[k]$」は「処理中に変化」します。

「レベルk」に注目します。

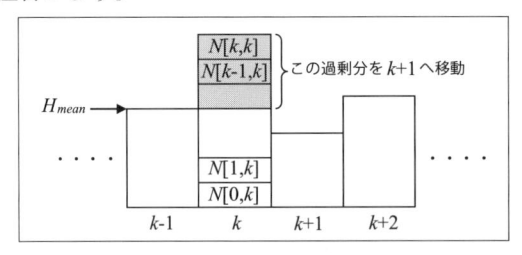

図3.10　ヒストグラム平坦化

「H_{mean}」は「平均画素数」、「$H[k]$」は「レベルkの画素数」（処理中に変化する）、
「$N[k_1,k_2]$」は「レベルk_1」から「レベルk_2」にシフトさせる「画素数」。

●「$H(k) \geq H_{mean}$」の場合

図3.10のように、「$H[k] \geq H_{mean}$」の場合です。

画素数「$H[k]$」にはこれまでの処理で「$k-1$」以下のレベルから移動してきた「画素数」が含まれています。

平均値「H_{mean}」を超える画素数（図の灰色部分）を右隣りのレベル「$k+1$」に移動させなければなりませんが、レベル「$k+1$」に最も近いレベル「k」から移動するようにします。

●「$H(k) < H_{mean}$」の場合

このときは、不足分を右隣りのレベル「$k+1$」から移動してきます。

すべて移動してもまだ不足するならば、さらに右のレベルから次々と移動するようにします。

同じレベルの「画素」に対して、「移動先」の「レベル」が複数あるときは、「濃度値」の「低いほう」（または「高いほう」）から優先的に割り当てるようにします。

● 原画像のヒストグラムのプロフィールを保存する方法（タイプ2）

（タイプ1）の方法では、完全に「ヒストグラム」が「平坦」になり、「原画像」のもつ微妙な明暗のアクセントが消失するきらいがあります。

このようなときは、「原画像」を「濃度変換」した後で、①「ヒストグラム」が抜けた（画素数が0になった）部分を、「隣の値」で置き換え、さらに、②「全体の画素数」が「原画像の画素数」に一致するように、「正規化」した「目標ヒストグラムH_{aim}」を作ります。

この目標ヒストグラムを（タイプ1）で述べた「平均値H_{mean}」の代わりに使って「平坦化アルゴリズム」を適用します。

プログラムでは「目標ヒストグラム」に一定値「100」を加えています。

一定値を大きくすればするほど「完全平坦化」に近づきます。小さすぎれば、「コントラスト」の改善が不十分になります。

＊

図3.11に(タイプ1)の実行例を示します。

原画像は**図3.3**の「couple.bmp」です。

ヒストグラムは完全にフラットになり、コントラストは改善されていますが、明暗のアクセントが失われています。

図3.11　ヒストグラム平坦化「タイプ1」の実行例
ヒストグラムはRGBともに「完全に平坦化」されている。

図3.12に(タイプ2)の実行例を示します。

原画像の明暗のアクセントが保存され、コントラストも改善されています。

このときのパラメータ「A, B, C, D」は、それぞれ「0、150、0、255」です(**3.5.2 項**参照)。

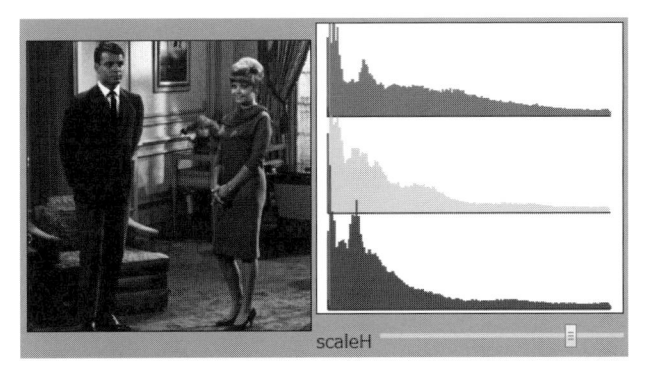

図3.12　ヒストグラム平坦化「タイプ2」の実行例
ヒストグラムはダイナミックレンジ全体に広がり、もとのプロフィールも保たれている。
このときのパラメータ「A, B, C, D」は、それぞれ「0, 150, 0, 255」で実行。

3-5 アプリケーション「LevelTransform」

サンプル・プログラム「LevelTransform」は「濃度変換用」のアプリケーションです。

本章では、この1個の「アプリケーション」で上記すべての「濃度変換」を実行できます。

3.5.1 アプリケーションの概要

このアプリケーションは、前章の「Posterization」と同じプログラム構成になっています。すなわち、「濃度変換」のほかに「色反転」「グレイ・スケール変換」「セピア色変換」が実行でき、しかも、「矩形」「角丸矩形」「楕円」「ハート型」などの図形で「エフェクト対象領域」を指定することが可能です。

*

図3.13に実行例を示します。

全体を75%縮小し、「角丸矩形」で選択した領域に対して、「ヒストグラム平坦化」の「タイプ1」を実行した結果です。

図3.13 「LevelTransform.html」の実行例
全体を75%に縮小し、「角丸矩形」で選択した領域に対して、「ヒストグラム平坦化」の「タイプ1」を実行後、「色反転」。

「select要素[エフェクト]」をクリックすると、次のような選択項目が表示されます。

・色反転
・グレイ・スケール
・セピア
・ヒストグラム表示
・線形濃度変換
・非線形濃度変換1
・非線形濃度変換2
・ヒストグラム平坦化1
・ヒストグラム平坦化2

　入力フォーム[A][B][C][D]は、**図3.5**および**式(3.2)**のパラメータに一致し、「非線形 濃度変換1」だけでなく、「ヒストグラム平坦化タイプ2」でも利用しています。

　「サムネール用キャンバス」右横の入力フォーム[γ]は、**図3.7(a)**および**式(3.3)**のパラメータであり、「非線形 濃度変換タイプ1」で使います。

　同じく、[γ1][γ2][Zc]は、**図3.7(b)**および**式(3.4)**のパラメータに一致し、「非線形 濃度変換 タイプ2」で使います。これらの値を変更すると、「トーンカーブ」が「赤」で表示されます。

　「select要素[エフェクト]」で「ヒストグラム表示」を選択すると、「メイン・キャンバス」横の「ヒストグラム用キャンバス」に、「ヒストグラム」を「RGB」3色ぶんが、色別で表示されます。
　この場合、「キャンバス全体」の現在の画像に対して計算された結果が表示されます。
　図3.12では「選択領域」だけ「エフェクト処理」が実行されていますが、「ヒストグラム」は「原画像部分」を含めた「全画像」に対して計算した結果が表示されます。

　なお、「ヒストグラム平坦化 処理」は、**第2章**のアプリケーション「Simple」の「モザイク処理」と同じように、「2段階 処理」を行なっています。
　「ステップ1」で「画像全体」に対し「平坦化」を行ない、「ステップ2」において、「処理対象領域」の部分だけ「処理画像」と置き換えています。

　「ヒストグラム」の「高さ」は、「ヒストグラム用キャンバス」の下にセットしたスライダー[scaleH]によって調整できます。

3.5.2 「levelTransform.js」のプログラム

ここでは、「ヒストグラム」の「計算」および「表示」のルーチンと「線形 濃度変換」の処理ルーチンだけを説明します。

●「ヒストグラム」の「計算」と「表示」

「select要素［エフェクト］」で「ヒストグラム表示」を選択すると、「dispHistogram()」ルーチンがコールされます。「ヒストグラムの計算」は、「getHistogram()」ルーチンで実行されます。

これらを**リスト3.1**に示します。

リスト3.1 「levelTransform.js」の「getHistogram()」および「dispHistogram()」ルーチン

```
 1 function getHistogram(HISTO_SIZE, histR, histG, histB)
 2 {
 3   var w = can.width, h = can.height;
 4
 5   var i, j;
 6   //clear
 7   for(i=0; i<HISTO_SIZE;i++) {histR[i]=0; histG[i]=0; histB[i]=0;}
 8
 9   for(j = 0; j < h;j++)
10     for(i = 0; i < w; i++)
11     {
12       var k = (j * w + i) * 4;
13       var r = canImage.data[k + 0];
14       var g = canImage.data[k + 1];
15       var b = canImage.data[k + 2];
16     histR[r]++;
17     histG[g]++;
18     histB[b]++;
19     }
20 }
21
22 function dispHistogram()
23 {
24   var histR = [];
25   var histG = [];
26   var histB = [];
27   var HISTO_SIZE = 256;
28   var h0 = 70;//RGB1つ当たりの縦軸の長さ
29
30   getHistogram(HISTO_SIZE, histR, histG, histB);
31
32   //クリア
33   ctxH.fillStyle = "rgba(255, 255, 255, 1)";
34   ctxH.fillRect(0,0, canH.width, canH.height);
35
36   //左下の位置
37   var qx0= 10;
```

```
38    var qy0 = canH.height / 3 - 3;
39    var scaleH = parseFloat(form1.scaleH.value)*0.001;
40
41    //Red
42    ctxH.strokeStyle = "rgb(255, 0, 0)";
43    ctxH.beginPath();
44    for(i = 0; i < HISTO_SIZE; i++)
45    {
46     ctxH.moveTo(qx0 + i, qy0);
47     ctxH.lineTo(qx0 + i, qy0 - histR[i] * scaleH);
48    }
49    ctxH.stroke();
50    //横軸
51    ctxH.strokeStyle = "rgb(0, 0, 0)";
52    ctxH.beginPath();
53    ctxH.moveTo(qx0, qy0);
54    ctxH.lineTo(qx0 + 255, qy0);
55    //縦軸
56    ctxH.moveTo(qx0, qy0);
57    ctxH.lineTo(qx0, qy0-h0);
58    ctxH.stroke();
   //以下Green、Blueの部分は割愛
}
```

　ヒストグラムの計算は**1～20行目**の「getHistgram()」ルーチンで実行されます。

　「グレイ・スケール画像」に対しても「赤、緑、青」の3色についてヒストグラムを計算します。

　それぞれの配列「histR[], histG[], histB[]」は、「getHistgram()」ルーチンを呼び出す側で宣言しておきます。

　7行目でこれらの配列をクリアする必要があります。

　9～19行目で「キャンバス内の全画素」について「濃度値」を調べ、その値の配列をインクリメントすることでヒストグラムを求めています。

　この「getHistogram()」ルーチンは、「ヒストグラム平坦化」の「エフェクト処理ルーチン」からもコールされます。

　22行目から表示ルーチン「dispHistogram()」です。

　24～27行目で配列「histR[], histG[], histB[]」を宣言し、「階調数（配列のサイズ）HIST_SIZE」を定義し、**30行目**で「getHistgram()」をコールしています。

　28行目の「h0」はヒストグラムをグラフ化したときの「RGB」1色当たりの「縦軸の長さ」です。

「histR[]」は「赤成分」の各「濃度値」の「画素数」の「総和」です。

42〜49行目で「histR[]」を「赤の線」で「棒グラフ表示」しています。

51〜58行目で「横軸」および「縦軸」を「黒線表示」しています。

同じようなことを、「histG[]」と「histB[]」に対しても行ないます(リストでは割愛)。

● 線形 濃度変換

リスト3.2に「線形 濃度変換」の「実行ルーチン」を示します。

リスト3.2 「levelTransform.js」の「linearTransform()」ルーチン

```
 1 function linearTransform()
 2 {
 3    //パラメータを取得
 4    var levelA = parseFloat(form1.levelA.value);
 5    var levelB = parseFloat(form1.levelB.value);
 6    var levelC = parseFloat(form1.levelC.value);
 7    var levelD = parseFloat(form1.levelD.value);
 8
 9    var w = can.width, h = can.height;
10    var output = ctx.createImageData(can.width, can.height);
11
12    var i, j;
13    for(j = 0; j < h;j++)
14      for(i = 0; i < w; i++)
15      {
16        var k = (j * w + i) * 4;
17        var r = canImage.data[k + 0];
18        var g = canImage.data[k + 1];
19        var b = canImage.data[k + 2];
20        var a = canImage.data[k + 3];
21        if(subImage.data[k]==r && subImage.data[k+1]==g &&
   subImage.data[k+2]==b){
22            //領域外は非処理
23            output.data[k + 0] = r;
24            output.data[k + 1] = g;
25            output.data[k + 2] = b;
26            output.data[k + 3] = a;
27        }
28        else{
29          if(r < levelA) output.data[k + 0] = (levelC / levelA) * r;
30          else if(r < levelB) output.data[k + 0] = (levelD-
   levelC)*(r-levelA) / (levelB-levelA) + levelC;
31          else output.data[k + 0] = ((r-levelB)/(255-levelB))
   * (255-levelD) + levelD;
32
33          if(g < levelA) output.data[k + 1] = (levelC / levelA) * g;
34          else if(g < levelB) output.data[k + 1] = (levelD-
   levelC)*(g-levelA) / (levelB-levelA) + levelC;
```

```
35        else output.data[k + 1] = ((g-levelB)/(255-levelB))
   * (255-levelD) + levelD;
36
37        if(b < levelA) output.data[k + 2] = (levelC / levelA) * b;
38        else if(b < levelB) output.data[k + 2] = (levelD-
   levelC)*(b-levelA) / (levelB-levelA) + levelC;
39        else output.data[k + 2] = ((b-levelB)/(255-levelB))
   * (255-levelD) + levelD;
40
41        output.data[k + 3] = a;
42      }
43    }
45    ctx.putImageData(output, 0, 0);
46    //処理後の画像を次のエフェクト処理の原画像canImageとする
47    canImage = output;
48    px0 = px2 = py0 = py2 = -1000;//選択領域をcanvas外へ
49 }
```

プログラム解説 ・・・

4～7行目で式(3.2)のパラメータ、「A, B, C, D」を取得しています。

プログラムでは、これらのパラメータを、それぞれ「levelA, levelB, levelC, levelD」としています。

「処理対象領域」を設定したときの「画像データ」は、「subImage」に格納されています、

21～27行目で、原画像「canImage」と比較し、同じ画素値であれば処理せずに、出力データ「output」を「canImage」に一致させています。

29～41行目で式(3.2)を計算しています。

3-6 ソラリゼーション

3.2節の「線形 濃度変換」において、図3.14のようにパラメータ「C」と「D」を「$C > D$」とすると、奇妙な画像が出来ます。「原画像側」の濃度が、「A」から「B」の間で「濃度反転」するためです。このような技法を「ソラリゼーション」(solarization)と言います。

図3.15に実行例を示します。

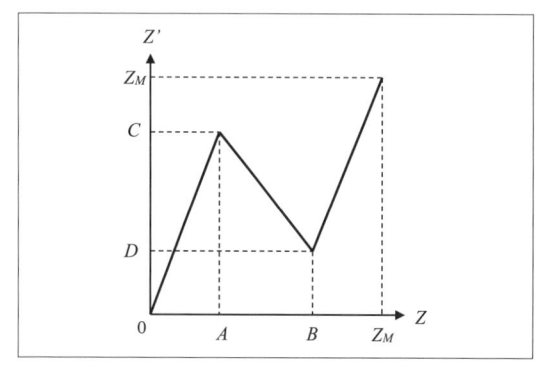

図3.14 「ソラリゼーション」のトーンカーブ

(a) 原画像

(b) $A = 30, B = 150$
$C = 150, D = 50$

(c) $A = 100, B = 200$
$C = 200, D = 50$

図3.15 ソラリゼーションの例
「線形 濃度変換」において、パラメータを「$C > D$」とすると、「ソラリゼーション」になる。

第4章

平滑化フィルタ
Smoothing Filter

　「信号」の中から「好ましい信号」だけを取り出すことや、「除去」することを、「フィルタ処理」と言います。

　「高い周波数成分」を「除く」、「平滑化処理」は「ぼかし処理」（blur effect）とも言われ、「モザイク処理」と同じように、「部分的に情報を隠蔽する目的」や「視覚的な特殊効果」をかもしだす目的」または、「アート風画像作成」にも使われます。

4-1　　　　　　　　　空間フィルタ

　「画像」に対する「フィルタリング」には、「画像空間」において直接計算する「**空間フィルタ**」（space filter）と、「フーリエ変換」などを用いた「周波数領域」で行なう「フィルタリング」があります。

　「空間フィルタ」は、「入力画像」の「注目点の周囲の画素値」に、ある値を乗じ、それらの「総和」によって「注目点の新しい画素値」を求めます。このような処理を、「**近傍処理**」と言います。

　「空間フィルタ」を行なうためには、最初に、「注目点」を含め「近傍の画素値」に乗じる値を用意します。

　このような係数を、「**重み係数**」「**加重マトリクス**」「**フィルタ係数**」「**オペレータ**」「**カーネル**」などと言います。

＊

　もっともサイズの小さな「オペレータ」は、「3×3」の「9個」の値からなります。

　いま、「原画像の画素値」を「$f(i,j)$」とし、「処理後の画素値」を「$g(i,j)$」、「オペレータ」を「$a(k,l)$」としたとき、「注目点の新しい画素値」は、

$$g[i,j] = \sum_{l=-1}^{1} \sum_{k=-1}^{1} a[k,l] f[i+k, j+l] \tag{4.1}$$

のような「積和演算」によって計算されます。

　これは、「**畳み込み演算**」または「**コンボリューション**」（convlution）と呼ばれます。この様子を図4.1に示します。

「原画像側の注目点」(i,j) の「周囲の画素値」に「オペレータ」を重ねたとき、「重なる位置」同士の値を「乗算」して、その「総和」が、「注目点の新しい画素値」$g[i,j]$ となります。

JavaScript だけでプログラムするときは、「逐次処理」、すなわち、「注目点」(i,j) を、左上から「1 ピクセルずつ走査」しながら実行します。

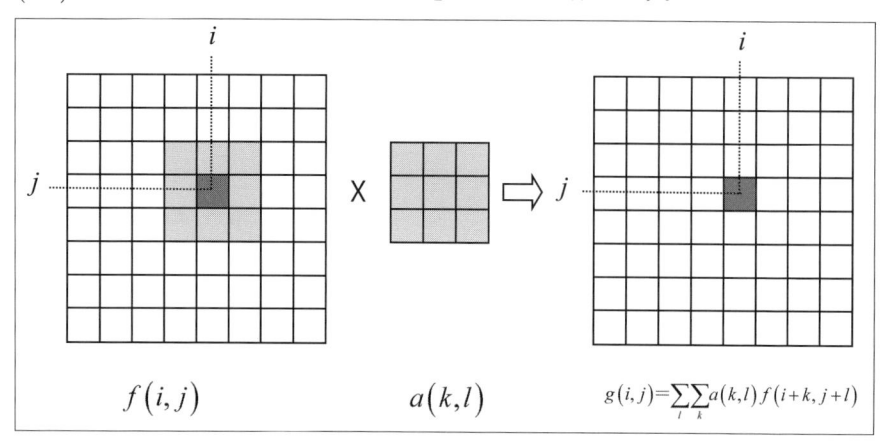

図4.1　コンボリューションによるフィルタ処理
「原画像側の注目点」(i,j) の周囲の画素値に「オペレータ」を重ねたとき、重なる位置同士の値を乗算し、その総和が「注目点の新しい画素値」$g(i,j)$ となる。

4-2　線形フィルタ

「空間フィルタ」には、「**線形フィルタ**」と「**非線形フィルタ**」があります。

「線形フィルタ」は、**式 (4.1)** の「畳み込み演算」で計算できる「空間フィルタ」です。

最も単純な「線形フィルタ」は「平均値フィルタ」です。

ここでは、「平均値フィルタ」と「ガウシアン・フィルタ」を説明します。

4.2.1　平均値フィルタ

最も単純な「空間フィルタ」は、「**平均値フィルタ**」です。

これは、「注目している画素」と「その周囲画素」の、「濃度値の平均値」を「新しい濃度値」とするものです。

「平均値フィルタ」を「逐次処理」する場合は、「平均」をとりながら「移動」して「処理」を進めるので、**移動平均法**」(moving average)とも呼ばれます。

式 (4.2) にサイズ「3 × 3」の「平均値フィルタ」を示します。

$$a[k,l] = \frac{1}{9}\begin{bmatrix} 1 & 1 & 1 \\ 1 & 1 & 1 \\ 1 & 1 & 1 \end{bmatrix} \tag{4.2}$$

です。

　注意することは、「空間フィルタ」の「オペレータ」を、「各値の総和が1になるように決める」ことです。

　そうしなければ、「処理前後」で「明るさ」が変化します。

　このような単純な「平均値」では、「処理後の画像のボケ」が大きくなります。

　この欠点をある程度改善するために、「中央に近いほど大きな重み与える」、「**重み付き平均化**」または「**加重平均化**」という方法があります。

　たとえば、「中心の重み」を「2」としたときの「オペレータ」は、図で示すと、**図4.2**のようになります。

1/10	1/10	1/10
1/10	2/10	1/10
1/10	1/10	1/10

図4.2　「中心の重み」を「2」としたときの「平均値フィルタ」の「オペレータ」(3×3)

4.2.2　ガウシアン・フィルタ

　「重み付き平均化」の「重み」を「ガウス分布」で求めた「フィルタ」を、「**ガウシアン・フィルタ**」(Gaussian filter)と言います。

　「ガウス分布」は「正規分布」とも呼ばれ、次式で与えられます。

$$f(x) = \frac{1}{\sqrt{2\pi}\sigma}\exp\left(-\frac{(x-\mu)^2}{2\sigma^2}\right) \tag{4.3}$$

　ここで、「μ」は「平均値」と呼ばれ、「σ」は「標準偏差」、「σ^2」は「分散」と呼ばれます。

　「画像」に対しては、「2次元」に拡張され、「平均値」は「$\mu = 0$」と置き、「オペレータ」は、

$$a[k,l] = \frac{1}{2\pi\sigma^2}\exp\left(-\frac{k^2+l^2}{2\sigma^2}\right) \tag{4.4}$$

となります。

4.2.3 「線形フィルタ」の実行例

　本章のアプリケーションは、「Smoothing」だけです。このアプリの概要については**4.5節**で述べます。

　「線形フィルタ」については、「フィルタ・サイズ」を「3×3」「5×5」「7×7」「9×9」の4パターンに変更できます。
　片側のサイズを、「入力フォーム[サイズ]」において「3、5、7、9」と指定します。

　「平均値フィルタ」に対しては、「中央の重み」を「入力フォーム[w0]」で変更し、「ガウシアン・フィルタ」に対しては「標準偏差[σ]」で変更できるようにしています。

＊

図4.3に「平均値フィルタ」の実行例を示します。
　「中心の重み」はすべて「1.0」です。

(a) 原画像　　　　　(b) size＝3　　　　　(c) size＝7

図4.3 「平均値フィルタ」の例（「中心の重み」は「1」）

図4.4には「ガウシアン・フィルタ」の実行例を示します。

| (a) size=3, $\sigma = 1$ | (b) size=7, $\sigma = 1$ | (c) size=7, $\sigma = 2$ |

図4.4　「ガウシアン・フィルタ」の例

「フィルタ・サイズ」が大きいほど、「標準偏差」が大きいほど、「高周波成分」はカットされ、「ぼかし効果」が大きくなります。

「原画像」には、「ごま塩」を振りかけたような「雑音」（「**ごま塩雑音**」と呼ばれます）を付加した画像を利用しています。

「ゴマ塩雑音」は「高い周波数成分」をもっているので、「低域通過フィルタ」によって除かれます。

「雑音付加アプリケーション」については、**4.6節**で述べます。

4-3　非線形フィルタ

図4.3および**図4.4**から分かるように、「単純な平滑化」では「画像全体のボケ」も大きくなり、不鮮明になります。

ここでは、「エッジのボケ」を小さく抑える「平滑化アルゴリズム」を説明します。

式(4.1)の「畳み込み演算」を使わないフィルタは「**非線形フィルタ**」と呼ばれます。

ここで述べる「エッジ保存平滑化フィルタ」は、すべて「非線形フィルタ」です。

4.3.1　メディアン・フィルタ

「**メディアン・フィルタ**」(median filter)は、「平均値」の代わりに「局所領域内の濃度値の中央値」を使います。すなわち、サイズが「3×3」であれば「9個の濃度値」を、「小さい順」または「大きい順」に並べ、「5番目の濃度値」を、「注目点の新しい濃度値」とします。

4.3.2 「選択的 局所 平均化」フィルタ

「移動平均」によって「エッジ」がボケる原因は、領域内を一様に平均化するためです。

「エッジ」が存在する領域では濃度値の変化が大きいので、「注目点近傍」において、「エッジを含まない領域」を選択し、「平均化」すれば、「エッジ」を保存した「雑音除去」が可能です。

この方法を「選択的 局所 平均化」（selective local averaging）と呼びます。

「領域」をどのように選択するかは、方法がいくつかあります。

1例として「5×5」のフィルタの場合の選択例を**図4.5**に示します。

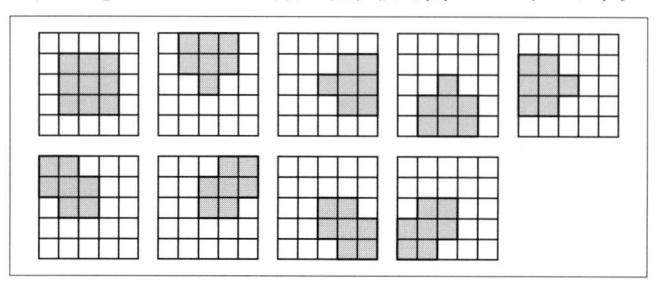

図4.5 「選択的 局所 平均化」（サイズ5×5）のパターン例
「注目点」（中央画素）を含む9個の「局所領域」について、「最もバラツキの少ない領域の平均値」を「注目点の新しい画素値」とする。

バラツキの目安として、「局所 領域内」の分散、

$$\sigma^2 = \frac{1}{n}\sum_{i=0}^{n-1}\left(f[i]-\bar{f}\right)^2 \tag{4.5}$$

や「最大値」と「最小値」の差などが使えます。

ここで、「n」は「選択された局所領域内の画素数」、「$\bar{f}$」は「その領域内の濃度値の平均値」です。

4.3.3 「最近隣 平均化」フィルタ

「最近隣 平均化」（k-nearest neighbour averaging）は、領域内において「注目画素の濃度値に近い画素」を一定個数選び出し、それらの平均値を「注目点の新しい濃度値」とする方法です。

「選び出す個数」を「k個」、「フィルタ・サイズ」を「N」としたとき、

$$k \leq \frac{N^2}{2} \tag{4.6}$$

とします。

4.3.4 「最大値／最小値」フィルタ

「メディアン・フィルタ」において、「注目点近傍の濃度値の中央値」ではなく、「最大値」または「最小値」を「注目点の新しい濃度値」とするフィルタです。

この「**最大値／最小値フィルタ**」(Max/Min Filter)は、「2値化画像」に対する「**膨張／収縮処理**」に相当します。

「膨張」(dilation)によって、小さな「孔」や「溝」が除かれ、「収縮」(erosion)によって「孤立雑音」や「突起」が除かれます。

「グレイ・スケール画像」では、「最大値フィルタ」によって「明るい部分」は増加し、「暗い部分」は減少します。

「最小値フィルタ」によって「明るい部分」は減少し、「暗い部分」が増加します。

同じ回数だけ「最大値フィルタ」(または「膨張」)を実行した後で、「最小値フィルタ」(または「収縮」)を実行する操作を、「**クロージング**」(closing)、逆の順番で実行する操作を、「**オープニング**」(opening)と言います。

たとえば、「孤立雑音」が周囲の濃度よりも暗いときは、「クロージング」を実行すると「雑音除去」の効果が現われます。

4.3.5 最頻値フィルタ

「ヒストグラム」の「ピーク位置」を「最頻値」(mode)と言います。

「**最頻値フィルタ**」(modal filter)は、「注目点近傍」のヒストグラムを調べ、その「最頻値」を「注目点の新しい濃度値」とする「フィルタ」です。

「2値化画像」に対しては「**多数決フィルタ**」とも呼ばれます。

4.3.6 「非線形フィルタ」の実行例

「最大値／最小値フィルタ」や「最頻値フィルタ」は、主に「2値化画像」に対して適用されます。

ここでは、「メディアン・フィルタ」「選択的 局所 平均化フィルタ」および「最頻値フィルタ」の「非線形フィルタ」の実行例を示します。

＊

図4.6は「メディアン・フィルタ」の実行例です。

(a) size=3　　　　　(b) size=5　　　　　(c) size=7

図4.6 「メディアン・フィルタ」の実行例

（a）はサイズ「3×3」ですが、「ゴマ塩雑音」はきれいに消えています。

「フィルタ・サイズ」を大きくすると、ボケは大きくなりますが、「線形フィルタ」に比べると小さいように感じます。さらに、絵画調にも見えてきます。

(a) 選択的(size=5)　　　(b) 最頻値(size=3)　　　(c) 最頻値(size=7)

図4.7 「選択的 局所 平均化」と「最頻値」フィルタの実行例

図4.7(a) はサイズ「5×5」の「選択的 局所 平均化フィルタ」の実行例です。
ノイズは消えた上にエッジが強調されているように見えます。

図4.7(b)(c) は「最頻値フィルタ」の実行例です。
サイズ「3×3」ではノイズはかなり残っています。「7×7」ではノイズは削減していますが、エッジの色が強調され、絵画調に見えます。

4-4 デジタル・フィルタ

「連続的なアナログ信号」を対象とする「フィルタ」は、「抵抗器」「コンデンサ」「トランジスタ」などの電子部品によって構成され、**「アナログ・フィルタ」**(analog filter) と呼ばれます。

これに対し**「デジタル・フィルタ」**(digital filter) は、「標本化」し「量子化」した「デジタル信号」を対象に、「論理素子」を用いて「加算」や「乗算」などの「代数演算」によって所望の「周波数特性」を得る「フィルタ」です。

「デジタル・フィルタ」は、「コンピュータ」による「ソフトウェア」で実現できます。

「デジタル・フィルタ」を使えば、「遮断周波数」を自由に設計できるため、**第2章**で述べたように「画像サイズ縮小」に必要な「アンチ・エイリアシング・フィルタ」として利用できます。

ここでは、**「低域通過フィルタ」**(low pass filter、LPF)と**「高域通過フィルタ」**(high pass filter、HPF)の「デジタル・フィルタ」を簡単に説明します。
(詳細な説明は、他の専門書を参考にしてください)。

4.4.1 1次元「デジタル・フィルタ」

● インパルス応答

まず、「1次元」の「デジタル・フィルタ」について説明します。

「入力」された「離散的な時系列データ」を「$f[i]$」とし、「フィルタ」の「出力データ」を$g[i]$とします。

「フィルタ出力」は、「現時点のデータ」$f[i]$と「過去のデータ」$f[i-k]$にある係数(「フィルタ係数」「重み」)を乗じ、それらを加算して求めることができます。式で示すと、

$$g[i] = \sum_{k=0}^{p} h[k] f[i-k] \tag{4.7}$$

となります。これは**式(4.1)**と同じように「**畳み込み演算**」です。

すなわち、**4.1節**で述べた「画像空間」における「線形フィルタ」は、「2次元のデジタル・フィルタ」と等価です。

「フィルタ係数$h[k]$」は「インパルス応答」とも呼ばれ、「1個のパルス」が入力したときの「出力」を表わしています。

「デジタル・システム」では、「デジタル・データ」(「画像」の場合は「画素値」)それぞれが独立した「インパルス」と考え、それぞれの「インパルス応答」を求め、それらを重ね合わせることによって、「全体の出力」が決まります。

式(4.7)のように「インパルス応答」が「有限個」の場合は、**「有限長インパルス応答フィルタ」**(FIRフィルタ)と呼ばれます。

「無限個」存在する場合を**「無限長インパルス応答フィルタ」**(IIRフィルタ)と言います。

「静止画像データ」のように、いったん「メモリ」に蓄えられたデータに対しては、「過去のデータ」だけでなく、「注目点の前後のデータ」も利用できます。

「注目点」と「その前後」それぞれ、「P個」のデータを使う「FIRフィルタ」の出力は、

$$g[i] = \sum_{k=-p}^{p} h[k] f[i-k] \tag{4.8}$$

で計算できます。

● 周波数特性

「デジタル・フィルタ」の「周波数特性」を調べるには、「インパルス応答」に対する**「Z変換」**を知る必要があります。

「Z変換」は、数学的には「離散信号」に対する「ラプラス変換」によって導かれますが、ここでは結果だけ示します。

*

「インパルス応答」が「$k=0$」に関して「対称」であれば、「周波数特性」は、

$$H(\omega) = \{h[0] + 2\sum_{k=1}^{p} h[k] \cos k\omega\} \tag{4.9}$$

で与えられます。

「振幅特性$|H(\omega)|$」が「0.5」となる周波数を、**「遮断周波数」**(cutoff frequency)と呼びます。

ただし、「$p = (N_t - 1)/2$」であり、「k」の取り得る範囲は「$-p \leq k \leq p$」です。
「N_t」は「タップ数」(フィルタ係数の個数)です。

4.4.2 2次元「デジタル・フィルタ」

　「画像」のような「2次元信号」に対する「デジタル・フィルタ」は、「x方向」および「y方向」の「1次元デジタル・フィルタ」を組み合わせることによって構成されます。

　組み合わせ方には、「縦続構成」と「並列構成」があります。

　「x方向」「y方向」の「フィルタ係数」がそれぞれ「$h_1[k], h_2[l]$」であるとき、「縦続構成」の「フィルタ係数」はこれらの積で与えられます。

$$
\begin{aligned}
&a[k,l] = h_1[k]h_2[l] \\
&(k,l = -p, -p+1, \cdots, 0, \cdots, p-1, p)
\end{aligned}
\tag{4.10}
$$

　本書ではこの「縦続構成」だけを使います。

●「フーリエ級数」展開法

　「インパルス応答」すなわち「フィルタ係数$h[k]$」を求める方法の1つとして、「**フーリエ級数 展開法**」があります。

　「遮断 角周波数」を「ω_c」とすると、

$$
h[k] = \frac{\sin k\omega_c}{k\pi} = \frac{\omega_c}{\pi}\mathrm{sinc}(k\omega_c)\ (k = 0, 1, 2, \cdots)
\tag{4.11}
$$

で与えられます。

$$
\mathrm{sinc}(x) = \frac{\sin x}{x}
\tag{4.12}
$$

は、「サンプリング関数」と呼ばれ、「$x = 0$」では「1」です。

　「遮断 角周波数」が「$\omega_c = \pi/4$」のときの「$h[k]$」を**図4.8**に示します。

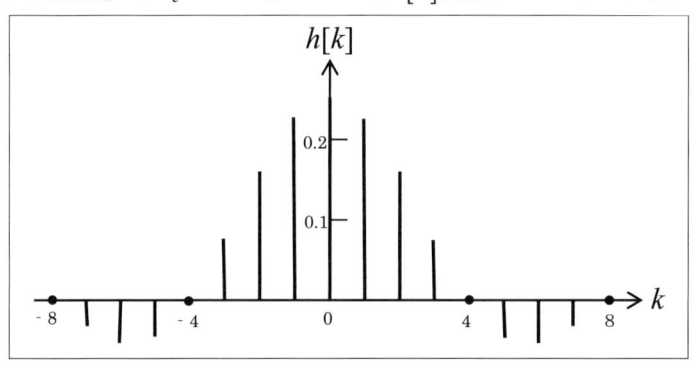

図4.8 「$\omega_c = \pi/4$」のときの「フィルタ係数」

式 (4.11) で与えられる「フィルタ係数」は無限個存在するので、「FIRフィルタ」を構成するために「有限個」で近似します。

「周波数特性」は「フィルタ係数」を**式** (4.9) に代入して計算できます。

図4.9は「タップ数」(フィルタ数)「N_t」を「11」と「21」で打ち切ったときの周波数特性です。

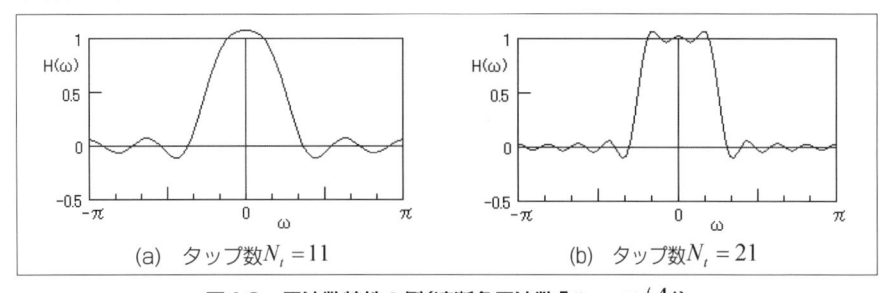

(a) タップ数 $N_t = 11$ (b) タップ数 $N_t = 21$

図4.9 周波数特性の例(遮断角周波数「$\omega_c = \pi / 4$」)
「タップ数」が多くなればなるほど周波数特性は急峻になる。

「通過域」が「低周波」側になり、「阻止域」が「高周波」側になっているので、「低域通過フィルタ」(LPF)になっています。

一般に、「タップ数」が多いほど「フィルタ特性」は「急峻」になります。

この図のように、「通過域」および「阻止域」において「振動」(**リンギング**)が見られます。

これは、「フィルタ係数」を「有限個」で打ち切ったために生じる現象です。これを、「**ギブス現象**」と言います。

*

この「ギブス現象」を軽減させたいときは、次のような窓関数を乗じます。

$$\text{ハミング窓}: w_m[k] = 0.54 + 0.46 \cos(k\pi / p) \tag{4.13}$$

$$\text{ハニング窓}: w_n[k] = 0.5 + 0.5 \cos(k\pi / p) \tag{4.14}$$

ただし、「$p = (N_t - 1)/2$」であり、「k」の取り得る範囲は「$-p \le k \le p$」です。

●「LPF」と「サイズ変換」の関係

「明暗の周期」を「D」とし、「画素間隔」(サンプリング間隔)を「d」とすると、「正規化 角周波数」は、

$$\omega = \frac{2\pi d}{D} \tag{4.15}$$

で与えられます。

「サンプリング定理」により「$D \geq 2d$」を考慮すればよいので、「正規化角周波数」の範囲は「$0 \leq \omega \leq \pi$」に限定されます。

「1画素間隔」で明暗を繰り返す画像は「$D = 2d$」であり「$\omega = \pi$」です。

「複素正弦波」に基づく「スペクトル表現」では、形式的に「負の周波数領域」も存在し、「正規化角周波数」の範囲は**図4.9**のように「$-\pi \leq \omega \leq \pi$」となります。

「サイズ変換」によってサイズを縮小した場合、**図4.10**に示すように、「明暗の周期は短く」「周波数は高く」なります。

「丸印」は「サンプリング点」すなわち「画素位置」を表わしており、「縮小前後」で変わりません。

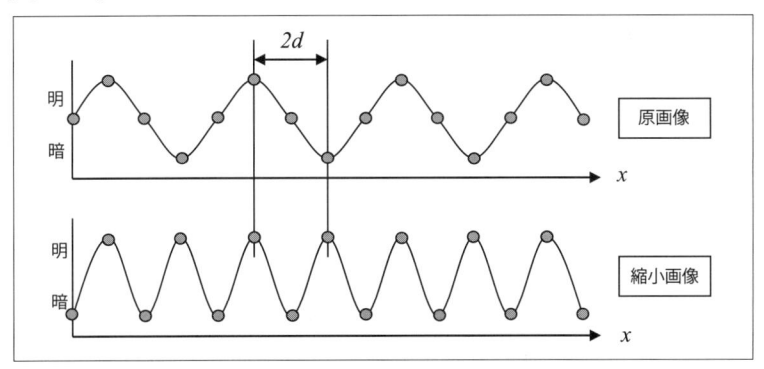

図4.10　縮小前後の明暗の周期（周波数）の違い
（丸印はサンプリング点すなわち画素位置）

この図では、1方向の「サイズ」が「1/2」に縮小した場合であり、「縮小画像」において「1画素間隔」で明暗を繰り返す（すなわち周期が「$2d$」の）波形は、原画像側では周期「$D = 4d$」の波形です。

このときの原画像側の「正規化角周波数」は**式(4.15)**から「$\omega = \pi / 2$」です。

すなわち、「原画像」側において「$\omega \geq \pi / 2$」の「周波数成分」は「1/2」の「縮小」によって「エイリアシング」の原因になることが分かります。

一般に、1辺が「$1/m$」の「縮小画像」を作る場合は、「アンチ・エイリアシング」のためには、前もって原画像に対し「遮断 角周波数」が「π / m」の「LPF」を実行する必要があります。

前章のアプリケーション「Scaling」では、この「デジタル・フィルタ」によるLPFを使っています。

●「HPF」への拡張

「LPF」が設計できるようになると「周波数変換」という手法によって、「高域通過」(HPF)や「帯域通過フィルタ」(BPF)も容易に設計できるようになります。

「HPF」は次のような手順で求めます。

[ステップ1]	「HPF」の遮断角周波数「ω_H」を決める。
[ステップ2]	「$\omega_c = \pi - \omega_H$」を遮断角周波数とするLPFのフィルタ係数「$h[k]$」を求める。
[ステップ3]	HPFのフィルタ係数は「$h_H[k] = (-1)^k h[k]$」で与えられる。

●「デジタル・フィルタ」の実行例

図4.11に「雑音 付加画像」に対する「LPF」の実行例を示します。

いずれも「遮断角周波数」は「$\omega_c = 0.1\pi$」で、「窓関数」は「ハミング」です。

(a) タップ数3 　　　　　(b) タップ数7 　　　　　(c) タップ数11

図4.11 「デジタル・フィルタ」の実行例①
「遮断角周波数」は「$\omega_c = 0.1\pi$」、「窓関数」は「ハミング」で実行。

「タップ数3」では、「雑音」はほとんど除去されていません。

「タップ数」が大きくなると、「雑音」は除かれますが、「ボケ」も大きくなります。

「窓関数」は、「ハミング」と「ハニング」でほとんど違いは見られませんが、「方形窓」ではボケが大きくなります。

図4.12は、中心が左上にあるゾーンプレート画像に対する結果です。

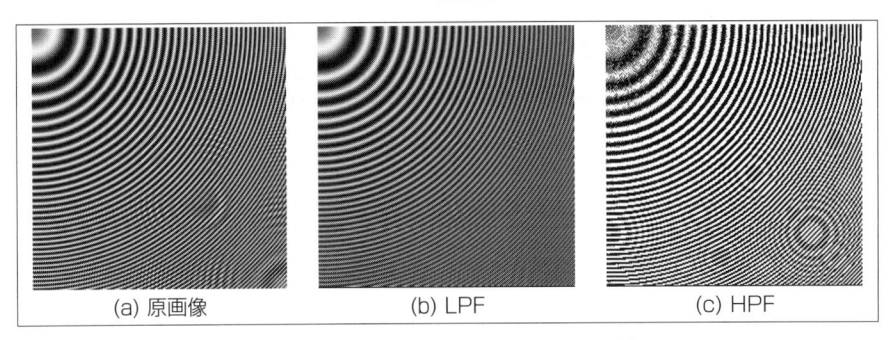

| (a) 原画像 | (b) LPF | (c) HPF |

図4.12 「デジタル・フィルタ」の実行例②
「遮断角周波数$\omega_c = 0.5\pi$」「タップ数7」、「窓関数」は「ハミング」で実行。

なお、「入力フォーム[ω]」の値は、「円周率π」を乗じる前の値で、指定します。"0.1"を指定したときは、実際の「遮断角周波数」は「$\omega_c = 0.1\pi$」です。

さらに、LPF、HPFどちらに対してもフィルタ係数の総和が「1」になるように正規化しています。

4-5 アプリケーション「Smoothing」

サンプル・プログラム「Smoothing」はこれまで述べてきた「空間フィルタ」を実行できるアプリケーションです。

4.5.1 アプリケーションの概要

このアプリケーションも、「LevelTransform」と同じように、「色反転」「グレイ・スケール変換」「セピア色変換」が実行でき、しかも、「矩形」「角丸矩形」「楕円」「ハート型」などの図形で、「エフェクト対象領域」を指定することが可能です。

*

図4.13に実行例を示します。

図4.13 「Smoothing.html」の実行例
「ハート型」で指定した領域に対し、サイズ「5×5」の「メディアン・フィルタ」を実行後、「セピア色変換」。

この例では、「ハート型図形」で選択した領域に対し、サイズ「5×5」の「メディアン・フィルタ」を実行後。「セピア色変換」しています。

*

「select要素［エフェクト］」をクリックすると、「色反転」「グレイ・スケール」「セピア」以外に、次のような選択項目が表示されます。

・平均値
・ガウシアン
・メディアン
・選択的局所平均化
・最大値フィルタ
・最小値フィルタ
・最頻値フィルタ
・デジタル・フィルタ

「select要素［エフェクト］」の右横の「入力フォーム」は、「デジタル・フィルタ」以外で使われる「パラメータ」の入力用です。

［size］によって「フィルタ・サイズ」(3、5、7、9)を変更でき、［w0］によって「平均値フィルタの中心重み」を、［σ］によって「ガウシアン・フィルタの標準偏差」を変更できます。

「サムネール用キャンバス」横の「入力フォーム」は、「デジタル・フィルタ」用です。

［タップ数］は他のフィルタの「フィルタ・サイズ」に相当します。3〜15の奇数で入力します。

「ラジオ・ボタン」で［LPF］か［HPF］どちらかを選択します。
「窓関数」を［方形窓］［ハミング窓］［ハニング窓］から選択します。

4.5.2 「smoothing.js」のプログラム

ここでは、「ガウシアン・フィルタ」と「メディアン・フィルタ」を示します。

● ガウシアン・フィルタ

リスト4.1に「gaussian()」ルーチンを示します。

リスト4.1 「smoothing.js」の「gaussian()」ルーチン

```
1 function gaussian()
2 {
3   s_fSize.style.visibility = "visible";
4   s_cWeight.style.visibility = "hidden";
5   s_sigma.style.visibility = "visible";
```

```javascript
 6    s_digital.style.visibility = "hidden";
 7
 8    var w = can.width, h = can.height;
 9    whole = ctx.createImageData(w, h);//画像全体の処理結果
10
11    var sizeF = parseInt(form1.filterSize.value); //フィルタ・サイズ
12    var sigma = parseFloat(form1.sigma.value);//標準偏差
13    var s2 = (sizeF-1) / 2;//中心を除いた片側のフィルタ・サイズ
14    var S2 = (sizeF*sizeF-1)/2;//フィルタ係数全体の中心位置
15
16    var i, j, I, J, k, K, n, m;
17    //フィルタ係数を計算
18    var sum = 0;
19    var a = [];
20    for(j = 0; j < sizeF; j++)
21    {
22      n = j - s2;
23      for(i = 0; i < sizeF; i++)
24      {
25        m = i - s2;
26        k = i + j * sizeF;
27        a[k] = Math.exp(-(m*m+n*n)/(2*sigma*sigma));
28        sum += a[k];
29      }
30    }
31    //総和を1とする
32    for(i = 0; i < sizeF * sizeF; i++) a[i] /= sum;
33
34    var r, g, b, R, G, B;
35    for(j = 0; j < h; j++)
36    {
37      for(i = 0; i < w; i++)
38      {
39        if(i < s2 || i >= w - s2 || j < s2 || j >= h - s2)
40        {//枠近傍は原画像をそのまま出力
41          k = (i + j * w) * 4;
42          whole.data[k + 0] = canImage.data[k+0];
43          whole.data[k + 1] = canImage.data[k+1];
44          whole.data[k + 2] = canImage.data[k+2];
45          whole.data[k + 3] = canImage.data[k+3];
46          continue;
47        }
48        //畳み込み演算
49        R = 0; G = 0; B = 0;
50        for(J = -s2; J <= s2; J++){
51          for(I = -s2; I <= s2; I++)
52          {
53            k = ((j+J) * w + i+I) * 4;
54            r = canImage.data[k + 0];
55            g = canImage.data[k + 1];
56            b = canImage.data[k + 2];
57            K = S2 + I + J*sizeF;
58            R += r * a[K];
```

```
59          G += g * a[K];
60          B += b * a[K];
61        }
62      }
63      k = (j * w + i) * 4;
64      whole.data[k + 0] = R;
65      whole.data[k + 1] = G;
66      whole.data[k + 2] = B;
67      whole.data[k + 3] = canImage.data[k+3];
68    }
69  }
70  goStep2();
71 }
```

プログラム解説 ●●

　各「フィルタ・ルーチン」では、その「ルーチン」で使われる「入力フォーム」だけ
を表示し、それ以外は「非表示」にしています(**3～6行目**)。

　また、すべての「フィルタ」は、「注目画素の濃度値」を、「近傍の複数の画素」か
ら求める「局所 処理」なので、「2段階処理」を必要とします。

　各「ルーチン」において、「ステップ1」(画像全体に対する処理)を実行していま
す。

　「ステップ2」(図形で指定した対象領域への表示)は「goStep2()」ルーチンで行
なっています。

　70行目にあるように、各「ルーチン」の「最終行」で、「goStep2()」をコールして
います。

　18～32行目で「オペレータ」(フィルタ係数)を求めています。

　式(4.4)の計算は**27行目**で行なっています。最終的に、「オペレータの総和」
を「1」にするため。「指数関数」の前の「$1/2\pi\sigma^2$」は省略できます。

　「局所 処理」では「キャンバス枠近傍」の「画素」に対して、「フィルタ処理」は計算
できません。

　39～47行目によって「キャンバス枠近傍」の処理を省いています。

　49～62行目で畳み込み演算を行なっています。

　その結果、(R,G,B)を**64～66行目**で画像全体の「ImageData」オブジェクト、
「whole」に格納しています。

● メディアン・フィルタ

リスト4.2に「median()」ルーチンを示します。説明は省略します。

リスト4.2 「smoothing.js」の「median()」ルーチン

```
 1  function median()
 2  {
 3    s_fSize.style.visibility = "visible";
 4    s_cWeight.style.visibility = "hidden";
 5    s_sigma.style.visibility = "hidden";
 6    s_digital.style.visibility = "hidden";
 7
 8    var w = can.width, h = can.height;
 9    whole = ctx.createImageData(w, h);//画像全体の結果
10
11    var sizeF = parseInt(form1.filterSize.value); //フィルタ・サイズ
12    var s2 = (sizeF-1) / 2;//中心を除いた片側のフィルタ・サイズ
13    var SF = sizeF*sizeF;//フィルタ係数全体個数
14    var S2 = (SF-1)/2;//フィルタ係数全体の中心位置
15
16    var i, j, I, J, k, K, n, m;
17    var r=[], g=[], b=[], R, G, B;
18    for(j = 0; j < h; j++)
19    {
20      for(i = 0; i < w; i++)
21      {
22      if(i < s2 || i >= w - s2 || j < s2 || j >= h - s2)
23      {//枠近傍は原画像をそのまま出力
24        k = (i + j * w) * 4;
25        whole.data[k + 0] = canImage.data[k+0];
26        whole.data[k + 1] = canImage.data[k+1];
27        whole.data[k + 2] = canImage.data[k+2];
28        whole.data[k + 3] = canImage.data[k+3];
29        continue;
30      }
31      //局所領域内部の濃度値
32      n = 0
33      for(J = -s2; J <= s2; J++)
34      {
35        for(I = -s2; I <= s2; I++)
36        {
37          k = ((j+J) * w + i+I) * 4;
38          r[n] = canImage.data[k + 0];
39          g[n] = canImage.data[k + 1];
40          b[n] = canImage.data[k + 2];
41          n++;
42        }
43      }
44      //小さい順に並び替える
45      for(n = 0; n <= S2; n++)
46      {
47        R = r[n]; G = g[n]; B = b[n] ;
```

```
48          for(m = n+1; m < SF; m++)
49          {
50              if(R > r[m]){ r[n] = r[m]; r[m] = R; R = r[n]; }
51              if(G > g[m]){ g[n] = g[m]; g[m] = G; G = g[n]; }
52              if(B > b[m]){ b[n] = b[m]; b[m] = B; B = b[n]; }
53          }
54      }
55      k = (j * w + i) * 4;
56      //中央値を注目点の濃度値とする
57      whole.data[k + 0] = r[S2];
58      whole.data[k + 1] = g[S2];
59      whole.data[k + 2] = b[S2];
60      whole.data[k + 3] = canImage.data[k+3];
61  }//i
62  }//j
63  goStep2();
64 }
```

4-6　　　　　　　　　　画像の「雑音」

「画像」にはさまざまな原因によって「雑音」が含まれます。

デジカメでは「暗電流」や「熱雑音」が主な原因と考えられています。

また、「雑音」の種類には、「インパルス性雑音」や「ガウス性雑音」があります。

4.6.1　「雑音画像」の作成

本書の「雑音画像」は「ゴマ塩雑音」を重畳した画像です。

「ゴマ塩」をバラまいたように見える、本書で扱う「ゴマ塩雑音」は、「一様乱数」または「ガウス関数」で作っています。

ここで言う「一様 雑音」とは、「一様乱数」で作った「雑音」です。

すなわち、ある範囲の「濃度値」が、「同じ確率で発生する」と仮定した「ノイズ」です。

「ガウス雑音」はその「濃度値」の分布が、**4.2.2項**で述べた「ガウス分布」(正規分布)になるような雑音です。

＊

サンプル・プログラム「NoiseCreater」は、「一様乱数」または「ガウス乱数」による「雑音画像」を作るアプリケーションです。

「ガウス乱数」は12個の、[0, 1]の範囲の、「一様乱数」の和から、「6」を減ずる方法で求めています。

＊

図4.14に実行例を示します。

この例では、標準偏差「σ＝4」、平均濃度値「127」、振幅「127」の、「カラー」の「ガウス雑音」の例です。

「生起確率」を「100%」としています。つまり、「全画素」に対して「乱数」を適用しています。

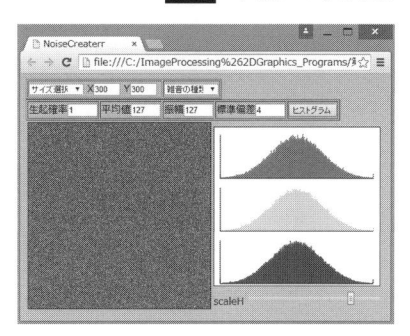

図4.14 「NoiseCreater.html」の実行例

［ヒストグラム］ボタンで「ヒストグラム」を表示できます。

「ヒストグラム表示」については、**前章**を参照してください。

「select要素［雑音の種類］」をクリックし、

・一様モノクロ
・ガウスモノクロ
・一様カラー
・ガウスカラー

のどれかを選択します。

「一様モノクロ」と「ガウスモノクロ」は「グレイ・スケール画像」が対象です。

「［標準偏差］入力フォーム」は「ガウス雑音」のときだけ利用します。

4.6.2 「雑音 重畳画像」の作成

サンプル・プログラム「NoiseMaker」は、前項で述べた「一様雑音」と「ガウス雑音」を実際の画像に「重畳」するアプリケーションです。

図4.15に実行例を示します。

生起確率「0.1」、平均値「127」、振幅「127」のときの、「一様カラー」ノイズです。

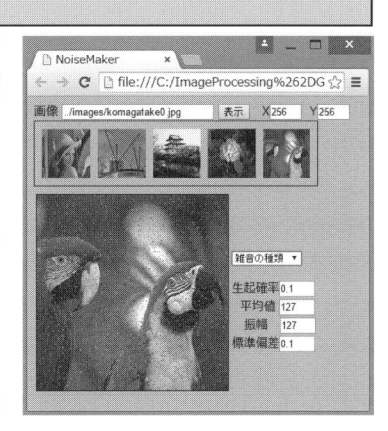

図4.15 「NoiseMaker.html」の実行例

第5章

「エッジ検出」と「鮮鋭化」

Edge Detection and Sharpening

この章では、「濃度変化によるエッジ検出」を扱います。

「濃度変化によるエッジ検出」には、「微分フィルタ」を利用します。

「平滑化フィルタ」は「高い周波数成分」を除きましたが、「微分フィルタ」は「低い周波数成分」を除きます。

また、ボヤけたエッジを鮮鋭化する、「鮮鋭化フィルタ」についても説明します。

5-1　　　差分フィルタ

「エッジ検出用」のフィルタに使われる「オペレータ」は、「微分オペレータ」または「差分オペレータ」と呼ばれます。

これらを用いた「空間フィルタ」を「微分フィルタ」または「差分フィルタ」と言います。

5.1.1　「画像」の「微分」

「デジタル画像」に対する「微分」は、次式のように「差分」によって計算できます。

「横方向」(x方向)および「縦方向」(y方向)の微分(導関数)は、それぞれ、

$$
\begin{cases}
\begin{aligned}
\Delta_x f(x,y) &= \frac{\partial f(x,y)}{\partial x} \\
&= \frac{f[i+1,j]-f[i,i]}{(i+1)-i} = f[i+1,j]-f[i,j] \\
\Delta_y f(x,y) &= \frac{\partial f(x,y)}{\partial y} \\
&= \frac{f[i,j+1]-f[i,i]}{(j+1)-j} = f[i,j+1]-f[i,j]
\end{aligned}
\end{cases}
\tag{5.1}
$$

で求まります。これらは、正確には$(i+1/2, j+1/2)$の位置における、「差分」です。

「(i,j)点」の「差分」を求めるには、

$$\begin{cases} \Delta_x f(x,y) = f[i+1,j] - f[i-1,j] \\ \Delta_y f(x,y) = f[i,j+1] - f[i,j-1] \end{cases} \tag{5.2}$$

のように定義します。

　これらの「微分値」は「方向性」をもっており、「縦のエッジ」または「横のエッジ」を抽出するときに用いられます。

　「エッジの方向」に依存しないようにするときは、「勾配(gradient)の大きさ」を計算します。

　「エッジ抽出に用いられる勾配」として、次の3種類が定義されています。

① ベクトルの大きさで表示

$$g[i,j] = \sqrt{(\Delta_x f)^2 + (\Delta_y f)^2} \tag{5.3}$$

② 加算値で表示

$$g[i,j] = |\Delta_x f| + |\Delta_y f| \tag{5.4}$$

③ 最大値で表示

$$g[i,j] = \max\left(|\Delta_x f|, |\Delta_y f|\right) \tag{5.5}$$

代表的な「1次元の微分フィルタ」として、「**プレウィット**」(Prewitt)、「**ソーベル**」(Sobel)、「**ロバーツ**」(Roberts)があります。

「2次元微分」オペレータには、「**ラプラシアン**」(Laplacian)があります。

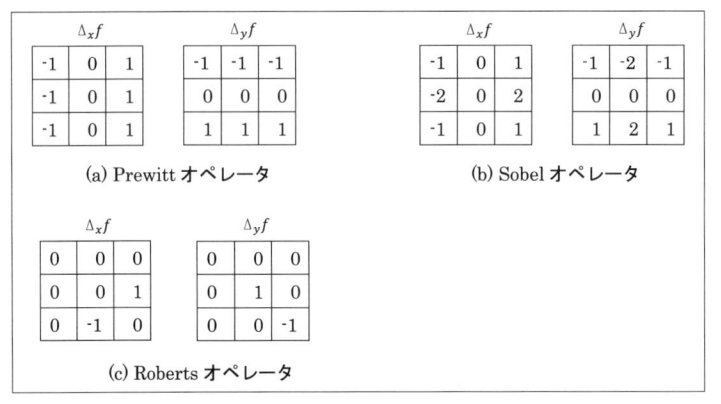

図5.1 「1次微分」のオペレータ

● Prewittオペレータ

直接、**式(5.1)**または**式(5.2)**では、2個の「画素」間の「濃度差」を求めており、「雑音に弱い」という欠点があります。

そこで、「平滑化フィルタ」のように「3×3」の近傍領域に拡張した「微分フィルタ」が使われます。

図5.1(a)に「Prewitt」フィルタを示します。

● Sobelオペレータ

「Prewitt」フィルタにおいて「中央」と「重み」を「2倍」にしたものを「Sobelオペレータ」と言います。

相対的に「斜め方向」の「微分値」が弱くなります。「オペレータ」を**図5.1(b)**に示します。

● Robertsオペレータ

図5.1(c)に示すように、「水平軸」および「垂直軸」から「45度」ズレた方向の「エッジ」を求めるフィルタです。

正確には、$(i+1/2, j+1/2)$におけるエッジです。

やはり、**式(5.3)**～**式(5.5)**で「勾配の強さ」を求めることができます。

● Laplacianオペレータ

これまでの「オペレータ」は「1次微分フィルタ」に対する「オペレータ」です。

「2次微分フィルタ」として「ラプラシアン・フィルタ」があります。

変数「x, y」の関数「$f(x,y)$」に対するラプラシアンは、

$$\nabla^2 f(x,y) = \frac{\partial^2 f(x,y)}{\partial x^2} + \frac{\partial^2 f(x,y)}{\partial y^2} \tag{5.6}$$

で定義されています。

図5.2に示すように、「2次微分」することによって、「緩やかな濃度勾配」でも「濃度が変化するエッジ部分」が強調され、優れた「エッジ検出フィルタ」となります。

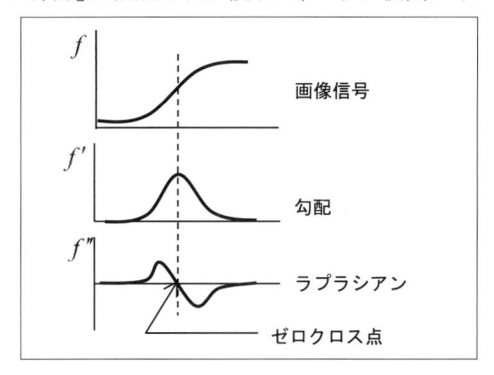

図5.2　1次元画像に対する「勾配」と「ラプラシアン」

「1次微分」によって「勾配」が得られ、「2次微分」によって「ラプラシアン」が得られます。

「エッジの下端」（濃度値が低いところ）近くでは「正のピーク」を、「上端近く」では「負のピーク」をもちます。

図に示している「ゼロ・クロス点」については、**5.2節**で説明します。

「x」に関する「2次微分」は、「対称性」を考慮して「1回目」は「$i+1$」と「i」、「2回目」は「i」と「$i-1$」で行ないます。

$$\begin{aligned}
\frac{\partial^2 f(x,y)}{\partial x^2} &= \frac{\partial}{\partial x}\big(f[i+1,j] - f[i,j]\big) \\
&= f[i+1,j] - f[i,j] - \big(f[i,j] - f[i-1,j]\big) \\
&= f[i+1,j] + f[i-1,j] - 2f[i,j]
\end{aligned}$$

したがって**式(5.6)**のラプラシアンは、

115

$$\nabla^2 f(x,y) = f[i-1,j] + f[i+1,j] + f[i,j-1] + f[i,j+1] - 4f[i,j] \qquad (5.7)$$

となります。この「ラプラシアン・オペレータ」は**図5.3**のようになります。

0	1	0
1	-4	1
0	1	0

図5.3　Laplacianオペレータ

5.1.3　アプリケーション「EdgeFilter」

サンプル・プログラム「EdgeFilter」は、「線形エッジ検出フィルタ」をすべて含む、アプリケーションです。

＊

このアプリケーションでは、「色反転」「グレイ・スケール変換」「セピア色変換」のほかに、「2値化」も実行できるようにしてあります。

「2値化」の「閾値」は「100」に固定しています。

さらに、これまでのアプリケーションと同じように、「矩形」「角丸矩形」「楕円」「ハート型」などの図形で「エフェクト対象領域」を指定することが可能です。

図5.4に実行例を示します。

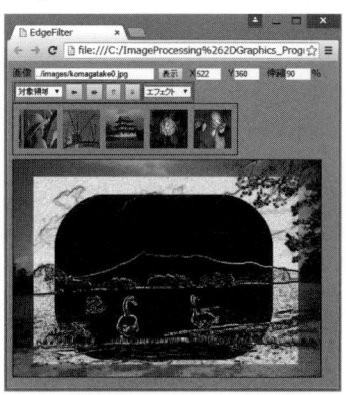

図5.4　「EdgeFilter.html」の実行例①
「矩形領域」に対し「ソーベル・フィルタ」を実行後、「色反転」、さらに「角丸矩形領域」を「色反転」。

「矩形領域」に対し「ソーベル・フィルタ」を実行後、「色反転」して、さらに「角丸矩形領域」を「色反転」した結果です。

したがって、「角丸矩形領域」だけが「ソーベル・フィルタ」実行後の結果になります。

「select要素[エフェクト]」をクリックすると、「色反転」「グレイ・スケール」「セピア」「2値化」以外に、次のような選択項目が表示されます。

・プレウィット
・ソーベル
・ロバーツ
・ラプラシアン

図5.5に「SIDBA」画像の「Lenna.bmp」に対する「ラプラシアン」の実行結果を示します。

「画面全体」に対し「ラプラシアン・フィルタ」を実行し、「2値化」し、「色反転」した結果です。

| (a) ラプラシアン | (b) 2値化 | (c) 色反転 |

図5.5 「EdgeFilter.html」の実行例②
「ラプラシアン・フィルタ」を実行後、「2値化」し、さらに「色反転」。

式(5.7) の「ラプラシアン・フィルタ」を実行すると、**図5.2**の「最下段」に示すように、「勾配のない部分」では値はゼロ(画面では黒)になります。プログラムでは最後に中間値(127)を加えていることに注意してください。

5-2　高精度の「エッジ検出」

これまでのエッジ検出では、「1次微分」(勾配)または「2次微分」(ラプラシアン)の値が「2値化」によってある「閾値（しきい値）」を超えたときを「エッジ」と判定していました。

そのため、「エッジの幅」は「数画素」になることがあり、一定の幅に揃えることは困難です。ここでは、「エッジの幅」が、ほぼ「1画素」になるような、「高精度のエッジ検出法」を説明します。

5.2.1　ゼロ・クロス・フィルタ

図5.2を見ると分かるように、真の「エッジ」は「1次微分」の「頂点」または「2次微分」の「ゼロ・クロス点」です。

「ゼロ・クロス点」とは、「ラプラシアン」の値が「正から負」に、または、「負から正」に変化するときの、「ゼロ」になる位置です。

「ラプラシアン」の「ゼロ・クロス点」を抽出する「エッジ検出法」を「**ゼロ交差法**」または「**ゼロ・クロス法**」と言います。

*

「ゼロクロス・フィルタ」のプログラム手順は以下の通りです。

[ステップ1]「グレイ・スケール変換」を行なう
[ステップ2]「平滑化」を行なう
[ステップ3]「勾配」を求める
[ステップ4]「ラプラシアン」を求める
[ステップ5]「ゼロ・クロス点」を抽出する

「写真」などで得られた「画像」を直接利用すると、「雑音」の影響を受けやすくなります。

通常は、「ガウシアン・フィルタ」などで「平滑化」したあとで、「ステップ3以降」を実行します。

5.2.2　キャニー・フィルタ

「キャニー・フィルタ」(Canny filter)は、前節の「ゼロ・クロス法」をベースに、「1次微分」(勾配)の方向性を考慮することによって、より高精度の「エッジ抽出」ができるように改良された、極めて優れた「エッジ検出フィルタ」です。

*

「Canny」フィルタのプログラムは次の5段階に分けられます。

[ステップ1]「グレイ・スケール変換」を行なう
[ステップ2]「平滑化」を行なう
[ステップ3]「x方向」および「y方向」の「1次微分」を求める
[ステップ4]「勾配の方向」を「量子化」する。
[ステップ5]「非最大抑制」を実行する

「ステップ4」では、「ステップ3」で求めた1次微分「Δ_x, Δ_y」に基づいて、勾配の方向、

$$\theta = \tan^{-1}\left(\frac{\Delta_y}{\Delta_x}\right) \tag{5.8}$$

を計算し、**図5.6**のように8方向に量子化します。

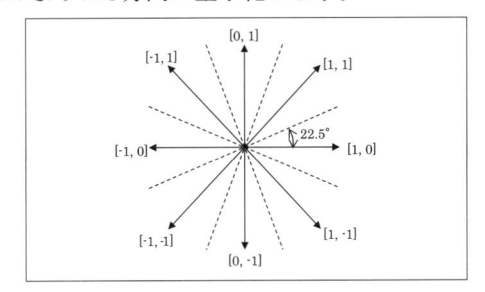

図5.6　8方向量子化
「勾配の方向」を45度間隔に8方向に量子化する。
括弧内の数値は「オフセット」（注目点からの相対位置）を表わしている。

たとえば、「$-22.5° \leq \theta < 22.5°$」であれば「オフセット」（注目点からの相対位置）を$[1, 0]$に、「$22.5° \leq \theta < 67.5°$」であれば$[1, 1]$、のように決めます。

「ステップ5」では、「ステップ4」で決められた「勾配方向」の「前方」および「後方」の位置における「勾配」の大きさを計算し、これら2つの値よりも「注目点の勾配」の値のほうが大きいときだけ、「エッジである」と判定します。
　これを、「**非最大抑制**」と言います。

＊

　プログラムでは、「オフセット」の値を**式(5.8)**から間接的に求めるのではなく、直接計算しています。
　たとえば、「第1象限」においては、「$\cos\theta = \Delta_x / \sqrt{\Delta_x^2 + \Delta_y^2} > \cos(3\pi/8) = \sin(\pi/8)$」のとき、「オフセット」の「$x$成分」が「1」となるように決めています。すなわち、「オフセットQ」は、

$$\begin{cases} Q_x = \left[\dfrac{\left(\Delta_x / \sqrt{\Delta_x^2 + \Delta_y^2} \right) \times 0.5}{\sin(\pi/8)} + 0.5 \right] \\[3em] Q_y = \left[\dfrac{\left(\Delta_y / \sqrt{\Delta_x^2 + \Delta_y^2} \right) \times 0.5}{\sin(\pi/8)} + 0.5 \right] \end{cases} \qquad (5.9)$$

となります。"[ ]"は「ガウス記号」であり、$[x]$は「xを超えない最大の整数」を表わします。

「ゼロ・クロス法」と同じように、「勾配の大きさ」の「値」が「閾値」以下であれば「非エッジ」とします。

「閾値」を低く設定すると、エッジは煩雑に出現します。

逆に、「閾値」を高く設定すると、エッジは少なくなり、しかも「断片化」します。

1つの「閾値」では「ノイズの影響」を受け、「勾配値」のわずかな変動によって「エッジ線」が途切れやすくなります。

一般に「Cannyフィルタ」では、「ヒステリシス」を伴った「適応的 閾 値処理」と呼ばれる手法を利用します。このプロジェクトでは、「逐次処理」において、各行の最初に、高めの「閾値T_H」を設定します。

「エッジ抽出」を進める過程で、「注目点」の「近傍4画素」がこれまでの処理において1つでも「エッジ」であれば、この「注目点」もエッジである可能性が高いので、低めの「閾値T_L」に変更します。

「エッジ」と判定されないときは、高めの「閾値T_H」に戻します。

5.2.3 | アプリケーション「EdgeFilterHQ」

サンプル・プログラム「EdgeFilterHQ」は「ゼロ・クロス法」と「キャニー・フィルタ」を実行できるアプリケーションです。

「ゼロ・クロス法」と「キャニー・フィルタ」は結果が2値化された「グレイ・スケール」なので、基本的な「画像処理」として「色反転」と「セピア色変換」だけが実行できます。

● ゼロクロス・フィルタの実行例

図5.7に「ゼロ・クロス法」の実行例を示します。

「閾値th=50」のときの「ゼロ・クロス法」の実行例です。

　左側の角丸矩形に対し、「ゼロ・クロス法」を実行後、右側の「角丸矩形」を作成し、「ゼロ・クロス法」さらに「色反転」を実行した結果です。

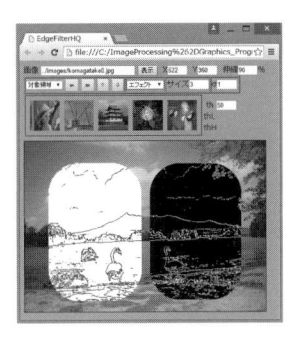

図5.7　「EdgeFilterHQ.html」の実行例①
閾値「th=50」のときの「ゼロ・クロス法」の実行例。
左側の「角丸矩形」に対し、「ゼロ・クロス法」を実行後、右側の「角丸矩形」を作成し、「ゼロ・クロス法」さらに「色反転」を実行した結果である。

＊

　「ゼロ・クロス法」の実行は、「edgeFilterHQ.js」の「zerocross()」ルーチンで行なっています。

　最初に「toGrayScale()」ルーチンで「グレイ・スケール変換」します。
　「平滑化」は「gaussian()」ルーチンにおいて**4.2.2項**で述べた「ガウシアン・フィルタ」を用いて実行します。

　その結果を「原画像データ」として、「sobelLaplacian()」ルーチンにおいて「勾配」と「ラプラシアン」を同時に求め、それぞれ配列「grad」および「lap」に格納します。

　最後に「zeroCrossing()」ルーチンにおいて、「grad」がある「閾値th」より小さいときだけ、「左右」または「上下」の「lap」の値の「積」を調べ、「負」ならば「エッジ」と判定します。
　このプロジェクトでは、「エッジ」を「黒」で表示しています。閾値を小さくすると、「エッジ線」が多くなります。

●「キャニー・フィルタ」の実行例

　図5.8は「キャニー・フィルタ」の実行例です。

　左側に「角丸矩形」を作成後、閾値「thL=20、thH=30」で実行し、右側に同じ図形を作成後、「thL=30、thH=70」で実行した結果です。
　(thL、thHはそれぞれ**5.3.2項**で述べた「低めの閾値T_L」「高めの閾値T_H」です)。

図5.8 「EdgeFilterHQ.html」の実行例②
左側の閾値は「thL=20,thH=30」、右側は「thL=30, thH=70」である。

5-3 鮮鋭化フィルタ

ここで「鮮鋭化フィルタ」について述べておきます。

「鮮鋭化フィルタ」は「エッジ検出」とは異なり、「平滑化」などでボカされたエッジを鮮鋭化する処理です。
「ピンボケ写真の修正」や「輪郭強調」に利用されます。
「ラプラシアン」や「平滑化フィルタ」を使います。

5.3.1 「ラプラシアン」を用いた「鮮鋭化」

「原画像」から「ラプラシアン」を差し引くと、「エッジ」が鮮明化します。

「1次元」に対し、この様子を**図5.9**に示します。

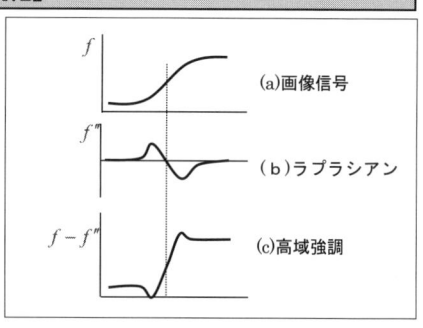

図5.9 「ラプラシアン」による「鮮鋭化」のプロセス

すなわち、「鮮鋭化」のための「高域強調フィルタ」は、**式(5.7)**を用いて、

$$g[i,j] = f[i,j] - k\nabla^2 f(x,y)$$
$$= (1+4k)f[i,j]$$
$$-k\left(f[i-1,j] + f[i+1,j] + f[i,j-1] + f[i,j+1]\right)$$

(5.10)

となります。

「鮮鋭度 係数k」は「鮮鋭化」の効果を調整するための係数です。

この「鮮鋭化オペレータ」を**図5.10**に示します。「k」を大きくすると「輪郭」が強調されます。

0	$-k$	0
$-k$	$1+4k$	$-k$
0	$-k$	0

図5.10 「ラプラシアン」を用いた「鮮鋭化フィルタ」の「オペレータ」

5.3.2 「アンシャープ・フィルタ」を用いた「鮮鋭化」

「アンシャープ・フィルタ」(unsharp filter)は、名前からすると「非シャープ化」、すなわち、「平滑化」と間違えられてしまいますが、「鮮鋭化」のためのフィルタです。

正確には、「アンシャープ・フィルタ」(「アンシャープ・マスク」とも言います)は、「原画像」から「平滑化」された画像を差し引く操作を行なうフィルタです。

「平滑化」によって低周波成分が得られるので、「アンシャープ・フィルタ」は「高域通過」、すなわち、「エッジ検出フィルタ」となります。

さらに、この「高域成分」を「原画像」に加えることで、「鮮鋭化された画像」または「輪郭が強調された画像」が得られます。

「3×3」のオペレータで示すと、**図5.11**のようになります。

やはり、「係数k」によって「鮮鋭化」の効果を、調整します。

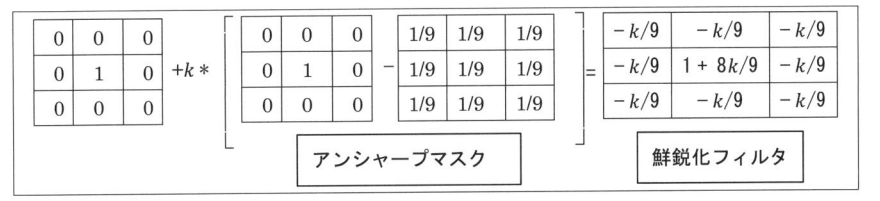

図5.11 「アンシャープ・マスク」を用いた「鮮鋭化」

5.3.3 アプリケーション「SharpenFilter」

「SharpenFilter」は「ラプラシアン」を利用した「鮮鋭化フィルタ」と「アンシャープ・マスク」を用いた「鮮鋭化フィルタ」を実行できるアプリケーションです。

＊

これらのほかに、基本的な画像処理「色反転」「グレイ・スケール変換」「セピア色変換」「2値化」が可能です。

●「ラプラシアン」による鮮鋭化

図5.12には「楕円領域」を作成後、「ラプラシアン」による鮮鋭化フィルタを、「鮮鋭度係数k = 2」で実施し、さらに「色反転」した結果です。

図5.12 「SharpenFilter.html」の実行例①
「楕円領域」を「ラプラシアン鮮鋭化フィルタ」実行後、
「色反転」した結果（鮮鋭度係数$k = 2$）

● 「アンシャープ・マスク」による鮮鋭化

図5.13に「アンシャープ・マスク」による鮮鋭化の例を示します。

原画像は「SIDBA」の「Lenna.bmp」を**第4章**の「Smoothing.html」によって平滑化した画像です。

（フィルタ・サイズ「7×7」、標準偏差「$\sigma = 2$」の「ガウシアン・フィルタ」）。

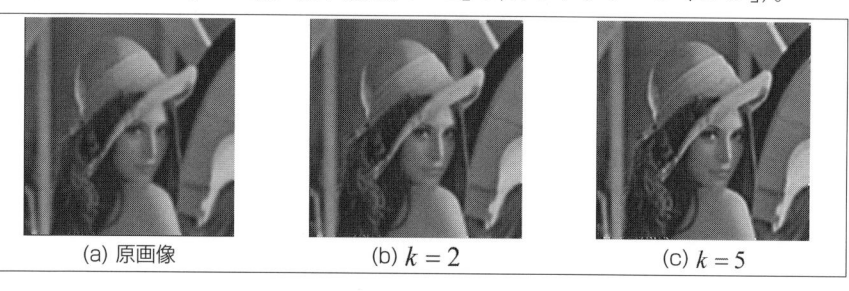

(a) 原画像   (b) $k = 2$ (c) $k = 5$

図5.13 「SharpenFilter.html」の実行例②
「Lenna.bmp」を「平滑化」した画像を原画像として、「アンシャープ・マスク」による「鮮鋭化」を実行した例。「係数k」を大きくすると「鮮鋭度」が高くなる。

5-4　エンボス・フィルタ

特殊な「1次微分フィルタ」として「**エンボス・フィルタ**」（emboss filter）を取り上げます。

「エンボス」とは「紙」などに「図案」や「模様」を浮き上がらせることです。

「エンボス・フィルタ」を用いると、「レリーフ」や「銅版画風」のような「凹凸感」を「画像」にもたせることができます。

5.4.1 「エンボス・フィルタ」の原理

注目点における「左右（x）方向」および「上下（y）方向」の微分は**式 (5.2)** で与えられます。

また、「ノイズ」の影響を軽減するために、「1次微分フィルタ」として「Prewitt」または「Sobel」オペレータが用いられます。

5.1節の「1次微分フィルタ」では「勾配」の方向による依存性をなくすために、「勾配の大きさ」を式(5.3)～式(5.5)で求めていました。

「エンボス・フィルタ」では「x方向」と「y方向」だけでなく斜め方向の微分値を求め、それらをそのまま「オペレータ」として用います。

図5.14に示すように、「勾配」は「正負」の値をとるので、「中間濃度値」をプラスして表示します。

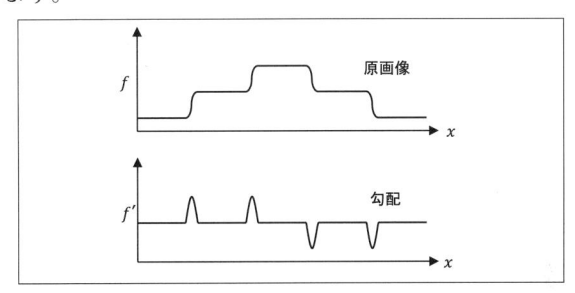

図5.14 「1次元画像」に対する「勾配」

すると、「原画像」の「濃度値」が「暗から明」に変化する部分では、「勾配」は「明るく」表示され、「明から暗」に変化する部分では「暗く」表示されます。

これは、あたかも「左側から右側」へ（正のx方向の）「光」が「照射」されているように感じることができます。

「エンボス・フィルタ」のための「オペレータ」は、「中心を0」として、「光源が存在する側の値を−1」に、「光源の進行方向側の値を1」にし、「総和がゼロ」となるように構成します。

たとえば、「x方向」および「y方向」の「微分オペレータ」として図5.1(a)の「Prewittオペレータ」を使うならば、「8方向の光源」に対し、図5.15のようなオペレータになります。

0°				45°				90°				135°		
-1	0	1		0	1	1		1	1	1		1	1	0
-1	0	1		-1	0	1		0	0	0		1	0	-1
-1	0	1		-1	-1	0		-1	-1	-1		0	-1	-1

180°				225°				270°				315°		
1	0	-1		0	-1	-1		-1	-1	-1		-1	-1	0
1	0	-1		1	0	-1		0	0	0		-1	0	1
1	0	-1		1	1	0		1	1	1		0	1	1

図5.15 「エンボス・フィルタ」の「オペレータ」

5.4.2	アプリケーション「EmbossFilter」

アプリケーション「EmbossFilter」を立ち上げ、「select要素[エフェクト]」をクリックすると、次の選択項目が表示されます。

・色反転	・2値化
・グレイ・スケール	・エンボス
・セピア	・鮮鋭化

通常の「エンボス処理」は「RGB」各成分に「中間値127」を加え、最終的な「濃度値」としています。

「中間値」ではなく「原画像」をプラスすれば、「Laplacianフィルタ」と同じように「鮮鋭度」を強調するためにも利用できます。この場合、ある方向からの光を強調しているように見えます。

図5.16に実行例を示します。

「メイン・キャンバス」のサイズを「90％」に縮小後、「左側」に「角丸矩形」を作り、「エンボス処理」を実行しています。

次に「右側」にも「角丸矩形」を作り、「鮮鋭化」を実行した結果です。

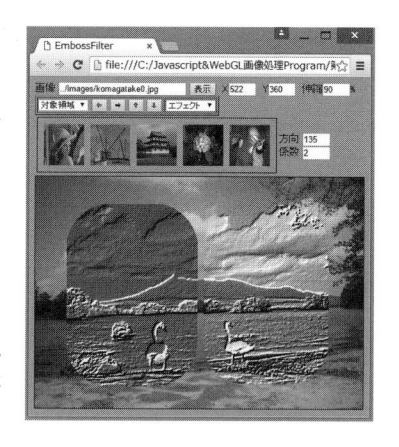

図5.16 「EmbossFilter.html」の実行例
「左側」の「角丸矩形領域」に対し「エンボス・フィルタ」を適用し、次に「右側」に「角丸矩形」を作り「鮮鋭化」を適用した。

リスト5.1に「エンボス・フィルタ」による「鮮鋭化ルーチン」を示します。

リスト5.1 「embossFilter.js」の「sharpening()」ルーチン

```
 1 function sharpening()
 2 {
 3   var w = can.width, h = can.height;
 4   whole = ctx.createImageData(w, h);//画像全体の結果
 5
 6   var sizeF = 3;//フィルタサイズ
 7   var dir = parseFloat(form1.dir.value);//光源方向角度
 8   var c = parseFloat(form1.coef.value); //エンボス効果調整係数
 9
10   //フィルタ係数
11   var a;
```

```
12    if(dir == 0)           a = [ [-1, 0, 1], [-1, 0, 1], [-1, 0, 1] ];
13    else if(dir == 45)     a = [ [ 0, 1, 1], [-1, 0, 1], [-1,-1, 0] ];
14    else if(dir == 90)     a = [ [ 1, 1, 1], [ 0, 0, 0], [-1,-1,-1] ];
15    else if(dir == 135)    a = [ [ 1, 1, 0], [ 1, 0,-1], [ 0,-1,-1] ];
16    else if(dir == 180)    a = [ [ 1, 0,-1], [ 1, 0,-1], [ 1, 0,-1] ];
17    else if(dir == 225)    a = [ [ 0,-1,-1], [ 1, 0,-1], [ 1, 1, 0] ];
18    else if(dir == 270)    a = [ [-1,-1,-1], [ 0, 0, 0], [ 1, 1, 1] ];
19    else if(dir == 315)    a = [ [-1,-1, 0], [-1, 0, 1], [ 0, 1, 1] ];
20
21    var i, j, I, J, k;
22    var r, g, b, R, G, B;
23    var s2 = (sizeF-1) / 2;
24    for(j = 0; j < h; j++)
25    {
26      for(i = 0; i < w; i++)
27      {
28        if(i < s2 || i >= w - s2 || j < s2 || j >= h - s2)
29        {//枠近傍は原画像をそのまま
30          k = (i + j * w) * 4;
31          whole.data[k + 0] = canImage.data[k+0];
32          whole.data[k + 1] = canImage.data[k+1];
33          whole.data[k + 2] = canImage.data[k+2];
34          whole.data[k + 3] = canImage.data[k+3];
35          continue;
36        }
37        R = G = B = 0;
38        for(J = -s2; J <= s2; J++){
39          for(I = -s2; I <= s2; I++)
40          {
41            k = ((j+J) * w + i+I) * 4;
42            r = canImage.data[k + 0];
43            g = canImage.data[k + 1];
44            b = canImage.data[k + 2];
45            R += r * a[s2+J][s2+I];
46            G += g * a[s2+J][s2+I];
47            B += b * a[s2+J][s2+I];
48          }
49        }
50        k = (j * w + i) * 4;
51        //原画像を追加
52        whole.data[k + 0] = R * c + canImage.data[k+0];
53        whole.data[k + 1] = G * c + canImage.data[k+1];
54        whole.data[k + 2] = B * c + canImage.data[k+2];
55        whole.data[k + 3] = canImage.data[k+3];
56      }
57    }
58    goStep2();
59 }
```

第6章

「色による処理」と「画像合成」

Processing with Color and Image Synthesis

これまでの「画像処理」は、「カラー画像」に対しても、「RGB」各チャンネルに同じ処理をしていました。本章では、「色の特徴を利用した画像処理」について述べます。

本章では、「複数の画像」の「合成」についても説明します。

最後に、「画像」を「半透明化」した「PNG画像」作成のアプリケーションを示します。

6-1 色空間

これまでは、「色」を「RGB」の要素だけで扱ってきました。

よく知られているように、「光の3原色」は「赤(Red)」「緑(Green)」「青(Blue)」です。

これらを混合することによって、さまざまな「色」を作ることができます。

通常使われるコンピュータのディスプレイ(モニタ)も、この「3原色」の割合を変化させることによって多種多様な「色」を実現しています。

「3原色」あるいは「光の3要素」を3次元空間に示したものが、「**色空間**」(color space)です。

「色空間」または「表色系」と呼ばれるものには、実に多くの種類があり、用途によって適切に使い分ける必要があります。

6.1.1 RGB色空間

「光の3原色」を表現する最も基本となる「色空間」です。

「R,G,B」を「3次元空間」の「直交座標軸」に割り当て、それぞれの「最大値」を「1」とすれば、すべての「R,G,B」で表現可能な色は、**図6.1**に示すように、「幅」が「1」の「立方体」の中に入ります。この立方体を、「RGB色空間」と呼びます。

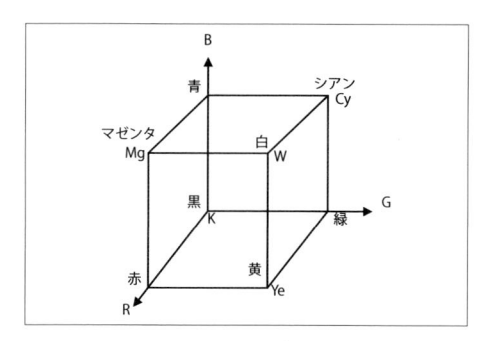

図6.1　RGB色空間

　「原点」は「黒」(記号「K」)を表わし、「対角線上」の「頂点」は、「白」(記号「W」)を表わしています。

　この「K」と「W」を結ぶ直線上の色は「無彩色」(モノクローム)であり、「K－W」直線から離れるほど色は鮮やかになります。

　また、「赤(R)」と「シアン(Cy)」、「緑(G)」と「マゼンタ(Mg)」、「青(B)」と「黄(Ye)」はそれぞれ「K－W」直線に対して「対称」の位置にあり、互いに「**補色**」の関係にあります。

　「補色」同士を加えると、「K－W」直線上の「無彩色」になります。

　「RGB3原色」は「**加法混色**」であり、「色を混合するほど明るく」なり、「原点は色(すなわち光)がまったくない」ので「黒」になります。

6.1.2　CMY色空間

　「印刷」や「絵の具」などの「3原色」は、「シアン(Cy)」「マゼンタ(Mg)」「黄(Ye)」です。

　これらを**図6.2**のように「3次元空間」の「直交軸」に割り当てた「色空間」を、「CMY色空間」と言います。「絵具」や「インク」を混ぜたときに発色する色は、この「色空間」で表現できます。

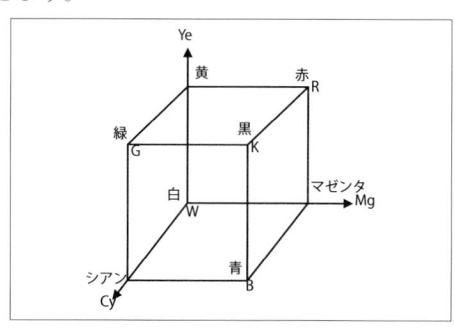

図6.2　CMY色空間

「CMY3原色」は「減法混色」です。

たとえば、「シアン」のインクは、その「補色」である「赤」を吸収し、「緑」と「青」を反射するため、「シアン」に見えるのです。

「CMY色空間」の「原点」は、「色」(すなわち「インク」)がまったくないので、「白い紙」を表わしています。

「濃度値$[0, 255]$」の「RGB色空間」と「CMY色空間」に変換する変換式は、

$$\begin{bmatrix} C \\ M \\ Y \end{bmatrix} = \begin{bmatrix} 255 - R \\ 255 - G \\ 255 - B \end{bmatrix} \tag{6.1}$$

$$\begin{bmatrix} R \\ G \\ B \end{bmatrix} = \begin{bmatrix} 255 - C \\ 255 - M \\ 255 - Y \end{bmatrix} \tag{6.2}$$

となります。

理想的な「CMY3原色」を一様に混ぜると、「黒」になります。

しかし、「プリンタ」や「印刷機」で実際に使われるインクでは、「完全な黒」を実現することは困難であり、「黒色インク」も使われます。

「黒色」も加えた「色空間」を、「CMYK色空間」と呼びます。

6.1.3 YCC色空間

「NTSCカラーテレビ信号」は、「白黒テレビ」との互換性を保つために、「輝度信号」と「色信号」を分離して別々に取り扱います。

「輝度信号Y」は人間の「比視感度」を考慮して作られ、2つの色信号「C_1」および「C_2」は「$C_1 = R - Y$」「$C_2 = B - Y$」のように定義されています。

「RGB色空間」と「YCC色空間」の変換式は、

$$\begin{bmatrix} Y \\ C_1 \\ C_2 \end{bmatrix} = \begin{bmatrix} 0.299 & 0.587 & 0.114 \\ 0.701 & -0.587 & -0.114 \\ -0.299 & -0.587 & 0.886 \end{bmatrix} \begin{bmatrix} R \\ G \\ B \end{bmatrix} \tag{6.3}$$

$$\begin{bmatrix} R \\ G \\ B \end{bmatrix} = \begin{bmatrix} 1.000 & 1.000 & 0.000 \\ 1.000 & -0.509 & -0.194 \\ 1.000 & 0.000 & 1.000 \end{bmatrix} \begin{bmatrix} Y \\ C_1 \\ C_2 \end{bmatrix} \tag{6.4}$$

となります。

*

「CIE」(国際照明委員会)が1931年に「色の定量化」のために導入した「表色系」に「XYZ色空間」があります。

これは、デバイスに依存しない、「架空の3刺激値」として使われており、「Y」が「明るさ」(輝度値)を表わしています。

厳密には同じではありませんが、「YCC色空間」の「Y」も「明るさ」を表わす記号として使われています。

「色情報」の「C_1, C_2」は、それぞれ「R, B」から「輝度信号Y」を差し引いた形になっており、「**色差信号**」と呼ばれます。「記号C」は「色彩・彩度」を意味する「Chroma」に由来します。

図6.3は「輝度信号Y」を無視した「YCC色平面」を表わしています。

式(6.3)から、最大の「R, G, B」の位置を求め、図示しています。

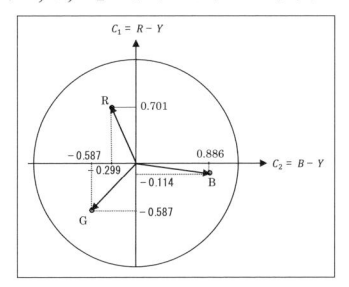

図6.3 YCC色平面
「Y座標」を無視した「$C_1 C_2$平面」。「R,G,B」の位置を示してある。

*

なお、実際のテレビ放送の「NTSC方式」では**式(6.3)**の「色差信号」とは少し異なる「I、Q」信号を用いています。

また、「YCC色空間」には、「YCRCB」(または、「YUV」、「U」は「CB」に相当、「V」は「CR」に相当)と呼ばれる「色空間」があります。これは、「デジタルテレビ」や「JPEG」で使われており、「色差」の「ダイナミック・レンジ」を、

$$\begin{cases} C_r = 0.713(R-Y) = \ \ \ 0.500R - 0.419G - 0.081B \\ C_b = 0.564(B-Y) = -0.169R - 0.331G + 0.500B \end{cases} \tag{6.5}$$

のように狭めた色空間です。

6.1.4 「色」の3「属性」

　人は、ある「物体の色」を見たとき、「鮮やかな赤」「少し暗い青みかかった緑」「無色」(白・灰色・黒)などと言います。

　同じ「鮮やかな色」でも、「強さ」(明るさ)の違いを、微妙に感じ取ります。

　人によって「感じ取り方」が異なることがあります。

　なるべく定量的に「色」を表現するために、次の3個の要素が使われています。

色相：「赤い」「青い」「黄色い」など、「色の種類」を表わす要素。「色合い」「色調」などとも言う。

明度：「明るさ」を表わす要素。「強さ」「輝度」「グレイ・スケール」の「濃度値」に相当する。

彩度：「色の鮮やかさ」を表わす要素。「無色」(無彩色)では「0」となる。「**飽和度**」とも言う。

　これらを「**色の3属性**」と言います。

　「色相」(Hue)を記号「H」で表わし、「明度」(lightness, luminance, value, brightness, intensity)は記号「L, V, B, I」などで、「彩度」(chroma)は「飽和度」(Saturation)とも呼び、記号「C」または「S」を用います。

　このような考え方で「色」を最初に体系的に分類したのは、画家の「マンセル」です。

　「**マンセル表色系**」は修正が重ねられ、「美術・デザイン」分野では現在も使われています。

＊

　図**6.4**に「YCC色空間」を示します。

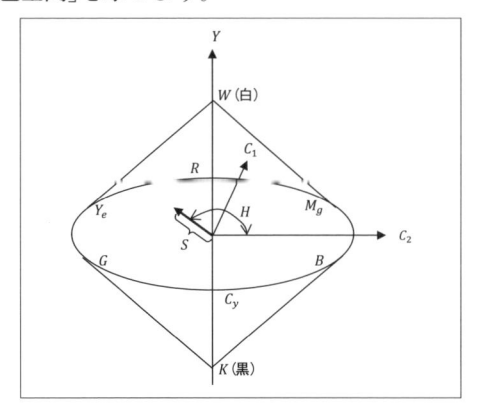

図6.4　YCC色空間

2つの「3原色」(R, G, B, Y_e, C_y, M_g) の、大よその方向も示しています。
この図から3属性の意味を読み取ることができます。

「色相」は、C_2 軸からの角度として定義します。

$$H = \frac{180}{\pi} \tan^{-1}\left(\frac{C_1}{C_2}\right) \tag{6.6}$$

「彩度 S」は中心軸からの距離として定義します。

$$S = \sqrt{C_1^2 + C_2^2} \tag{6.7}$$

「明度」として**式 (6.3)** の「Y」を使います。
次項で述べる「HSL色空間」と混同するので、本書では「YCC色空間」から求めた「HSY」と呼ぶことにします(「Y」は**式 (6.3)** の「Y」に同じ)。

「色相」は「赤」の位置を基準にした表現方法もあります。
式 (6.6) に基づく色相を「H_C」とするとき、「赤」を基準にした色相「H_R」は、

$$H_R = H_C - 113.1° \tag{6.8}$$

で与えられます。

＊

表6.1 に代表的な色として「RGB3原色」と「CMY3原色」の「純色」に対する「色相」「明度」「彩度」を示します。

表6.1　「YCC色空間」から求めた「色相」「明度」「彩度」

色名	Red	Yellow	Green	Cyan	Blue	Magenta
純　色						
色相H_C	113.1	172.7	225.0	293.1	352.7	45.0
色相H_R	0.0	59.6	111.9	180.0	239.6	291.9
明度 Y	29.9	88.6	58.7	70.1	11.4	41.3
彩度 S	76.2	89.3	83.0	76.2	89.3	83.0

「色相」「明度」「彩度」の値の範囲は、それぞれ [0, 360]、[0, 100]、[0, 100] である。

「純色」とは、最も「彩度」が高い、「鮮やかな色」を言います。
「色相」は「角度」(degree)、「明度」と「彩度」は「％表示」です。
人の目には「黄色」が最も明るく、「青」が最も暗く感じます。

「色相」と「彩度」が与えられると、次式によって「色差信号」が求まります。

$$\begin{cases} C_1 = S \sin H \\ C_2 = S \cos H \end{cases} \tag{6.9}$$

6.1.5 HSL色空間

表6.1から分かるように、「純色」でも、「明度」が50％に満たない色があり、「明度一定」の面を作ることは不可能です。

「純色」をすべて「明度50％」の面に並べ、「中心」も「明度50％」の「灰色」になるように定義した色空間を、「HSL色空間」または「HLS色空間」と呼びます。

また、「純色」の「彩度」を、すべて「100％」にしています。

2つの「円錐モデル」で表わした「HSL色空間」を図6.5に示します。

「下の頂点」が「黒」（$L=0\%$）、「上の頂点」が「白」（$L=100\%$）、「中心軸」は「彩度 $S=0\%$」です。「中央の平面上」はすべて「明度 $L=50\%$」です。

「円周上の色」は「純色」であり、「彩度 $S=100\%$」です。「色相」は「赤」を基準にして「角度」で表わします。

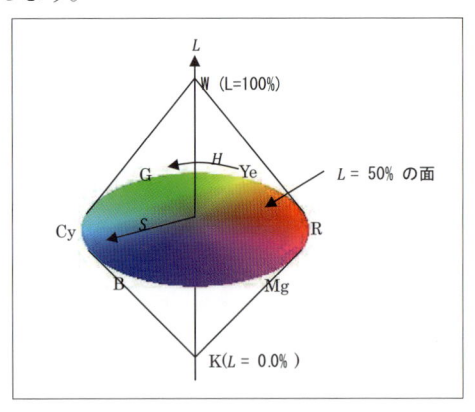

図6.5 HSL色空間

「RGB」から「HSL」への変換公式は、以下のようになります（「R,G,B,L,S」の大きさは、最大「1」に正規化）。

$$C_{max} = \max(R,G,B)$$
$$C_{min} = \min(R,G,B)$$

としたとき、「明度」は、

$$L = \frac{C_{min} + C_{max}}{2} \tag{6.10}$$

で与えられます。

「彩度」は、

$$S = \begin{cases} \dfrac{C_{max} - C_{min}}{C_{max} + C_{min}} & (L \le 0.5) \\[3mm] \dfrac{C_{max} - C_{min}}{2 - (C_{max} + C_{min})} & (L > 0.5) \end{cases} \tag{6.11}$$

となります。

「色相」は、

$$H = \begin{cases} 60.0 \times \dfrac{G - B}{C_{max} - C_{min}} & (C_{max} = R) \\[3mm] 60.0 \times \dfrac{B - R}{C_{max} - C_{min}} + 120 & (C_{max} = G) \\[3mm] 60.0 \times \dfrac{R - G}{C_{max} - C_{min}} + 240 & (C_{max} = B) \end{cases} \tag{6.12}$$

で求まります。

なお、「Microsoft Windows」(「ペイント」を含む)や「Paint Shop Pro」が使っている「色空間」は、この「HSL色空間」です。「HLS」「HSI」とも呼ばれます。

「ペイント」では、「H, L, S」すべての値を $[0, 240]$ の範囲で示しているようです。

6.1.6 | HSV色空間

「明度」を「Value」の頭文字「V」で表わし、「純色」をすべて「明度100％」の面に並べ、その面の中心が「白」となるように定義した「色空間」を、「HSV色空間」と呼びます。

「HSV色空間」は**図6.6**に示すように1個の「円錐モデル」で表現できます。

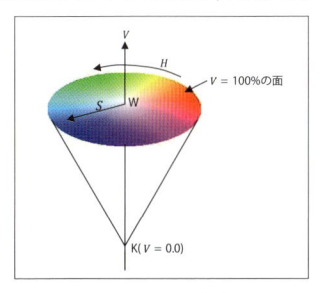

図6.6 HSV色空間

「RGB」から「HSV」への変換公式は、次の通りです。

やはり、「R, G, B」の最大値を「C_{max}」とし、最小値を「C_{min}」とします。

「明度」は、

$$V = C_{max} \tag{6.13}$$

「彩度」は、

$$S = \frac{C_{max} - C_{min}}{C_{max}} \tag{6.14}$$

となります。「色相」は**式(6.11)**に同じです。

以上の色空間以外にも「L*a*b*」や「L*u*v*」などがありますが、本書では利用しません。

6-2 　2値化

「2値化」(binarization)は「階調数 変換」または「濃度 変換」の極端な場合に相当します。

「2値化」によって情報量は少なくなり、「画像解析」などの後の処理が簡単になる場合があります。

通常の「2値化」では、「カラー画像」を「グレイ・スケール画像」に変換し、その「グレイ・スケール」、すなわち、「濃度値」(明度、輝度)を利用します。

しかし、画像の種類によっては、「彩度」や「色相」による2値化のほうが優れた結果を得ることができます。

6.2.1 　「明度」による2値化

通常の2値化は、「濃度値(明度、輝度) Z」を、ある「閾値（しきい）T」を用いて、

$$Z' = \begin{cases} 1 & (Z \geq T) \\ 0 & (Z < T) \end{cases} \tag{6.15}$$

のように「出力値 Z'」を決定します。

図6.7に「濃度 変換 曲線」を示します。

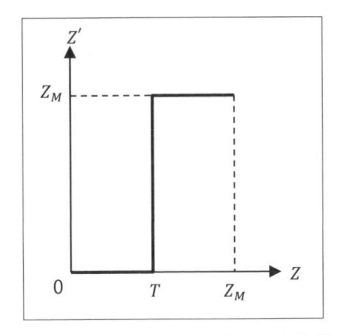

図6.7 「2値化」のための「濃度変換曲線」

＊

図6.8に実行例を示します。

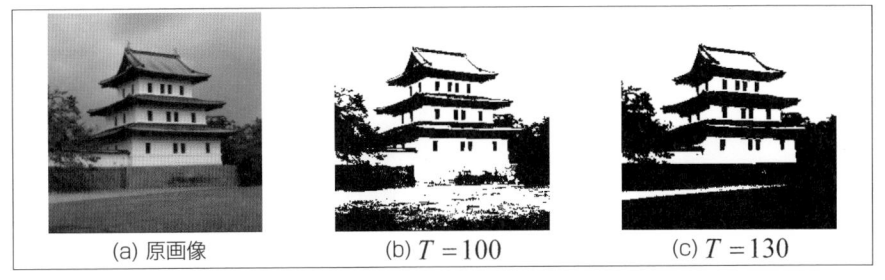

(a) 原画像　　　　(b) $T = 100$　　　　(c) $T = 130$

図6.8 「YCC色空間」の「明度」による「2値化」の例

「YCC色空間」の「明度」(**式(6.3)**の「輝度信号Y」)を利用した2値化です。

(a)は原画像、(b)は閾値「$T = 100$」、(c)は「$T = 130$」です。閾値を高くすると黒領域が増加します。

6.2節の実行例はすべてアプリケーション「Binarization」で作っています。

これについては**6.2.6項**で述べます。

6.2.2 「彩度」による2値化

「画像」によっては、「背景領域」と「対象領域」の「濃度値」(明度)が同程度、または重なる場合があります。

このような画像に対しては、「彩度」による「2値化」のほうが都合よいことがあります。

たとえば、**図6.9(a)** に示す画像から「対象領域」(果物)だけを「白画素」に、「背景領域」を「黒画素」に「2値化」することを考えてみます。

これを「明度」による2値化を行なうと、**図6.9(b)** のように、背景の大部分が「白画素」となり、「果物」との境界がほとんど欠落した結果を得ます。

この「背景」の「明度」が「果物」の「明度」と同程度か、むしろ大きい部分が多いためです。

図6.9(c) と (d) に「彩度」による2値化を示します。「彩度」であれば、「背景領域」より大きな値を示す部分が多いので、このような画像に対しては「彩度」による2値化のほうが良い結果が得られます。

「括弧内」は「色空間」と閾値を示しています。

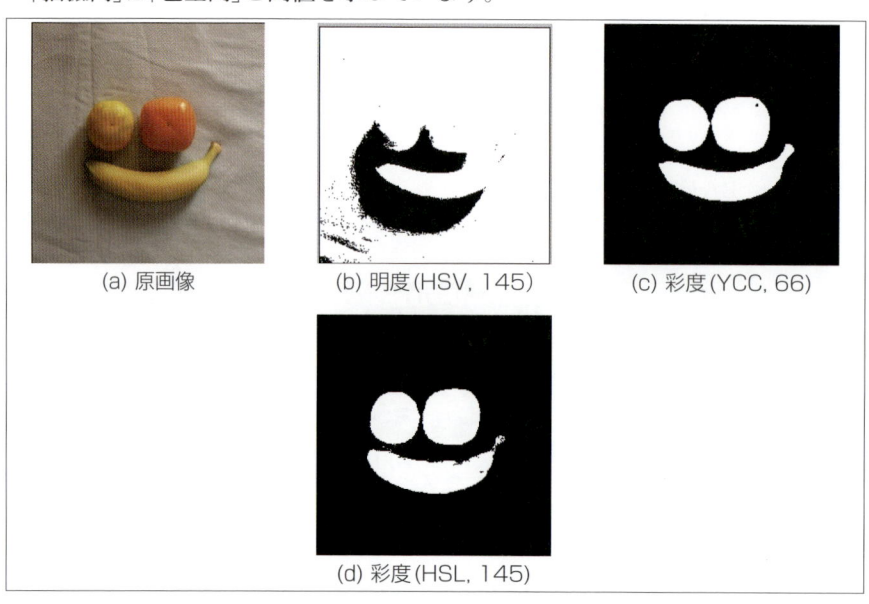

(a) 原画像　　　(b) 明度 (HSV, 145)　　　(c) 彩度 (YCC, 66)

(d) 彩度 (HSL, 145)

図6.9　「明度」と「彩度」による2値化の比較
括弧内は「色空間」と「閾値」。

6.2.3 「色相」による2値化

多くの色で構成されている画像から「特定の色領域」を抽出するには、「色相」による2値化が有効です。

「色相による2値化」には**図6.10**に示すように複数の「閾値」が必要です。

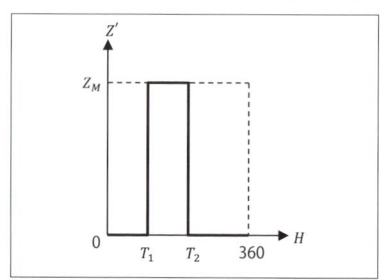

図6.10　「色相」による2値化の「変換曲線」

図6.11(a)のような画像から"ピーマン"部分だけを取り出すためのマスク画像を作ることを考えてみます。

「YCC色空間」の「色相」を調べてみると「60°〜80°」でした。図6.11(b)は「閾値」を「$T_1 = 60$, $T_2 = 80$」で「2値化」を実行した結果です。

図6.11(c)は6.2.5項で述べる「多数決フィルタ」で「雑音除去」した結果です。

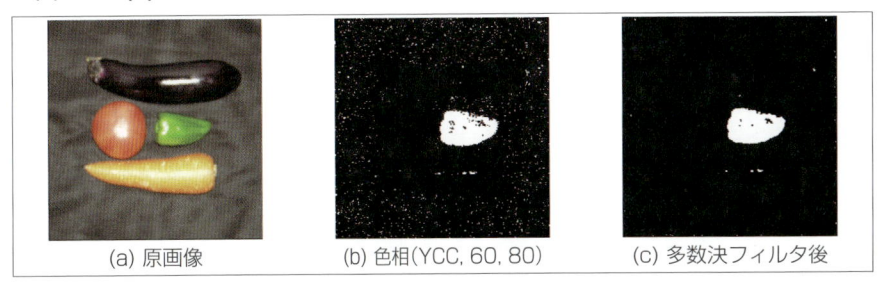

(a) 原画像　　　(b) 色相(YCC, 60, 80)　　　(c) 多数決フィルタ後

図6.11 「色相」による2値化の例

6.2.4 「彩度」と「色相」による2値化

図6.11(a)の「背景部分」をよく調べてみると「彩度」の値は小さいけれど、ところどころに"ピーマン"と「色相」が一致する部分があります。これが原因で図6.11(b)のように「ノイズ」として「白画素」が発生したと考えられます。

このような場合、「彩度」による「2値化」を併用すると、さらに良い結果を得ます。

図6.12(a)に「YCC色空間」から求めた「彩度」と「色相」を用いた結果です。

「彩度」の「閾値」は「55」、色相の「閾値」は「60°」と「80°」です。"ピーマン"内部の「黒画素」は「ハイライト」によって彩度が小さくなった部分です。

図6.12(b)は「マウス」による「塗潰し操作」で「ハイライト部分」を修正した画像です。

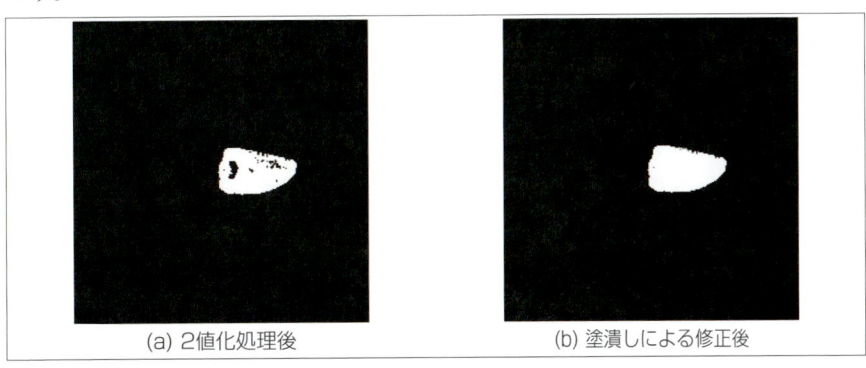

(a) 2値化処理後　　　　　　　(b) 塗潰しによる修正後

図6.12 「YCC色空間」の「彩度」と「色相」による2値化の例
「彩度」の閾値は「55」、「色相」の閾値は「60°」と「80°」。

6.2.5 「2値化」画像に対する「雑音除去」

「2値化画像」に対する「雑音除去」には「多数決フィルタ」と「膨張／収縮フィルタ」が有効です。

● 多数決フィルタ

「多数決フィルタ」は、**第4章**の**4.3.5項**で述べた「最頻値フィルタ」の「2値化画像版」です。

「フィルタ・サイズ」が「3×3」であれば、9個の「画素」の「画素値」の総計が「255×4.5＝1147.5」より「大き」ければ「注目点」の画素を「白画素」に、「小さ」ければ「黒画素」にします。

「孤立雑音」に対しては**図6.11**のように極めて効果的です。

● 膨張／収縮フィルタ

「膨張／収縮フィルタ」は**4.3.4項**で述べた「最大値／最小値フィルタ」の「2値化画像版」です。

「膨張フィルタ」は、「注目点の上下左右の画素」が「1個でも白画素」であれば、「その注目点を白画素に」します。

「収縮フィルタ」は、「注目点の上下左右の画素」が「1個でも黒画素」であれば、「その注目点を黒画素に」します。

「黒画素」の「孤立雑音」を除去するときは、「**クロージング**」(同じ回数だけ膨張後収縮)を実行します。

「白画素」の「孤立雑音」を除去したいときは「**オープニング**」(同じ回数だけ収縮後膨張)を実行します。

6.2.6 2値化のアプリケーション

サンプル・プログラム「Binarization」は、「2値化」のためのアプリケーションです。

*

図6.13に実行例を示します。

「原画像」を60％に縮小後、「角丸矩形」の「対象領域」を作り、「YCC色空間」の「明度」による「2値化処理」を実行した後、「色反転」した結果です。

図6.13 「Binarization.html」の実行例

「原画像」を60%に縮小後、「角丸矩形」の「対象領域」を作り、「YCC色空間」の「明度」に
よる2値化処理をした後、「色反転」した結果。

*

「select要素［エフェクト］」をクリックすると、

・色反転

・明度による2値化YCC

・明度による2値化HSV

・彩度による2値化YCC

・彩度による2値化HSV

・彩度による2値化HSL

・色相による2値化YCC

・色相と彩度による2値化YCC

・多数決フィルタ

・収縮フィルタ

・膨張フィルタ

の選択項目が表示されます。

*

　「明度による2値化」には、「YCC色空間」の「Y」または「HSV色空間」の「V」を利
用します。

　「彩度による2値化」には、「YCC色空間」「HSV色空間」「HSL色空間」から求め
た「彩度S」のどれかを利用します。

　「色相による2値化」には、「YCC色空間」で求めた「色相H_R」（赤を基準にした色
相）を利用しています。

　「色相と彩度による2値化」も「YCC色空間」から求めた「色相H_R」と「彩度S」を利
用しています（**6.1.4項**を参照）。

　「2値化」の結果は、すべて「グレイ・スケール」で表示された「2値化画像」なの
で、基本的な画像処理として「色反転」だけを残してあります。

● 「閾値」の設定について

「サムネール用キャンバス」横の「入力フォーム[th]」は、「明度」と「彩度」の2値化用です。

[th1]と[th2]は「色相用」です。

「色相と彩度による2値化YCC」のときだけ3個とも使います。

● 「色データ」の取得について

チェックボックス[色の取得]を有効にすると、「メイン・キャンバス」上をマウスでクリックしたとき、その位置の「RGB値」と3つの「色空間」に対する「色相」「彩度」「明度」が求められ、「テキスト・ボックス」に表示されます。

最下段の「HSY」は「YCC色空間」に対する「赤」を基準にした「色相」「彩度」「明度」です。

● 塗潰しについて

チェックボックス[塗潰し]をクリックすると、マウスによって、白または黒で塗りつぶすことができます。

なお、「色データの取得」や「塗りつぶし」を実行した後では、「2値化処理」が実行できないことがあります。その場合は画像を再度ロードする必要があります。

また、「Posterization2」は、「明度」だけでなく、「彩度」および「色相」による「階調数変換」も含めたアプリケーションです。説明は省略します。

6-3 「彩度」による「エッジ検出」

サンプル・プログラム「EdgeFilterChroma」は、**第5章**の「EdgeFilter」に対して「彩度によるエッジ検出」を追加したアプリケーションです。

ただし、結果は、すべて「グレイ・スケール」で表示されます。

図**6.14**に「YCC色空間」よる実行例を示します。

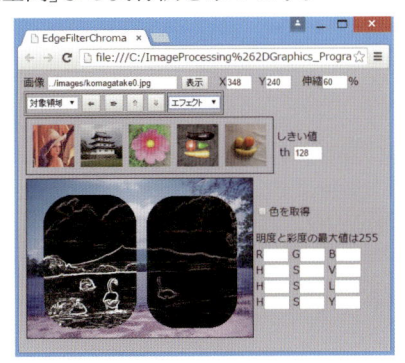

図6.14 「EdgeFilterChroma.html」の実行例
「YCC色空間」による「ソーベル・フィルタ」を実行した結果。「左側」の「角丸矩形」に対し「明度」を、「右側」の「角丸矩形」に対しては「彩度」を利用した。

「全体」を60％に縮小し、「左側」に「角丸矩形」を作って、「明度」を利用した「ソーベル・フィルタ」を実行します。

次に、「右側」にも「角丸矩形」を作って、「彩度」を利用した「ソーベル・フィルタ」を実行しています。

*

「select要素[エフェクト]」をクリックすると、

・色反転

・2値化

・明度によるプリウィット YCC

・明度によるソーベル YCC

・明度によるラプラシアン YCC

・彩度によるプリウィット YCC

・彩度によるソーベル YCC

・彩度によるソーベル HSV

・彩度によるソーベル HSL

・彩度によるラプラシアン YCC

・彩度によるラプラシアンHSV

・彩度によるラプラシアンHSL

の選択項目が表示されます。

＊

「色反転」と「2値化」は、基本的な「画像処理」です。

「サムネール・キャンバス」横の「入力要素[th]」は、この「2値化」の閾値です。

アプリケーション「Binarization」のときと同じように、「メイン・キャンバス」内の「色」を調査できます。

＊

図6.14のように「彩度」の変化が少ない画像に対しては、「明度」を利用したほうが良い結果が得られます。

「2値化」と同様に「エッジ検出」にも、「明度」より「彩度」を用いたほうが良い結果を得ることがあります。

図6.15は図6.9(a)を「原画像」としたときの「ソーベル・フィルタ」の結果を比較しています。

図6.15(a)は「YCC色空間」の「明度」、(b)は「YCC色空間」の「彩度」、(c)は「HSV色空間」の「彩度」を用いた結果です。

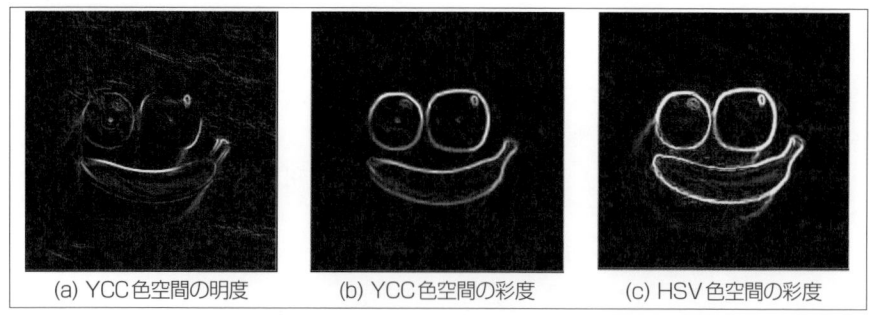

(a) YCC色空間の明度	(b) YCC色空間の彩度	(c) HSV色空間の彩度

図6.15 「明度」と「彩度」による「ソーベル・フィルタ」の比較

6-4 画質変換

　これまで行なってきた「濃度変換」「雑音除去」「階調数変換」「鮮鋭化」などの画像処理によって、「絵」や「画像」の質が変わって見えます。

　ここでは「色の3属性」(「色相」「彩度」「明度」)を変化させることによる「画質変換」を扱います。

*

図6.16は「HSV色空間」を用いたときの手順です。

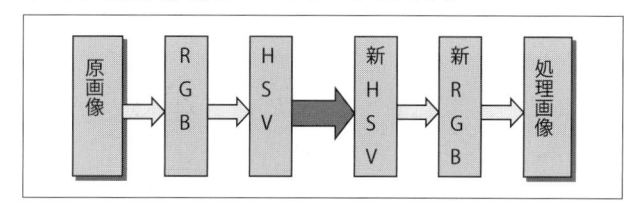

図6.16　画質変換の手順

　「原画像」の「RGB」を「HSV」に変換し、それらの値を変更して、「新HSV」とします。

　「新HSV」から「新RGB」に変換して「処理画像」とします。

6.1.6項において「RGB」から「HSV」への変換式を示しています。

　「HSV」から「RGB」への変換は少々複雑です。実際のプログラム・コードを参考にしてください。

*

図6.17に実行例を示します。

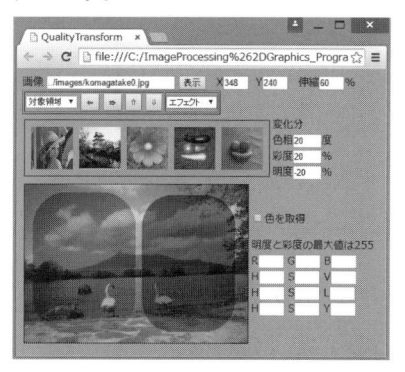

図6.17　「QualityTransform.html」の実行例①
　「左側」の対象領域は、「色相」を20度プラス、「彩度」を20%プラス。「右側」はさらに「明度」を20%マイナスとして、どちらも「HSV色空間」で実行。

「select要素[エフェクト]」をクリックすると、「色反転」「グレイ・スケール」「セピア」「2値化」の基本処理のほかに、

・画質変換HSV

・画質変換HSL

・画質変換YCC

の選択項目が表示されます。

「サムネール用キャンバス」横の入力フォームで、「色相」「彩度」「明度」の変化ぶんを入力します。

図6.17は「HSV色空間」を用いた「画質変換」です。

左側の「対象領域」に対し、「色相」を20度プラス、「彩度」を20%プラス、「明度」は0で実行しています。

続いて、右側に「対象図形」を作り、「色相」と「彩度」の変化ぶんはそのままで「明度」を20%マイナスとして実行した結果です。

図6.18は「YCC(SHY)色空間」による実行例です。「SIDBA」の「Parrots.bmp」を「原画像」としています。

(a) 原画像 　　　　　 (b) 30°, 20%, -10% 　　　　　 (c) -30°, 20%, 10%

図6.18 「QualityTransform.html」の実行例②
「YCC(HSY)色空間」を用いた画質変換の例。
数値は「色相(度)」「彩度(%)」「明度(%)」の変化分。

6-5　画像の合成

　ここでは「複数画像」の「合成」を扱います。「画像合成」によって、さまざまな特殊効果が実現できます。

6.5.1　アルファ・ブレンディング

　「Web環境」において「GIF」や「PNG」画像を使うと「背景透過」が可能です。

　これらの画像ファイルは、「RGBチャンネル」のほかに「Aチャンネル」(アルファ・チャンネル) をもっています。この「Aチャンネル」の値が「透明度」を表わし、「$A=0$」なら「完全透明」、「$A=1$」であれば「完全不透明」になります。

　この「Aチャンネル」を用いた「合成」を、「**アルファ・ブレンディング**」と言います。

＊

　いま、「背景画像」の「RGB各チャンネル」を代表する「画素値」を「Z_1」とし、「アルファ・チャンネル」を「A_1」、「前景画像」のそれらを「Z_2」「A_2」とします。

　「背景画像」が「完全不透明」(すなわち、「$A_2=1$」) ならば、「アルファ・ブレンディング」されたときの「画素値Z_0」は、

$$Z_0 = (1-A_1)Z_1 + A_1 Z_2 \qquad (6.16)$$

となります。

　この「アルファ・ブレンディング」を使うためには、前もって「アルファ値」が「1未満」の「GIF」または「PNG」画像を作る必要があります。

　6.7節で「PNG画像」を作るアプリケーションを示します。

＊

　プログラムを使えば「不透明画像」同士を合成することも可能です。

　式(6.16)の「A_1」を「混合係数α」として「画素値」を、

$$Z_0 = (1-\alpha)Z_1 + \alpha Z_2 \qquad (6.17)$$

のように、「重み付き平均」で計算します。

　「混合係数α」によって、2つの画像のうち、どちらを強く反映させるかが決まります。

　「$\alpha=0.5$」と置けば「単純平均」になります。

　「Z_1」が「ベースになる画像」の「画素値」(「背景」「ディスティネーション」)、「Z_2」が「混合する画像」の「画素値」(「前景」「ソース」)と考えたとき、「α」は「混合する画像」

の「不透明度」を表わしています。

「α」が「0」に近ければ「ディスティネーション」が支配的となり、「1」に近づくと「ソース」が支配的となります。

本書では、このように「重み付き平均」を用いた合成も、「アルファ・ブレンディング」と呼ぶことにします。

＊

図6.19にアルファ・ブレンディングの実行例を示します。

  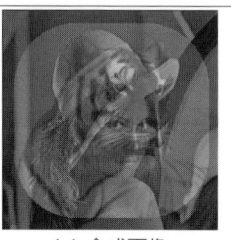

(a) 画像1　　　　　　(b) 画像2　　　　　(c) 合成画像

図6.19　「アルファ・ブレンディング」の例
「角丸矩形」のマスク部分が、「混合係数α＝0.5」で混合した例。「マスクの外側」は「背景画像」(画像1)の「RGB値」に、「係数β = 0.7」を乗じて示している。

6.5.4項で説明するアプリケーション「Synthesis」を用いています。

「画像1」を「背景画像」、「画像2」を「前景画像」として「ブレンディング」しています。

「角丸矩形」の「マスク部分」を「合成対象」としています。

この例では「混合係数」を「α＝0.5」としているので、「RGB値」は「2つの画像」の「平均値」となっています。

「マスク」の「外側領域」は「背景画像」で示していますが、「RGB値」を「0.7倍」にしています。

6.5.2　クロマ・キー合成

テレビ番組ではしばしば、「背景画像」と「人物画像」の合成がよく見られます。これには、「**クロマ・キー**」(chroma key)という技術が使われています。

「クロマ」(色彩)の違いを、合成のための「キー信号」に利用しているのでこのように呼ばれています。

「人物画像」を撮影するときに、「青」や「緑」を背景として撮影し、その「背景色」に一致する領域を「別の背景画像」と入れ替えるようにします。

　図6.19(b)は、「キーとなる背景色」の「RGB」が$(0,183,240)$となるように、Windowsの「ペイント」で作った画像です。

　このような場合でも、「キー色」を一定値にすると、「クロマ・キー合成」は不完全になります。特に「境界部分」で「背景色」が「残る」ようになります。

　実際の「クロマ・キー」には図6.20に示すように幅をもたせ、しかも、徐々に「アルファ値」を変化させる必要があります。

　このように「緩やかにアルファ値を変化させる方法」を、「**ソフトキーによる画像合成**」と言います。

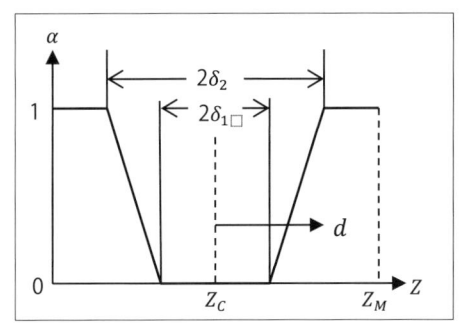

図6.20　「クロマ・キー」の「アルファ値」(ソフトキー)

　「$\delta_1 = \delta_2$」の場合を「ハードキーによる合成」と言います。

　「クロマ・キー」の設定値「Z_C」からの「RGB色空間」の距離を、

$$d = \sqrt{\left(r-r_c\right)^2 + \left(g-g_c\right)^2 + \left(b-b_c\right)^2} \tag{6.18}$$

としたとき、「アルファ値」を、

$$\alpha = \begin{cases} 0 & \left(d \leq \delta_1\right) \\ 1 & \left(d \geq \delta_2\right) \\ \dfrac{d-\delta_1}{\delta_2-\delta_1} & \left(\delta_1 \leq d \leq \delta_2\right) \end{cases} \tag{6.19}$$

のように設定し、前項の「アルファ・ブレンディング」を実行します。

*

図6.21に実行例を示します。

(a) $\delta_1 = 0, \delta_2 = 0$

(b) $\delta_1 = 10, \delta_2 = 20$

(c) $\delta_1 = 10, \delta_2 = 100$

図6.21　「クロマ・キー合成」の実行例

「$\delta_1 = \delta_2 = 0$」のときは、「キー」となる色は、「1色」の「ハードキー」であり、境界付近で大量の「キー色」が取り残されています。

「δ_1, δ_2」を大きくしていくと、かなり改善することが分かります。しかし、大きくしすぎると、「前景」自身も「透明」に近づきます。

6.5.3 「合成」による「特殊効果」

ここまで説明してきた「画像合成」以外にも、2枚の画像の「画素値」間で「演算処理」を行なうことによって、さまざまなエフェクトを実現することができます。

ここでは、そのいくつかを紹介します。

● 加算（add）

2枚の画像を単純に加えた結果を出力します。

「平均値」とは違い、値が最大値を超えた部分は「1」にクランプされます。「合成」された結果は必ず「明るく」なります。

次式で示されます。

$$Z_0 = Z_1 + Z_2 \tag{6.20}$$

● 減算（subtract）

「ベース画像」の「画素値」から「ブレンド画像」の「画素値」を引いた値を出力します。

「加算」とは反対に、結果は必ず「暗く」なります。

次式で示されます。

$$Z_0 = Z_1 - Z_2 \tag{6.21}$$

● 差(difference)

2つの「画素値」の「差」の「絶対値」を出力します。

この「ブレンド・モード」では、「明るさが等しい」ところでは「暗く」、「明暗の差が大きい」ところでは「明るく」なります。

次式で示されます。

$$Z_0 = |Z_1 - Z_2| \tag{6.22}$$

● 比較(compare)

2つの「画素値」を比較して、「大きいほう」または「小さいほう」の値を出力します。

式で示すと、

$$Z_0 = \max(Z_1, Z_2) \tag{6.23}$$

または、

$$Z_0 = \min(Z_1, Z_2) \tag{6.24}$$

となります。

「MAX処理」では、「ブレンド画像」の「暗い部分が透明」に、「MIN処理」では「明るい部分が透明」になります。

● 乗算(multiply)

2つの「画素値」の「積」が「合成画像」の「画素値」となります。

$$Z_0 = Z_1 Z_2 \tag{6.25}$$

「入力画像」の「画素値」は「1以下」なので、「乗算」によって「合成画像」は「暗く」なります。

● 覆い焼き(color dodge)

「ブレンド画像」が「明るい」ほど「ベース画像」が「明るく」なるような結果が得られます。

次式で示されます。

$$Z_0 = \frac{Z_1}{1 - Z_2} \tag{6.26}$$

● 焼き込み(color burn)

「覆い焼き」とは逆の処理になります。

すなわち、「ブレンド画像」が「暗い」ほど、「ベース画像」が「暗く」なる処理です。

次式で示されます。

$$Z_0 = 1 - \frac{(1 - Z_1)}{Z_2} \tag{6.27}$$

● スクリーン(screen)

「乗算の逆」のような処理です。

2つの「入力画像」を「反転」して「乗算」し、「ポジティブ画像」に戻します。

全体的に「明るく」なります。

次式で与えられます。

$$Z_0 = 1 - (1 - Z_1) \times (1 - Z_2) \tag{6.28}$$

● オーバーレイ(overlay)

「乗算」と「スクリーン」を組み合わせたような「合成処理」です。

しかし、「係数は2倍」になります。

最初に「ベース画像の明るさ」(明度)を求め、「0.5以下」であれば「乗算処理」を、そうでなければ「スクリーン処理」のような「合成処理」を行ないます。「明度」を**式(6.3)**で求めた「Y」を使います。

$$Z_0 = \begin{cases} 2Z_1 Z_2 & (Y \le 0.5) \\ 1 - 2(1 - Z_1) \times (1 - Z_2) & (Y > 0.5) \end{cases} \tag{6.28}$$

図6.22に、「加算」「減算」「乗算」の例を示します。

図6.19のときと同じように「マスク部分」だけ合成しています。「マスク」の外側は「背景画像」(画像1)の「RGB値」に「係数$\beta = 0.8$」を乗じて示しています。

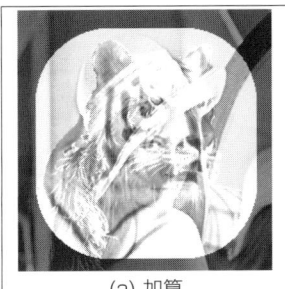  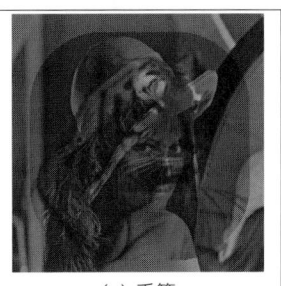

| (a) 加算 | (b) 減算 | (c) 乗算 |

図6.22　「特殊合成」の実行例

「マスク部分」だけ合成してある。「マスクの外側」は「背景画像」（画像1）の「RGB値」に「係数$\beta = 0.8$」を乗じて示している。

6.5.4　「画像合成」のアプリケーション

サンプル・プログラム「Synthesis」は「合成処理」を実行するアプリケーションです。

「select要素［エフェクト］」によって、基本処理「色反転」「グレイ・スケール」「セピア」「2値化」以外にも、次の「合成処理」が選択できるようになります。

・アルファ・ブレンディング	・差
・クロマ・キー	・比較（MAX）
・加算	・比較（MIN）
・減算	・乗算

＊

図6.23に「アルファ・ブレンディング」の実行例を示します。

図6.23　「Synthesis.html」の実行例

「アルファ・ブレンディング」の実行結果。合成処理実行前に「角丸矩形」の「マスク」を作ると、その「マスク内部」だけを「合成処理」する。マスクの外側は明るさが「β倍」された「レイヤー1」の「背景画像」が表示される。その後、左半分にマスクを作り、「色反転」を実行した結果である。

これは以下のような手順で実行した結果です。

① ［layer］チェックボックスを「1」にして「コマンドボタン［表示］」をクリック（プログラムを立ち上げたときは自動的にキャンバスに表示される）。

② ［layer］チェックボックスを「2」に切り替え、右端の「サムネール画像」をクリック。

③「混合係数[α]」および「背景明度調整係数[β]」を設定(デフォルトでは、それぞれ「0.5、0.8」となっている)。

④「角丸矩形」のマスクを作成。

⑤「select要素[エフェクト]」で「アルファ・ブレンディング」を選択。

⑥「キャンバス左側」に「角丸矩形」のマスクを作成。

⑦「select要素[エフェクト]」で「色反転」を選択。

＊

以下にこのアプリケーションの概要を示します。

このアプリケーションは**第1章**の「TynyPaint3」とは違って、1個の「メイン・キャンバス」で複数の画像を扱います。

「ImageDataオブジェクト」として「canImage1」「canImage2」「maskImage」を使います(グローバル変数)。

ラジオボタン[layer]の「1」を選択しているときは、「背景画像」が読み込まれ、「canImage1」に格納されます。

「2」を選択しているときは、「前景画像」が「canImage2」に格納されます。

ただし、「背景画像」が「canImage1」に格納されたときは、同時に、「canImage2」にも格納されます。

ラジオボタンを「2」に切り替えたとき「canImage1」と同じ画像が表示されます。

つまり、「canImage2」には「背景画像」の上に「前景画像」を描き込んでいます。

「前景画像」が「背景画像」より小さいときは、「原画像」のサイズで「キャンバス」の中心に表示されます。

逆のときは、「キャンバス」のサイズに一致するように「縮小表示」されます。

さらに、「前景画像」が読み込まれたとき「maskImage=canImage2」としています。

この状態でマスク図形を作ると「maskImage」には「canImage2」の上に「マスク図形」が描かれた画像になります(「canImage2」は変わりません)。

「グローバル変数」として「マスクフラグflagMask=false」を用意し、「マスク図形」を作ったときは「flagMask=true」とします。

＊

「合成処理」を実行すると、「maskImage」の「RGB値」は、

「flagMask=false」のときは「canImage1」の「RGB値」と

「flagMask=true」のときは「canImage2」の「RGB値」と
比較され、「RGB値」がすべて等しい「画素」に対しては、「背景」(canImage1) の「RGB値」に「係数β」を乗じた値を、そうでないときは、「合成処理」が実行され、その結果を、「出力画像」(output)とします。

最後に、「canImage2=output」と置いて、「基本処理」の「原画像」としています。

「合成処理前」に「マスク」を作らなければ「合成処理」は「背景画像」と「前景画像」が重複している領域だけで行なわれます。
「背景画像」より「前景画像」が小さいとき、「前景画像」の「外側領域」は「β倍」された「背景画像」の「RGB値」が表示されます。

「合成処理前」に「マスク図形」を作ると、「合成処理」は「マスク図形内部」だけに限定され、やはり、「マスク図形外部」は、「明るさ」が「β倍」された「背景画像」になります。

なお、「合成処理」に使った「マスク」は、「基本処理」には無効になります。
「合成処理後」に「基本処理」を実行すると、「キャンバス全体」の「画素」が対象になります。
「一部の領域」だけ処理したいときは、改めて「マスク図形」を作ることが必要です。

*

「select 要素 [マスク]」は、これまでの [対象領域] に同じです。
「矩形」「角丸矩形」「楕円」「ハート型」を作成できます。
「入力フォーム [α]」は、「アルファ・ブレンディング」だけに利用される混合 係数用です。
「入力フォーム [β]」は、すべての「合成処理」に利用されるファクタです。
「チェックボックス [色を取得]」と「入力フォーム [R][G][B][$\delta 1$][$\delta 2$]」は、「クロマ・キー」だけで使われます。

*

「クロマ・キー」の実行手順を以下に示します。
① [layer] チェックボックスを「1」とし、「画像」を入力。
② [layer] チェックボックスを「2」に切り替え、クロマ・キー用に作った「画像」を入力。
③ 「キー」の色が「既知」ならば、入力フォーム [R][G][B] に入力し、「未知」の場合

はチェックボックス[色を取得]をチェックし、キャンバス内の「キー色」部分をクリック（「キー」の色が決められると[R][G][B]に表示される）。

④ 必要なら「マスク図形」を作る。

⑤ 「select要素[エフェクト]」で「クロマ・キー」を選択。

*

リスト6.1に「クロマ・キー処理ルーチン」を示します。

リスト6.1 「synthesis.js」の「chromaKey()」ルーチン

```javascript
function chromaKey()
{
  var w = can.width, h = can.height;
  var output = ctx.createImageData(w, h);
  var R_Key = parseFloat(form1.red.value);
  var G_Key = parseFloat(form1.green.value);
  var B_Key = parseFloat(form1.blue.value);
  var alpha = parseFloat(form1.alpha.value);
  var beta = parseFloat(form1.beta.value);
  var delta1 = parseFloat(form1.delta1.value);
  var delta2 = parseFloat(form1.delta2.value);

  var i, j, r, g, b;
  for(j = 0; j < h;j++)
  {
    for(i = 0; i < w; i++)
    {
      var k = (j * w + i) * 4;
      var r1 = canImage1.data[k + 0];
      var g1 = canImage1.data[k + 1];
      var b1 = canImage1.data[k + 2];
      var r2 = canImage2.data[k + 0];
      var g2 = canImage2.data[k + 1];
      var b2 = canImage2.data[k + 2];
      if(flagMask){ r = r2; g = g2; b = b2; }
      else        { r = r1; g = g1; b = b1; }
      if(maskImage.data[k] == r && maskImage.data[k+1] == g &&
maskImage.data[k+2] == b){
        //マスク領域外はcanImage1
        output.data[k + 0] = r1 * beta;
        output.data[k + 1] = g1 * beta;
        output.data[k + 2] = b1 * beta;
        output.data[k + 3] = 255;
      }
      else
      {
        var dist = Math.sqrt((r2-R_Key)*(r2-R_Key) + (g2-G_Key)*
(g2-G_Key) + (b2-B_Key)*(b2-B_Key));
        if(dist <= delta1) alpha = 0;
        else if(dist > delta2) alpha = 1;
        else{
```

```
          if(delta1 != delta2) alpha = (dist-delta1) / (delta2-
delta1);
       }
       output.data[k + 0] = r1 * (1-alpha) + r2 * alpha;
       output.data[k + 1] = g1 * (1-alpha) + g2 * alpha;
       output.data[k + 2] = b1 * (1-alpha) + b2 * alpha;
       output.data[k + 3] = 255;
     }
   }
 }
 ctx.putImageData(output, 0, 0);
 //処理後の画像を次の基本敵画像処理の原画像canImage2とする
 canImage2 = output;
 px0 = px2 = py0 = py2 = -1000;//選択領域をcanvas外へ
}
```

6-6 ディゾルブ

「テレビ」や「映画」では、前のシーンが後のシーンにダブって表示され、徐々に後のシーンに切り替わることがあります。

2つの映像を緩やかに切り替えるこの手法を、**「クロスフェード・ディゾルブ」**または単に**「ディゾルブ」**と言います。

サンプル・プログラム「Dissolve」は2つの画像の「ディゾルブ」を実行するアプリケーションです。

「アルファ・ブレンディング」の**式(6.17)**において「α」を時間的に変化させると、実現できます。

第1章のアニメーション用プログラム「Rotation」や「Parabolic」と同じように「setInterval()」メソッドを使っています。

＊

図6.24に実行例を示します。

図6.24 「Dissolve.html」の実行例
「ラジオボタン[layer]」が「1」のとき、背景として"白イヌ"を「2」に切り替えて"黒イヌ"をサムネールから選択し、「角丸矩形」のマスク図形を作成後、「[start]ボタン」をクリックして実行した。「テキストボックス[α][β]」には時々刻々変化する「係数の値」が表示される。

「メイン・キャンバス」への「画像のロード」や「マスク図形の作成」については、アプリケーション「Synthesis」と同じです。

図6.24の場合は、以下のように実行しています。

①ラジオボタン [layer] が「1」のとき、「背景」として"白イヌ"をサムネールから選択(**画像1**)。

②[layer] を「2」に切り替えて、"黒イヌ"をサムネールから選択(**画像2**)。

③「角丸矩形」の「マスク図形」を作成。

④[start] ボタンをクリックして実行。「キャンバス」は「画像1」に切り替わり、徐々に「画像2」に変化します。

[start] ボタンの前に [reset] ボタンをクリックしておくと、「画像1」が表示されます。

[α][β] は「入力用」ではなく「テキストボックス」です。これらには時々刻々変化する「係数の値」が「表示」されます。

「時刻0」では、「 $\alpha = 0, \beta = 1$ 」となっています。

最終的には「 $\alpha = 0, \beta = 1$ 」となります。

したがって、「マスク図形」の内部は「画像2」に、「外部」は完全に「黒」になります。

アニメーションが終了後、[reset] ボタンをクリック後、[start] ボタンで、何度も繰り返し「ディゾルブ」のアニメーションが実行できます。

[feeze] ボタンで、中断が可能です。

「入力フォーム [dt]」で「setInterval()」の「第2引数deltaTime」を変更できます(ミリ秒単位)。「deltaTime」はアニメーション実行関数「animate()」を呼び出す「時間間隔」です。

「テキストボックス」には [ft] には実際の「フレーム時間」、[et] には「経過時間」が表示されます。

*

「animate()」関数内部では、この「関数」が「コール」されるたびに「 α 」は「0.001」インクリメント、「 β 」は「0.001」デクリメントされます。

したがって、[dt] を「10」に設定すると、ほぼ「10秒」で「アニメーション」は終了します。

6-7 「PNG画像」を作るアプリケーション

サンプル・プログラム「PngCreater」は「アルファ・チャンネル」の「画素値」が「255未満」の「PNG画像」を作れるアプリケーションです。

図6.25に実行例を示します。

図6.25 「PngCreater.html」の実行例
「マスク内部」は「20%」、「外部」は「60%」の「透明度」で実行。

「メイン・キャンバス」への画像表示は、これまでのアプリケーションと同様に、「[画像]テキストボックス」「サムネール・キャンバスの画像」または「ローカル・ファイル」からのドラッグ＆ドロップによって可能です。

「入力フォーム[透明度]」は[1]と[2]の2つあります。

マスクを作らないときは[1]の「透明度」で「全体を透明化」します。

マスクを作ると、「マスク内部」は[1]の「透明度」、「外部」は[2]の「透明度」で透明化します。

＊

「透明度」は[%]で、「アルファ・チャンネル」の画素値を求めるコードは、

```
var alpha1 =(1-parseFloat(form1.transparency1.value) / 100) * 255;
var alpha2 =(1-parseFloat(form1.transparency2.value) / 100) * 255;
```

となっています。

図6.25の場合は「ハート型」と「角丸矩形」の2個のマスクを使い、一部重複させています。

第7章

非写実的 描画
Non-Photorealistic Rendering

本章では、これらの「画像処理」を積極的に組み合わせることによって、「デジタルカメラ」などで取り込んだ「写真画像」に「芸術性」の高い、「非写実的画像効果」を与える方法について説明します。

7-1　　　　　　　　　　　概要

「3次元コンピュータ・グラフィックス」の目的は、現実に近い「仮想空間」を「コンピュータ内部」で作り、モニタ画面上に表示することです。また、これとは対照的に、漫画調のアニメーションを作るような「**非写実的描画**」(non-photorealistic rendering、NPR)にも利用されています。

　2次元の「NPR」は、「デジタルカメラ」などで取り込んだ「原画像」(写真)を、「画像処理」によって、「ポスター」や「イラスト」さらに「水彩画」「油彩画」などの、「アート風画像」に変換する操作です。

　「イラスト」や「漫画」「絵画」による表現は、ときには「写真」よりも人を引き付ける効果があり、必要な部分を誇張して「レンダリング」するので効果的な情報伝達手段になります。

　近年、コンピュータだけでなく「デジタルカメラ」「スキャナ」「プリンタ」などの普及によって、「企業」だけでなく「家庭」においても、気軽に「写真」を「コンピュータ」内部に取り込み、それらを加工して出力できる時代になってきました。

　「2次元NPR」は「Photoshop」で代表される市販の「フォトレタッチ・ソフト」によって実現できます。

　本章の目的は、「アート風画像作成」のプログラミングを理解し、市販のソフトでは実現できないような「特殊効果」を自分なりに工夫できるようにすることです。

　一口に「絵画」と言っても、まるで「写真」ではないかと思われる「写実性の高い作品」から、元の形状がまったく分からない「抽象画」まで、幅広くあります。アート

に対する評価は、個々人の感性によって大きく左右されるものです。

　「アート風」画像作成によく利用される手法は、「空間フィルタ」(「微分フィルタ」や「平滑化フィルタ」)、「ストローク描画」「領域分割」などがあります。
　これらに、「輝度調整」(濃度変換)や「階調数低減」(ポスタリゼーション)、「2値化」などの基本的な「画像処理」を組み合わせて作られます。

7-2　「イラスト風」画像作成

　最初に、これまで述べてきた「空間フィルタ」や「輝度調整」および「ポスタリゼーション」などの「画像処理」を組み合わせることによって、「イラスト風画像」の作成に取り組んでみます。

7.2.1 処理の流れ

　一口に「イラスト画像」と言っても、「輪郭のないもの」または、単に「輪郭だけで表現したもの」もあれば、「輪郭以外の領域」を、「1色」～「数色」の「モノクロ」または「カラー」で塗りつぶしたものなどがあります。
　また、「形状を変える」(誇張する)ことによって、「漫画」「風刺画」「似顔絵」が作られています。

　「写真」から「イラスト風画像」を作るには、「ポスタリゼーション」(階調数削減)は欠かせません。**図7.1**に処理過程の一例を示します。

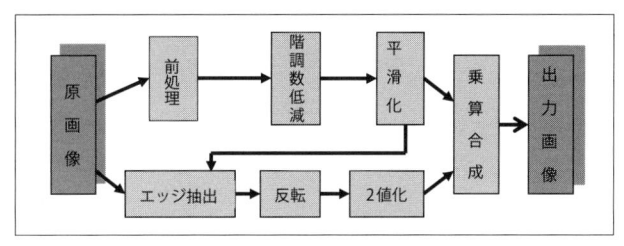

図7.1 「イラスト風画像作成」の処理過程の一例

　次項で述べるアプリケーションでは、「前処理」として「明度」(「輝度」「明るさ」)や「彩度」「色相」などを変更できるようにしています。

　「ポスタリゼーション」として、「明度」だけでなく「彩度」に対しても実行できます。
　「ポスタリゼーション」後の「画像」は「明度」や「彩度」の境界がはっきりしすぎる

ため、「平滑化」したほうが見栄えが良い場合もあります。

「輪郭線」を付加したいときは、(A)「原画像」または「前処理」や「平滑化後」の「画像」に対して「エッジ抽出し、さらに反転・2値化した画像」と、(B)「ポスタリゼーション後の画像」を、「乗算合成」します。

7.2.2 アプリケーション「Illustrator」

サンプル・プログラム「Illustrator」は、「写真」から「イラスト風画像」を作るアプリケーションです。

実行例を**図7.2**に示します。

図7.2 「Illustrator.html」の実行例

● 「エフェクト」について

このアプリケーションの「エフェクト処理」は、「色反転」「グレイ・スケール」「セピア」「2値化」の「基本的処理」のほかは、

≪「前処理」用として≫
・非線形濃度変換1 … 明るさ（明度）調整
・非線形濃度変換2 … コントラスト改善
・画質変換HSV……… 「HSV色空間」による「色相」「彩度」「明度」の調整

≪「ポスタリゼーション」用として≫
・明度階調変換 ……… 「HSV色空間」による「明度」の「ポスタリゼーション」
・彩度階調変換 ……… 「HSV色空間」による「彩度」の「ポスタリゼーション」

≪「輪郭線作成」用として≫
・明度によるプリウィットYCC
・明度によるソーベルYCC
・彩度によるソーベルHSV
・色相によるソーベルHSV
・キャニー

≪「平滑化処理」として≫
・メディアン3
・メディアン5
・メディアン7

が用意されています。これらはすべて、前章までに説明してきた「エフェクト処理」です。

＊

「非線形濃度変換1」の「ガンマ値」は入力フォーム[γ1]で変更でき、「非線形濃度変換2」の「ガンマ値」は入力フォーム[γ1][γ2]で変更できます。

「画質変換HSV」のための入力フォームは、サムネール用キャンバス横の、[色相][彩度][明度]です。変化ぶんを指定します。

「明度階調変換」「彩度階調変換」の階調数は、どちらも入力フォーム[階調数]で変更できます。

「明度によるプリウィットYCC」と「明度によるソーベルYCC」の「エッジ検出」は、どちらも「色反転」「2値化」後の結果が「カラー」で表示されます。
「白黒」にしたいときは「グレイ・スケール」のエフェクトを実行します。

「彩度によるソーベルHSV」「色相によるソーベルHSV」および「キャニー」による「エッジ検出」は、「グレイ・スケール」の2値化された結果になります。

入力フォーム[しきい値]は、「2値化」および「キャニー」以外の「エッジ検出」の「2値化処理」に使われる、「閾値」です。
なお、このアプリケーションは、「マスク処理」はしていません。

●「修正機能」について

「イラストレーション」では、シーンのデテールを簡略化することや、欠けた部分を補正したほうがいい場合があります。
このアプリケーションでは、「白」「黒」と「画像中の任意の色」で塗りつぶすことで、修正できるようにしてあります。

＊

「塗潰し色」はデフォルトでは白です。
[塗潰し]チェックボックスをチェックした後で「canvas」上を「左マウス」でドラッグすると、「白」で「塗潰し」が可能です。

[黒]をチェックした後では、「黒」で塗りつぶされます。

[色を取得]チェックボックスをチェックし、「canvas」内をクリックすると、「その位置の色」で塗りつぶすことができます。

このとき必ず一度マウスを離す(mouse up)必要があります。

離したとき自動的に[塗潰し]チェックボックスがチェックされ、「塗潰しモード」に切り替わります。

「線の太さ」は「フォーム2段目」右端の「入力フォーム」で変更できます。「デフォルト」では「3px」です。

● 画像の決定

図7.1のように、「上段の処理過程」の結果は、「画像1」に、「下段の処理過程」の結果は、「画像2」になっています。

プログラムでは、「フォーム」の「ボタン[1決定]」をクリックしたとき、そのとき表示されている「canvas」の「画像データ」が「ImageData」オブジェクトの「canImage1」に格納されます。

同じように「ボタン[2決定]」をクリックすると、「canImage2」に格納されます。

「ボタン[統合]」をクリックすると、前章で述べたように「画像1」と「画像2」が「乗算合成」されます。

＊

図7.2の実行例では、次のように処理しています。

① 90％にサイズ縮小

② 明度10％の「画質変換HSV」

③ 階調数5で「彩度階調変換」

④ 「メディアン3」で平滑化

⑤ [1決定]ボタンをクリック

⑥ 「明度によるソーベルYCC」で輪郭線抽出

⑦ 修正

⑧ [2決定]ボタンをクリック

⑨ [統合]ボタンをクリック

7-3 「ペン画風」画像作成

「鉛筆」や「ボールペン」で描かれたような「ペン画風画像」は「ストローク・ベース」の代表です。

「鉛筆画」は、「H系」または「B系」の「鉛筆」を用いて、白い紙素材の「スケッチブック」や「画用紙」に描かれます。

「鉛筆」の「削り具合」や「筆圧」によって、「ストロークの濃淡」「太さ」を調整します。「輪郭線」(エッジ)を描くだけでも鉛筆でなぞったような絵を作ることができます。

鉛筆画でも、写真ではないかと思われるほど写実的な作品もあります。ここでは、ストロークがはっきり分かるような「ペン画風画像」を作ります。

7.3.1 処理の流れ

「イラスト画像」作成のときの「処理過程」(「明度・彩度・色相調整」「コントラスト改善」「ポスタリゼーション」)に加え、「ペン画風画像」の作成には「ストローク生成・描画」が必要です。

図7.3に処理過程を示します。

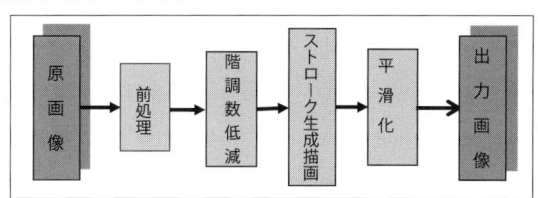

図7.3 「ペン画風画像」作成の処理過程

「ストローク生成」については次項で述べます。

実際の「鉛筆画」では、「ガーゼ」や「消し具」などでボカすことで「ハイライト効果」を強めることや、「筆のタッチ」を柔らかくします。

「コンピュータによるストローク」は、極めて硬質なタッチなのです。そのようなときは「平滑化処理」によるボカシも必要です。

7.3.2 ストローク生成・描画

「鉛筆画」は、暗いところでは、「ストローク」の密度を多くして強い筆圧で描き、「ハイライト」のような明るい部分では密度を少なく弱いタッチで描きます。

「ストローク」の方向は、「斜め方向」「横方向」「縦方向」が使われ、また、「エッジ付近」では、「エッジの方向」に沿って描きます。

● エッジのない部分

これから述べるアプリケーションでは、「エッジのない部分」では、「右上と左下」を結ぶ方向、すなわち「水平線に対し45度の右ハッチ」に限定しています。

「ストロークの中心点」は、「一様乱数」によってランダムに求めます。ただし、「暗い」(画素値が低い)部分では「発生確率が高く」なるように設定します。

● エッジの部分

「エッジの方向」は、「エッジ抽出過程」で得られる「勾配の方向」から求められます。

第5章の「Cannyフィルタ」で述べた方法で「勾配の方向」を求め、「その方向を90度回転」して求めます。

図7.4に示すように「勾配の方向」を「$d = (d_x, d_y)$」とすると、「エッジの方向」は「$d' = (-d_y, d_x)$」となります。

「エッジの方向」も**図5.6**に示したように、8方向に量子化されます。

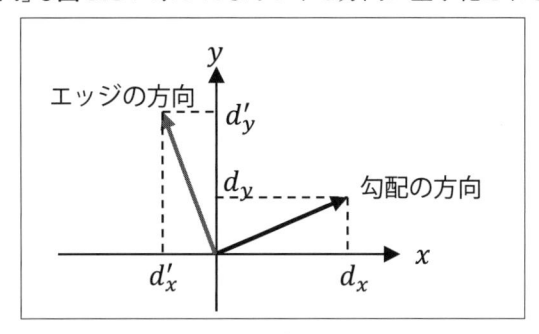

図7.4 「勾配の方向」と「エッジの方向」

7.3.3 アプリケーション「PenDrawer」

サンプル・プログラム「PenDrawer」は、「ペン画風 画像作成」のアプリケーションです。

図7.5に実行例を示します。

このアプリケーションでは、「マスク機能」を利用できます。

図7.5 「PenDrawer.html」の実行例①

＊

前処理としての「エフェクト」には「Illustrator」のときと同じように、「非線形 濃度変換1」「非線形 濃度変換2」「画質変換HSV」「明度階調変換」「彩度階調変換」が用意されています。

後処理としての「平滑化」には、「ガウシアン・フィルタ」を追加してあります。

さらに、「エンボス」を利用した「鮮鋭化」を追加してあります。
これによって「ストローク」に凹凸感を表現できるようになります。

入力フォーム[エンボス方向]によって光の方向を45度間隔で変更できます。
入力フォーム[係数]によって、鮮鋭化の効果を調整できます。

＊

「ストローク」の生成や描画に対するエフェクトは、「ペン描画(単色)」と「ペン描画(カラー)」です。

入力フォーム[長さ]で「ストローク」の長さを、「1」「3」「5」に変更できます。
「1」のときは「注目点だけ」、「3」のときは「注目点とその右上および左下の3点の画素」を、「注目点の画素の色」で塗りつぶします。
「5」のときは「3」のときの3画素に加え、さらに1画素ずつ、右上、左下の計5個の画素を塗りつぶします。

入力フォーム[確率]で「ストローク」の発生確率を調整できます。

入力フォーム［しきい値］で、「エッジ」に対する閾値を変更できます。勾配の大きさがこの「閾値」を超えた「エッジ」に対して、「ストローク」を描画します。

この値を大きくすると、「エッジ」に対する「ストローク」が弱くなります。

*

図7.5の場合は次のように処理しています。

① サイズを「90%」に縮小

② 明度「−10%」の「画質変換HSV」

③ マスク作成

④ 「長さ5」「確率1」「閾値50」の「ペン画像(カラー)」

*

SIDBAの「Lenna.bmp」に対する実行結果を、**図7.6**に示します。

(a)は、前処理なしで「ペン画像(カラー)」を実行した結果。

(b)は、続いて「ガウシアン3」を実行した結果。

(c)は、続いて「エンボス鮮鋭化」を実行した結果(方向0)。

(a)「ペン画像(カラー)」　　(b)「ガウシアン3」　　(d)「鮮鋭化0」

図7.6 「PenDrawer.html」の実行例②

7-4 「絵画風」画像作成

ここでは「絵画風 画像」として「水彩画風」および「油彩画風」の画像を扱います。

7.4.1 水彩画風 画像

「水彩画」は、絵の具に、水を含ませて白い紙の上に描くので、透明感があり、全体的に明るい色合いになっています。

また、水が紙に染み込み、境界がボンヤリしています。絵具をパレットで混ぜ、紙の上で重ね書きすることによって、絵の具には用意されていない色を作ることができます。

彩度を落とし、明度を高くし、「階調数 低減」(ポスタリゼーション)、「平滑化」によるボカシ、などを組み合わせると、これらを実現でき、なんとなく「水彩画風」の画像になります。

特に、「メディアン・フィルタ」を用いたボカシ処理は、境界がある程度ハッキリしており、「水彩画風」の画像作成には最適だと思われます。

7.4.2 油彩画風 画像

「油彩画」(油絵)は、絵の具を何度も塗り重ね、「水彩画」に比べると不透明感が強く、色が濃く(暗く)感じられます。

また、近づいて見ると、絵の具の厚みによる凹凸感が顕著に表われています。

「メディアン・フィルタ」でも「油彩画風」に見えることがありますが、ここでは**第4章**で述べた「最頻値フィルタ」を使います。

処理過程は「水彩画」の場合とほぼ同じですが、最後に「エンボス・フィルタ」による「鮮鋭化」処理によって「凹凸感」を表現しています。

7.4.3 アプリケーション「PaintingCreater」

「PaintingCreater」は「水彩画風 画像」と「油彩画風 画像」を作るアプリケーションです。

図7.7に実行例を示します。

図7.7 「PaintingCreater.html」の実行例①

このアプリケーションでは、以下の「エフェクト処理」が利用できます。

・画質変換HSV
・明度階調変換
・彩度階調変換
・ガウシアン
・メディアン
・最頻値
・エンボス鮮鋭化

「セレクト要素［エフェクト］」横の「入力フォーム［フィルタサイズ］」は、「ガウシアン・フィルタ」「メディアン・フィルタ」「最頻値フィルタ」の「フィルタ・サイズ」です。

3段目の［階調数］は、「明度階調変換」および「彩度階調数変換」のときの入力フォームです。

［エンボス方向］［係数］は、「エンボス」を利用した「エンボス鮮鋭化」のときの、「光の方向」および「鮮鋭化」の効果を調整する入力フォームです。

「画質変換HSV」のための入力フォームは、「サムネール用キャンバス」横の［色相］［彩度］［明度］です。
変化分を指定します。

図7.7の実行手順は、以下の通りです。

① 90%に縮小
② マスク作成
③ 「彩度10%」「明度－10%」の「画質変換」
④ 「階調数10」で「彩度階調変換」
⑤ 「フィルタ・サイズ7」で「最頻値」
⑥ 「エンボス方向0度」「係数1」で「エンボス鮮鋭化」

　図7.8に、「SIDBA」の「Lenna.bmp」に対する実行例を示します。

 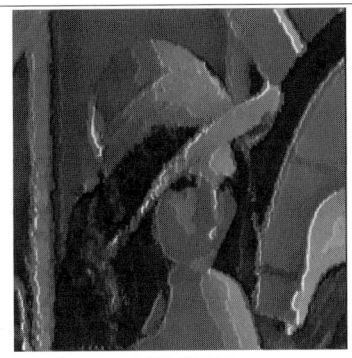

(a) 水彩画風　　　　　　　　　　　(b) 油彩画風

図7.8　「PaintingCreater.html」の実行例②

　(a)は、
① 「彩度－10%」「明度10%」の「画質変換」
② 「階調数7」の「明度階調変換」
③ 「フィルタ・サイズ7」の「メディアン」
の結果です。
　(b)は、
① 「彩度10%」「明度－10%」の「画質変換」
② 「階調数7」の「彩度階調変換」
③ 「フィルタ・サイズ7」の「最頻値」
④ 「エンボス方向45度」「係数0.5」で「エンボス鮮鋭化」
の結果です。

「領域ベース」のNPR

「モザイク画」や「ステンドグラス風 画像」は、「領域ベース」の「非写実的レンダリング」(NPR)によって作ることができます。

「単純なモザイク処理」は、情報を隠ぺいする目的で**第2章**において示しています。

ここでは、アートを目的とした「モザイク画像」を扱います。「領域ベース」の「NPR」には「ボロノイ図」が利用されます。

7.5.1 ボロノイ図

「**ボロノイ図**」(Voronoi diagram)を**図7.9**に示します。

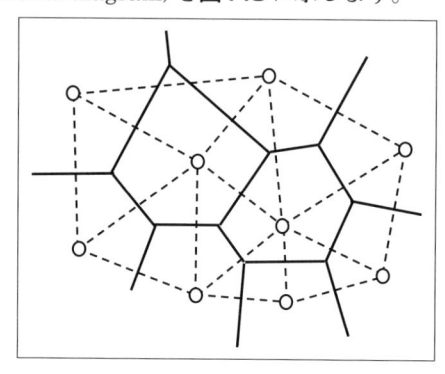

図7.9 ボロノイ図
○点は「**母点**」、実線は「ボロノイ辺」、破線は「ドロネー網」である。

丸印点は「**母点**」(generator)と呼ばれます。

実線は「隣接する母点」からの「等距離線」を表わしており「ボロノイ辺」または「ボロノイ境界」と呼ばれます。ボロノイ境界に囲まれた領域を「ボロノイ領域」と呼びます。

「母点」を接続したネットワークは「ドロネー網」と呼ばれます。

「ボロノイ辺」と「ドロネー網」は「直交」しています。

たとえば「母点」を「ポスト」の位置としたとき、現在位置から最も近い「ポスト」をこの「ボロノイ図」から決定することができます。

「ボロノイ境界」は各々の「母点」の「2等分線」によって決めることができます。

「ボロノイ図」の高速算出法として、「逐次添加法」や「再帰二分法」などがあります。

*

本書では、「ボロノイ図」を、次の手順で作っています。

①「キャンバス」上に「母点」の「位置」と「色」を「一様乱数」によって決める。

②「キャンバスの位置」と各「母点までの距離」を求め、最短になる母点の色をその位置の色とする。

③「ロバーツ・フィルタ」によって「ボロノイ境界」を決める。

これから述べるアプリケーション「Voronoi」の選択要素[エフェクト]で「ボロノイ図作成」を選択すると、「makeVoronoiDiagram()」がコールされ、「ボロノイ図」を作れます。

図7.10に実行例を示します。

母点数が、50個の結果です。

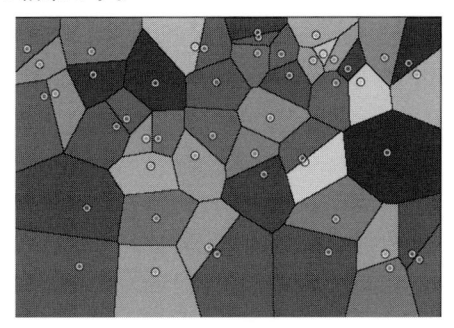

図7.10 「ボロノイ図」作成例

「Voronoi.html」のエフェクト「ボロノイ図作成」で作った「ボロノイ図」。母点数は50個。

＊

リスト7.1に「ボロノイ図」作成のための「JavaScript」側のプログラムを示します。

リスト7.1 「voronoi.js」の「ボロノイ図作成のための変数」と「関数」

```
 1  //ボロノイ用
 2  var distanceMap = [];//距離変換マップ
 3  var probabilityMap = [];//確率マップ
 4  var dMin = 10;//最小母点間隔（片側）
 5  var alpha = 0.5;//α合成の係数
 6  var numGen;//母点個数
 7
 8  function Voronoi()
 9  {
10    var x, y;//母点位置
11    var r, g, b;//母点を含む領域の色
12  }
13  var voronoi = [];//Voronoiオブジェクト
14  var indexGen = [];//キャンバス座標点のボロノイ領域を識別する母点番号
```

```
15
16  function makeVoronoi(levelA, levelB)
17  {
18    var w = can.width;
19    var h = can.height;
20
21    numGen = parseInt(form1.numGen.value);
22    var m;
23    for(m = 0; m < numGen; m++) voronoi[m] = new Voronoi();
24    var levelC = levelB - levelA;
25    //母点位置および色を乱数で求める
26    for(m = 0; m < numGen; m++){
27      voronoi[m].x = Math.round((w-20) * Math.random()) + 10;
                                                    //[10,w-10]
28      voronoi[m].y = Math.round((h-20) * Math.random()) + 10;
                                                    //[10,h-10]
29      voronoi[m].r = Math.round(levelC * Math.random()) + levelA;
                                                    //[50,250]
30      voronoi[m].g = Math.round(levelC * Math.random()) + levelA;
31      voronoi[m].b = Math.round(levelC * Math.random()) + levelA;
32    }
33
34    //canvas各点をボロノイ領域に分割する
35    var i, j, k, d, x, y;
36    for(j = 0; j < h; j++)
37      for(i = 0; i < w; i++)
38      {
39        k = i + j*w;
40        var max0 = 10000;
41        for(m = 0; m < numGen; m++)
42        {
43          x = (i - voronoi[m].x);
44          y = (j - voronoi[m].y);
45          d = Math.sqrt(x*x + y*y);
46          if(d < max0){
47            max0 = d;
48            indexGen[k] = m;//母点番号
49          }
50        }
51      }
52  }
53
54  function makeVoronoiDiagram()
55  {
56    //ボロノイデータ(voronoi[], indexGen[])を作成
57    makeVoronoi(50, 250);
58    //表示
59    var w = can.width;
60    var h = can.height;
61
62    var whole = ctx.createImageData(w, h);//ボロノイ画像全体の結果
63    var k0, k;
64    for(j = 0; j < h; j++)
```

```
65      for(i = 0; i < w; i++)
66      {
67        k0 = i + j*w;//2次元座標を1次元
68        k = k0 * 4;//ImageDataオブジェクトの配列番号
69        whole.data[k + 0] = voronoi[indexGen[k0]].r;
70        whole.data[k + 1] = voronoi[indexGen[k0]].g;
71        whole.data[k + 2] = voronoi[indexGen[k0]].b;
72        whole.data[k + 3] = 255;
73      }
74    var imageBoundary = makeBoundary(whole, 1);
                              //typeWidth=1のときは細い境界線
75    var whole = multiply(whole, imageBoundary);
76    ctx.putImageData(whole, 0, 0);
77    canImage = whole;
78    //母点表示
79    for(m = 0; m < numGen; m++) drawGeneration(voronoi[m].x, voronoi[m].y);
80  }
81
82  function drawGeneration(x, y)
83  {
84    //母点を表示
85    ctx.strokeStyle = "black";
86    ctx.beginPath();
87    ctx.arc(x, y,4,0,Math.PI*2,false);
88    ctx.stroke();
89    ctx.strokeStyle = "white";
90    ctx.beginPath();
91    ctx.arc(x, y,3,0,Math.PI*2,false);
92    ctx.stroke();
93  }
```

プログラム解説 ●●

　2～6行目は「ボロノイ」に関連する「グローバル変数」です。

　8～12行目の「Voronoi()」は、「ボロノイ」の「母点x, y」および、その母点を含む領域の色「r, g, b」を「プロパティ」とする「コンストラクタ関数」です。

　13行目の「voronoi[]」は、その「オブジェクト配列」であり、**14行目**の「indexGen[]」は「キャンバス上」の各点の「ボロノイ領域」を識別する「母点番号」を格納する配列です。

＊

　16～52行目の「makeVoronoi(levelA, levelB)」関数は、「voronoi[]」と「indexGen[]」を作る関数であり、「ボロノイ」を利用するすべての「エフェクト処理」で必要になります。

　引数の「levelA」および「levelB」は、それぞれ色「r, g, b」の「最小値」と「最大値」です。

26～32行目で、「一様乱数」を使い、「母点」の「位置」と「色」をランダムに決めています。

「母点」の「位置」はキャンバス境界から「10px」の間を除くようにしています。

また、「色」も暗すぎないように、明るすぎないようにしています。

36～51行目で「ボロノイ領域」を決めています。

「キャンバス」各点から「距離」が「最短」になる「母点」を求め、その点の「indexGen[]」に格納しています。

*

54～80行目が「ボロノイ図形」を作る関数です。

64～73行目で、「voronoi[]」と「indexGen[]」を利用し、「キャンバス」各点の「色」を決めて、「ImageData」オブジェクトの「whole」に格納しています。

74行目で「ロバーツ・フィルタ」による「エッジ検出」で、境界を取得し、「imageBoundary」に格納しています。

75行目で「乗算合成」し、結果を「whole」に格納して、**76行目**でレンダリングしています。

79行目で「drawGeneration()」をコールし、「母点」を「白黒2重丸」で表示しています。

82～93行目は、その関数です。

| 7.5.2 | 「ランダム母点配置」による「モザイク風 画像」 |

「母点」を「等間隔」で配置すると、**第2章**で述べたような「モザイク風 画像」が作られます。

ここでは、**図7.10**に示したような「ランダム母点配置」による「モザイク風 画像」を作ります。

「モザイク風 画像」では、各「ボロノイ領域」の「色」は、「表示されている画像」の「母点位置」の「色」で塗りつぶしています。

*

サンプル・プログラム「Voronoi」は「ボロノイ領域」を利用した画像を作るアプリケーションです。

「ボロノイ図作成」以外の画像作成のエフェクトとして、

・ランダムモザイク(境界あり)

・ランダムモザイク(境界なし)

・適応的モザイク(境界あり)

・適応的モザイク(境界なし)

・ステンドグラス風画像

・油彩画風画像

があります。

*

図7.11に、エフェクト「ランダムモザイク」の実行例を示します。

図7.11 「Voronoi.html」の実行例①
エフェクト「ランダムモザイク」の結果。
左側マスクは「境界あり」、右側マスクは「境界なし」で実行。

　左半分のマスクが「ボロノイ境界」ありで、右半分に対し「ボロノイ境界なし」です。
　「母点数」はどちらも5000点です。これまでのエフェクトと同じように、処理は
全領域に対して行ない、マスク部分だけを表示しています。

7.5.3 「適応的 母点配置」による「モザイク風 画像」

　「母点位置」を乱数で決めるプロジェクトでは、「画像内」の「対象物体」に無関係
に決められるので、「境界」における凹凸が顕著に現われます。

　これを軽減するには、「母点総数」を大きくする必要があります。

　さらに、「画像内部」の「対象物体」の「境界(エッジ)付近」に「母点」を多く配置し
て、「色変化」が少ない領域ではあまり配置しないようにすると、効率的です。こ
れを、「**適応的 母点配置**」と言います。

以下は、これから述べるプロジェクトで使っているアルゴリズムを説明します。

●「距離 変換」と「母点 発生確率」

この「適応的 母点配置」は、「Cannyフィルタ」と「**距離変換**」を利用して求めることができます。

「距離変換」は、「0－画素」(黒画素) または「1－画素」(白画素) からの最短距離を求める操作です。

「0－画素」までの「最短距離」を求める場合は、

$$d_{ij} = \min\left\{|i-m|+|j-n| ; f_{mn} = 0\right\} \tag{7.1}$$

で与えられます。

これは、「4－近傍 距離変換」と呼ばれます。「4－近傍 距離変換」のアルゴリズムは、以下のように、「ラスタ走査」を2回実行します。

＊

[ステップ1]　入力画像 $\{f_{ij}\}$ に対し、「順ラスタ走査」(左上から走査) を行ない、次式によって $\{s_{ij}\}$ を求めます。

$$s_{ij} = \min\left\{F_{ij}, s_{i-1,j}+1, s_{i,j-1}+1\right\} \tag{7.2}$$

ただし、$\{F_{ij}\}$ の値は、「f_{ij}」が「0－画素」のときは「0」、「1－画素」のときは「大きな値」とします。

[ステップ2]　上の結果の $\{s_{ij}\}$ に対し、「逆ラスタ走査」(右下から走査) を行ない、次式によって $\{d_{ij}\}$ を求めます。

$$d_{ij} = \min\left\{s_{ij}, d_{i+1,j}+1, d_{i,j+1}+1\right\} \tag{7.3}$$

ただし、$\{s_{ij}\}$ および $\{d_{ij}\}$ の初期値を大きな値にしておきます。

次に、「エッジ」に「近い」ほど「母点」が「多く」、「遠い」ほど「少なく」なるように配置します。

ただし、「エッジ上」およびその「直近」には配置しないようにします。

たとえば「母点 発生確率 P_{ij}」を、次式のように求めます。

$$
p_{ij} = \begin{cases} \dfrac{0.5\, d_{min}^2}{d_{ij}^2} & (d_{ij} \geq d_{min}) \\[2mm] 0 & (d_{ij} < d_{min}) \end{cases} \tag{7.4}
$$

ただし、「d_{min}」は「最小母点 間隔」です。

＊

図7.12に実行例を示します。

どちらも「前処理」として、フィルタ・サイズ「5×5」の「メディアン・フィルタ」を実行後、「適応的モザイク(境界あり)」を実行しています。

(a)は最小母点 間隔「4px」(母点数891)、(b)は最小母点 間隔「6px」(母点数603)です。

適応的に「母点位置」を決めるエフェクトでは、「入力フォーム[最小母点間隔]」に指定した値によって自動的に「母点数」が決められ、「入力フォーム[母点数]」に表示されます。

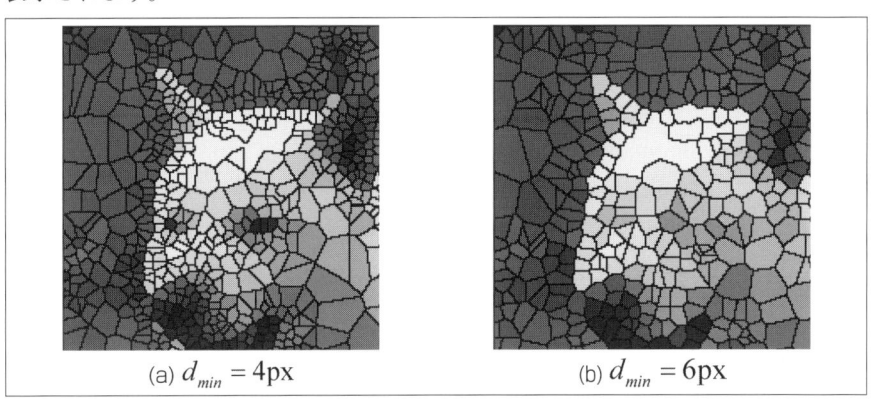

(a) $d_{min} = 4\text{px}$ (b) $d_{min} = 6\text{px}$

図7.12 「Voronoi.html」の実行例②
エフェクト「適応的モザイク(境界あり)」の結果。

7.5.4 ステンドグラス風画像

「ボロノイ領域」を1枚のガラスに対応させると、ステンドグラス風の画像になります。

実際の「ガラス」は、歪_{ひず}みなどによって1枚ごとに「屈折率」や「透明度」が違い、「明るさ」「色」が異なって見えます。

「ボロノイ図作成に用いたボロノイ領域の色」と「原画像の色」を合成することに

よって、そのような効果を、擬似的に表現します。

＊

「エフェクト「ステンドグラス風画像」」は「makeStainedGlass()」ルーチンにおいて、次の手順で作っています。

---

① 「ボロノイデータ」を作成

「makeVoronoi(levelA, levelB)」ルーチンで「ボロノイデータ voronoi[]」(母点の位置と色)を作ります。このとき「levelA, levelB」をそれぞれ「150, 255」として、明るい画像にしています。

② ボロノイ画像「imageVoronoi」の作成

ボロノイデータ「voronoi[]」に基づき、キャンバス全体の「ボロノイ画像」の「imageVoronoi」を作ります。

③ 境界線を作成

「makeBoundary()」関数によって、「ボロノイ境界」を作ります。

このとき、「第2引数」を「2」として、太めの境界線にしています。

「makeBoundary()」ルーチンでは、「ロバーツ・フィルタ」によって「線幅1」の境界になるので、「最小値フィルタ」(膨張フィルタ)によって、太くしています。

④ 「ボカシ画像」の作成

「ステンドグラス」の背後が明るいときの、眩しさ(グロー効果)を表現するために、「ガウシアン・フィルタ」によって「imageVoronoi」をボカしています。

⑤ 合成

「原画像」の「canImage」と「平滑化」された「imageVoronoi」を、「重み付き平均」で合成しています。

「合成係数」は「alpha=0.7」としています。

さらに、全体を1.3倍して、明るくしています。

＊

実行例を**図7.13**に示します。

この「実行例」では、「前処理」として「彩度 10%」「明度－10%」の「画質変換 HSV」を実行しています。

図7.13 「Voronoi.html」の実行例③
エフェクト「ステンドグラス風画像」の結果。

　エフェクト「ステンドグラス風画像」を実行した後で、「エンボス鮮鋭化」を行なうと、ガラスの凹凸感が表現できます。**図7.14**に実行例を示します。

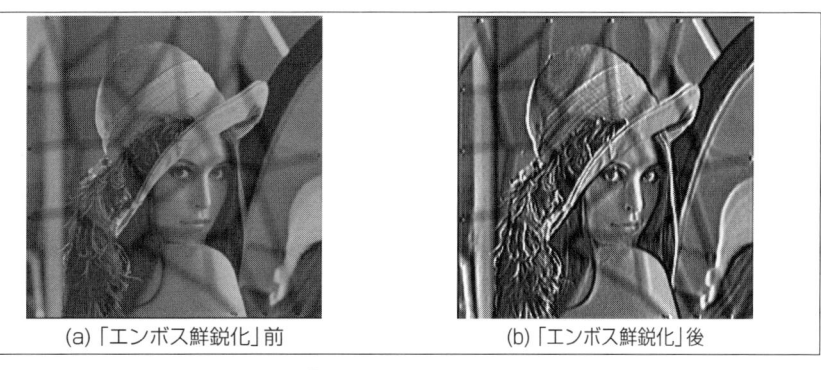

(a) 「エンボス鮮鋭化」前　　　　　　　　　(b) 「エンボス鮮鋭化」後

図7.14 「Voronoi.html」の実行例④
「ステンドグラス風画像」の実行例。

7.5.5 ｜ 油彩画風画像

　7.4.2項で述べた「油彩画風 画像」は、（前処理後の）原画像に「最頻値フィルタ」を掛けただけの単純なものでした。

　このアプリケーションのエフェクト「油彩画風 画像」は、「drawOilPaint()」ルーチンで実行されます。

　「前処理後」の「原画像」と「適応的ボロノイ画像」を、「重み付き平均」によって合成し、「最頻値フィルタ」を掛けています。

　ただし、「ボロノイ画像」としては「ボロノイ領域」の「色」を「ランダム」に「RGB

成分」を求めるのではなく、「母点位置」の「原画像」の「RGB値」を「HSV変換」し、「ランダム」に求めた「HSV変化分」によって「画質変換HSV」を実行し、「RGB値」に戻した値を、「ボロノイ領域の色」としています。

「makeAdaptiveVoronoi2()」ルーチンにおいて、「適応的」に「母点位置」と「ボロノイ領域」の「HSV変化分」を求めています。

「サムネールcanvas」横の「入力フォーム[色相][彩度][明度]」は、そのときの「HSV変化分」の「最大値」です。

値を「100」に設定すると、[−50, 50]%の範囲のランダム値になります。

*

「原画像」と「ボロノイ領域」を「ブレンディング」するときの合成係数は、「alpha=0.7」としています。

その後、「最頻値フィルタ」が「modal2()」ルーチンで実行されます。
このときの「フィルタ・サイズ」は、「入力フォーム[サイズ]」で変更できます。

*

実行例を**図7.15**に示します。

このときの「HSV変化分」の設定値は「色相0」「彩度20」「明度20」で、「最小母点間隔」は「10px」です。

図7.15は、最終的に「エンボス鮮鋭化」を実行した結果です。

図7.15 「Voronoi.html」の実行例⑤
エフェクト「油彩画風画像」の結果。
「最頻値フィルタ」の「フィルタ・サイズ」は「3×3」、「エンボス鮮鋭化」あり。

第8章

「WebGL」による「画像処理」

Image Processing with WebGL

本章では、「WebGL」を用いた「2D画像処理」に取り組みます。
「WebGL」では「JavaScript」以外に、「OpenGL ES Shading Language」(GLSL ES)に基づく「シェーダ記述言語」が必要になります。

これまで作ってきたいくつかのアプリケーションを、「WebGL」で作ります。
現在の「WebGL」用シェーダ言語では、利用できる「テクスチャ・サイズ」など、「OpenGL」で使われる「シェーダ言語」と比較して、いくつか制約があります。
そのようなときは、「JavaScript」側で工夫することにします。

8-1 「WebGL」による「2Dグラフィックス」

「canvas」の座標系と「WebGL」の座標系は異なります。「2Dグラフィックス」のための「WebGL座標系」を、以下に説明します。

8.1.1 「WebGL」の座標系

「canvas」の座標系は**図8.1(a)**に示すように、「左上」を原点とする「ピクセル単位」の座標系でした。

この「canvas」に貼り付いた「WebGL」の「座標系」は、**図8.1(b)**となります。

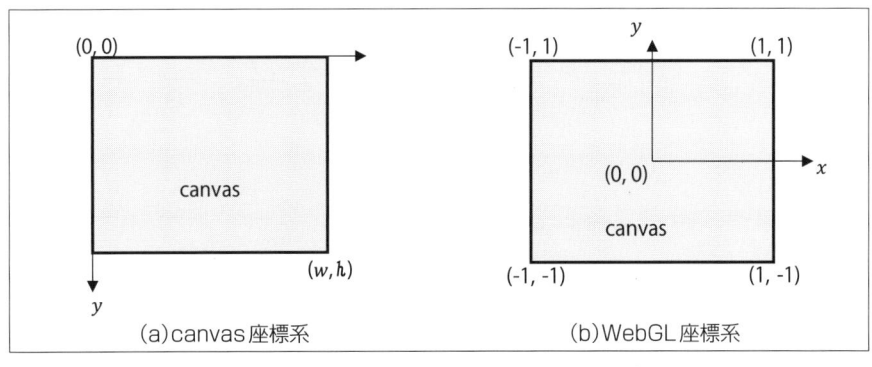

(a)canvas座標系   (b)WebGL座標系

図8.1 「canvas座標系」と「WebGL座標系」

「WebGL」は「3D-CG」を扱うシステムなので、「x軸」「y軸」「z軸」の「3軸座標」

をもちますが、「2次元図形」を描画するときは、「$z=0$」として「x軸」と「y軸」だけを考慮します。

この「2次元座標系」の「原点」は「canvas」の中心にあり、「y軸方向」が「上方向」の「デカルト座標系」です。

さらに、「長さの単位」は「ピクセル」ではなく「canvas」の「横幅」および「高さ」は「2」に正規化されています。

注意すべきは、「canvas」の「横幅」と「高さ」が異なるときでも、「右上が$(1.0,1.0)$」「左下が$(-1.0,-1.0)$」となることです。

8.1.2 2次元図形の作成

「WebGL」を用いてアプリケーションを構成するには、「HTML5」と「JavaScript」、さらに、レンダリングのために、「GLSL ES シェーダ言語」が必要です。

本書では、これらプログラム言語の、詳細な説明は省いています。他書を参照してください。

「WebGL」には、基本的な図形として、「点」「線」「三角形」の「プリミティブ」が用意されています。

これらを描画するメソッドは、次の「gl.drawArrays()」です。

gl.drawArrays(mode, first, count)	
シェーダを起動し、引数「mode」で指定した図形を描画する。	
mode	指定できる図形の種類は、gl.POINTS, gl.LINES, gl.LINE_STRIP, gl.LINE_LOOP, gl.TRIANGLES, gl.TRIANGLE_STRIP, gl.TRIANGLE_FANのいずれかを指定する。
first	描画する最初の頂点番号(【注】0以外の数字ではエラーになることがあります)。
count	頂点個数。

たとえば、2個の独立した「三角形」を作るときは、

```
gl.drawArrays(gl.TRIANGLES, 0, 6);
```

とコーディングします。

これらを利用して、複雑な「2D／3D」グラフィックスを構成します。

しかし、「シェーダ」側に「頂点の座標」や「色」のデータを送るために、わずか1つの「点」や「線」を描画するにも、大量のコマンドを記述する必要があります。

ライブラリ・ファイル「wglGraphics2D.js」において、コンストラクタ関数「Graphics2D()」によって、「2D グラフィックス」に必要な「プロパティ」や「メソッド」を実装した「クラス」を定義しています。

「WebGL」では、「図形」の「頂点」や「色」、「モデル行列」は、「JavaScript」側で用意し、「シェーダ」側に「転送」する必要があります。そのための「データ転送コマンド」を「draw()」メソッドにコーディングしており、この「draw()」メソッドをコールすれば「2D 図形」を描画できるようにしています。

さらに、これらを完全に「ブラックボックス」化し、「JavaScript」側のプログラムにおいてわずか1行のコーディングで描画できるように、ライブラリ・ファイル「wglGraphics2D.js」には、以下に示すようなメソッド群を実装しています。

drawLines(data, col)	
線プリミティブ(mode が gl.LINES)で線幅1の複数の線分を描画する。	
data	1本の線分当たり両端のx, y座標からなる配列。 n本の線分に対し、4×n個のデータ個数。
col	線の色。

drawLineStrip(data, col)	
線プリミティブ(mode が gl.LINE_STRIP)で線幅1の線ストリップを描画する。	
data	つながった線分のx, y座標からなる配列。 n本の線分に対し、2×(n+1)のデータ個数。
col	線の色。

drawLine(x1, y1, x2, y2, width, col)	
細い塗りつぶした四角形で、太さのある1本の線分を描画する。	
x1,y1,x2,y2	線分両端のx, y座標。
width	線の太さ(px単位)。
col	線の色。

drawTriangle(x0, y0, sx, sy, fill, col, ang)	
三角形プリミティブ(mode が gl.TRIANGLES)で1個の三角形を描画する。	
x0, y0	中心座標。
sx, sy	回転前の横軸(x軸)方向および縦軸(y軸)方向の倍率(sx=syのとき正三角形)。
fill	塗りつぶしフラグ(falseのとき線幅1の輪郭)
col	輪郭および塗りつぶしの色。
ang	回転角(単位は[deg])。

drawRectangle(x0, y0, w, h, fill, col, ang)

三角形プリミティブ(modeがgl.TRIANGLES)を2個用いて1個の四角形を描画する。

x0, y0	中心座標。
w, h	横軸方向および縦軸方向のサイズ。
fill	塗りつぶしフラグ(falseのとき線幅1の輪郭)。
col	輪郭および塗りつぶしの色。
ang	回転角(単位は[deg])。

drawCircle(x0, y0, diaX, diaY, fill, col,ang)

円または楕円を描画する。

x0, y0	中心座標。
diaX, diaY	横軸方向および縦軸方向の直径。
fill	塗りつぶしフラグ(falseのとき線幅1の輪郭)。
col	輪郭および塗りつぶしの色。
ang	回転角(単位は[deg])。

drawPoints(vertices, size, type, col)

複数の点を描画する。

vertices	点の中心位置のx, y座標からなる配列。 n個の点に対し、2×nのデータ個数。
size	サイズ(直径または辺幅、px単位)。
type	0:丸、1:四角。
col	点の色。

　これらのメソッドを使うときの色の指定は、"red", "green", "blue", "yellow", "cyan", "magenta", "black", "white" などの文字列を使います。

　位置データ(x0, y0やvertices)はすべて図8.1 (b)の「WebGL座標系」です。

　「drawLine()」の線幅「width」と、「drawPoints()」の「size」は、「px単位」です。

8.1.3 アプリケーション「WglBasicShapes」

　アプリケーション「WglBasicShapes」は、上記の自作メソッドを用いたサンプル・プログラムです。

　図8.2に実行例を示します。

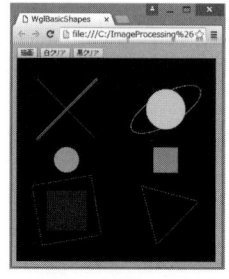

図8.2 「WglBasicShapes」の実行例

アプリケーションを立ち上げると、「背景が白」の「canvas」が表示されます。

「ボタン[黒クリア]」をクリックすると「背景が黒」になり、さらに「ボタン[描画]」をクリックすると、**図8.2**が表示されます。

● 「HTML」側のプログラム

リスト8.1に「HTML」側のプログラムを示します。

リスト8.1 「wglBasicShapes.html」のプログラム

```
 1 <!DOCTYPE html>
 2 <html lang="ja">
 3 <head>
 4   <meta charset="utf-8" />
 5   <title>WglBasicShapes</title>
 6   <script src="../lib/wglShader.js"></script>
 7   <script src="../lib/wglMatrix4.js"></script>
 8   <script src="../lib/wglGraphics2D.js"></script>
 9   <script src = "wglBasicShapes.js"></script>
10   <style>
11     body{ background-color: #ccd; }
12     #canvas { background-color: #fff; border: 1px solid;}
13   </style>
14 </head>
15 <body onload = "webMain()" >
16 <form name = "form1"  >
17   <div>
18   <input type="button" value="描画" onclick="display()">
19   <input type="button" value="白クリア" onclick="clearWhite()">
20   <input type="button" value="黒クリア" onclick="clearBlack()">
21   </div>
22   <canvas id = "canvas" width="400" height=400 ></canvas>
23 </form>
24
25 <!------------ 頂点シェーダ・プログラム --------------->
26 <script id = "vs" type="x-shader/x-vertex">
27 attribute vec4 a_vertex;   //頂点座標
28 uniform mat4 u_modelMatrix;//モデル行列
29 uniform float u_size;      //点のサイズ(pixel)
30 uniform bool u_flagPoint;  //点フラグ
31 void main()
32 {
33   if(u_flagPoint)//点表示
34   {
35     gl_PointSize = u_size;
36     gl_Position = a_vertex;
37   }
38   else
39     gl_Position = u_modelMatrix * a_vertex;
40 }
41 </script>
```

```
42 <!------------ フラグメント・シェーダのプログラム ------>
43 <script id = "fs" type="x-shader/x-fragment">//
44 precision mediump float; //これを省略するとエラー！
45 uniform vec4 u_color;      //図形の色
46 uniform int u_type;        //0:●, 1:■
47 uniform bool u_flagPoint;//点フラグ
48 void main()
49 {
50   if(u_flagPoint && u_type == 0)
51   { //各点の中心からの距離
52     float dist = distance(gl_PointCoord, vec2(0.5, 0.5));
53     if(dist > 0.5) discard;//丸点表示
54   }
55   gl_FragColor = u_color;
56 }
57 </script>
58 </body>
59 </html>
```

プログラム解説 ••

15行目でアプリケーションを立ち上げたとき、「JavaScript」側で最初に実行される関数を定義しています。本書では「WebGL」を利用するすべてのアプリケーションで、"webMain()"としています。

WebGLを利用するために必要なシェーダ・プログラムは、HTML文書の下方にコーディングしています。

27～40行目が「頂点シェーダ」、**44～56行目**が「フラグメント・シェーダ」です。

26行目の"vs"や**43行目**の"fs"は、JavaScript側でシェーダ・プログラムを読む込むときの、「頂点シェーダ」か「フラグメント・シェーダ」かを識別する識別名です。

≪頂点シェーダ≫

「頂点の頂点座標(a_vertex)」や「モデル行列(u_modelMatrix)」「点のサイズ(u_size)」など、「頂点の位置」や「点の大きさ」に関係するデータは、「頂点シェーダ」で受けとります。

「モデル行列」は「点」以外の「図形の頂点位置」を求めるときに使います。
「図形の頂点」は、「スケーリング」「回転」「平行移動」によって影響を受け、「JavaScript」側で求めたモデル行列を用いて、

```
gl_Position = u_modelMatrix * a_vertex;
```

のように計算します。この「gl_Position」は「頂点シェーダ」には絶対に必要な「**組み込み変数**」です。

≪フラグメント・シェーダ≫

44行目の「precision mediump float」は「float型変数」の精度を表わしており、「フラグメント・シェーダ」には絶対必要です。

「点描画」は特に指定しなければ「正方形」になります。

「丸い点」を描画したいときは、**52、53行目**のようにコーディングします。
「フラグメント・シェーダ」の組み込み変数「gl_PointCoord」は、「描画される点」（正方形）の「左上」を(0.0, 0.0)、「右下」を(1.0,1.0)とする座標です。
中心(0.5, 0.5)からの距離を調べ、その値が「0.5以上」を表示しなければ、「塗りつぶされた丸い点」になります。

「discard文」は、「フラグメントを破棄する」（フラグメント・シェーダは何も出力しない）ときに使います。

55行目の「gl_FragColor」は、「フラグメント・シェーダ」だけで使え用る組み込み変数です。
「フラグメントの色」を「RGBA」で指定します。

*

なお、「WebGL」に必要な他の「ライブラリ・ファイル」については次章で述べます。

● 「JavaScript」側のプログラム

リスト8.2に「JavaScript」側のプログラムを示します。

リスト8.2 「wglBasicShapes.js」のプログラム

```
1 var gl;//WebGL用コンテキスト
2
3 function webMain()
4 {
5   //キャンバス要素の取得
6   var can = document.getElementById('canvas');
7   //キャンバス用コンテキストの取得
8   gl = can.getContext("webgl");
9   var VS_SOURCE = document.getElementById("vs").textContent;
10  var FS_SOURCE = document.getElementById("fs").textContent;
```

```
11
12   if(!initGlsl(gl, VS_SOURCE, FS_SOURCE))
13   {
14     alert("GLSLの初期化に失敗");
15     return;
16   }
17
18   //canvasをクリアする色を設定する
19   gl.clearColor(1, 1, 1, 1);
20
21   display();
22 }
23
24 function display()
25 {
26   gl.clear(gl.COLOR_BUFFER_BIT);
27   var g = new Graphics2D();
28   //直線1
29   g.drawLine(-0.8, 0.8, -0.2, 0.2, 3.0,"blue");
30   //直線2
31   g.drawLine(-0.8, 0.2, -0.2, 0.8, 5.0,"red");
32   //矩形1(輪郭線)
33   g.drawRectangle(-0.5, -0.5, 0.6, 0.6, false, "red", 10);
34   //矩形2（塗潰し）
35   g.drawRectangle(-0.5, -0.5, 0.4, 0.4, true, "blue", 0);
36   //円1（輪郭線）
37   g.drawCircle(0.5, 0.5, 0.8, 0.3, false, "green", 30);
38   //円2（塗りつぶし）
39   g.drawCircle(0.5, 0.5, 0.4, 0.4, true, "cyan", 0);
40   //三角形
41   g.drawTriangle(0.5, -0.5, 0.6, 0.6, false, "magenta",45);
42   //点
43   var pos = [];
44   pos[0] =-0.5; //x座標
45   pos[1] = 0; //y座標
46   g.drawPoints(pos, 50, 0, "light_red");//丸
47   pos[0] = 0.5; //x座標
48   g.drawPoints(pos, 50, 1, "light_blue");//四角
49 }
50
51 function clearWhite()
52 {
53   // canvasを白く塗り潰す
54   gl.clearColor(1, 1, 1, 1);
55   gl.clear(gl.COLOR_BUFFER_BIT);
56 }
57
58 function clearBlack()
59 {
60   // canvasを黒く塗り潰す
61   gl.clearColor(0, 0, 0, 1);
62   gl.clear(gl.COLOR_BUFFER_BIT);
63 }
```

• •

1行目の「gl」は**8行目**で「キャンバス要素」のコンテキストとして取得される「グローバル変数」です。

9、10行目でHTML文書に書いた「頂点シェーダ」と「フラグメント・シェーダ」を読み込み、**12行目**の「initGlsl()」でシェーダを初期化しています。これによって、2つのシェーダ・プログラムを「WebGL」システムで利用できるようになります。

19行目の「gl.clearColor()」メソッドによって「canvas」描画領域をクリアする色を「RGBA」すべて「0.0〜1.0」の範囲で与えます。

26行目の「gl.clear(gl.COLOR_BUFFER_BIT)」によって**カラーバッファ**を「gl.clearColor()」で指定した色にクリアします。

「gl.clear()」メソッドの引数には他に「gl.DEPTH_BUFFER_BIT」(デプスバッファ用)や「gl.STENCIL_BUFFER_BIT」(ステンシルバッファ用)があります。

「gl.DEPTH_BUFFER_BIT」は**第11章**で使います。

27行目で、「Graphics2D」クラスのオブジェクトとして「g」を取得し、**29行目**から**8.1.2項**で説明した「描画メソッド」を用いて図形を描いています。

8.1.4 放物運動アニメーション

「WglParabolic1」〜「WglParabolic4」は**第1章**の「Parabolic」と同じような「放物運動」アニメーションを実行できるアプリケーションです。

●「canvas」サイズが「固定」のアプリケーション

「WglParabolic1」は「canvas」サイズが「500×500」に固定されたアプリケーションです。

放物体を「wglGraphics2D.js」に実装してある「drawCircle()」関数で描画しています。

アニメーションには**第1章**のときと同じ「setInterval()」メソッドを使っています。

実行結果は**第1章**の「Parabolic」にほぼ同じです。

「WebGL」では「スワップバッファ」が自動的に行なわれ、1フレームごとに画面がクリアされるので、**第1章**の「Parabolic」のときのようには運動軌跡を表示することはできません。

「シェーダ側」のプログラムは「WglBasicShapes.html」と同じです。

● 「canvas」サイズが「変更」できるアプリケーション

「WglParabolic2」はプログラム実行後に「canvas」サイズを変更できるように改良したものです。

図8.1(b)に示した「WebGL」の座標系はプログラム実行直後の座標値です。

実行後にサイズを変更すると、左右上下の座標値が変わります。

「HTML」側で設定した「canvas」サイズより小さなサイズに変更すると、変更後の、「左端(x_L)、右端(x_R)、下端(y_B)、上端(y_T)」の「座標値」は、次式のようになります。

$$\begin{cases} x_L = -s_x - x_0 \\ x_R = s_x - x_0 \\ y_B = -s_y - y_0 \\ y_T = \ \ s_y - y_0 \end{cases} \tag{8.1}$$

ただし、

$$\begin{cases} s_x = \dfrac{新しいcanvas.width}{元のcanvas.width} \\ s_y = \dfrac{新しいcanvas.height}{元のcanvas.height} \end{cases}$$

$$\begin{cases} x_0 = 1 - s_x \\ y_0 = 1 - s_y \end{cases}$$

です。

式(8.1)が成立するためには

新しいcanvas.width　　<　　元のcanvas.width

新しいcanvas.height　　<　　元のcanvas.height

でなければなりません。

「JavaScript」側のプログラムでは「canvas要素」を「can」としています。

「x_L , x_R , y_B , y_T」をそれぞれ「leftN, rightN, bottomN, topN」としています。

式(8.1)の計算部分を「onClickSize()」ルーチンで行なっています。

「canvas」サイズを変更しても、「canvas座標」の「長さ単位」はプログラムを立ち

上げたときと同じであり、「放物体」の「円の大きさ」は変わりません。

● 大量の「放物体」を扱えるアプリケーション

「WglParabolic3」は物体個数を大量に扱えるアプリケーションです。

前の2つのアプリケーションでは、「drawCircle()」関数で「放物体」を表示していました。

もし「複数の放物体」であれば、それぞれの物体について位置を計算したときは、その都度「drawCircle()」関数をコールし、シェーダ側にデータを送り、レンダリングする必要があります。

この方法では、個数が50を超えると描画時間（フレーム・タイム）が長くなり、カクカクしたアニメーションになります。

このようなとき、「drawPoints()」関数を使えば、すべての物体の位置を計算した後にまとめて描画することができ、1万個程度でも実行可能です。

*

「WglParabolic3」の実行例を**図8.3**に示します。

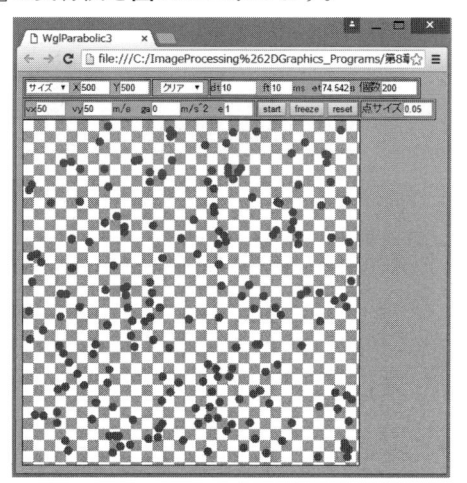

図8.3 「WglParabolic3.html」の実行例

このプログラムでは、「入力要素 [vx][vy]」で指定した初速度に [-0.5, 0.5] の乱数を乗じており、[start] ボタンをクリックすると、四方八方に動き出します。

また、初期設定では「重力加速度」を「0」にしています。

物体のサイズは入力要素 [点サイズ] で変更できます。

● 「requestAnimationFrame()」メソッドによるアニメーション

アプリケーション「WglParabolic4」はアニメーションに「requestAnimation Frame() メソッド」を利用しています。

これまでの3個のアプリケーションは「setInterval()」メソッドを用いてアニメーションを実行していました。

このメソッドでは、これを使っている Web ページが前面にない場合でも、指定された関数を呼び続け、ブラウザに余分な負荷をかけてしまう恐れがあります。

最近のブラウザで導入された「requestAnimationFrame()」メソッドを使えば、ブラウザによってはこのようなことを防ぐことができるようです。

このメソッドは、

```
requestAnimationFrame(func, element);
```

のように使います。

「func」は繰り返し呼び出す関数名、「element」は JavaScript 側の「canvas 要素名」です。

このアプリではそれぞれ「animate」「can」です。

8-2 「WebGL」による「画像処理」

前章まで「JavaScript」で作ってきた画像処理アプリケーションのいくつかを「WebGL」を用いて作ります。

「WebGL」で画像をテクスチャとして利用する場合、現時点では「横幅」および「高さ」が「256、512、1024」というような「2^n」(n は整数)のサイズに制限されます。

しかし、「JavaScript」側で少し工夫すれば、完全な形ではありませんが、任意のサイズの画像も扱うことができます。

本稿では、最初に**第2章**の「基本的な画像処理」について、「2^n」に制限された画像を対象にアプリケーションを作ります。

8.2.1 「2^n」に制限した「画像サイズ」に対する「画像処理」

通常、「WebGL」の「2Dグラフィックス機能」を用いて、「canvas」全体に貼り付けるためには、「幅」および「高さ」がどちらも「2^n」（nは整数）のサイズの画像を用意し、「HTML」側の「canvas」要素のサイズも「画像サイズ」に合わせるようにします。

このとき、「canvas」全体に、画像を「拡大縮小」なしに貼り付けるには、「テクスチャ座標」と「canvas」の「正規化座標」の「対応付け」を、**図8.4**のようにします。

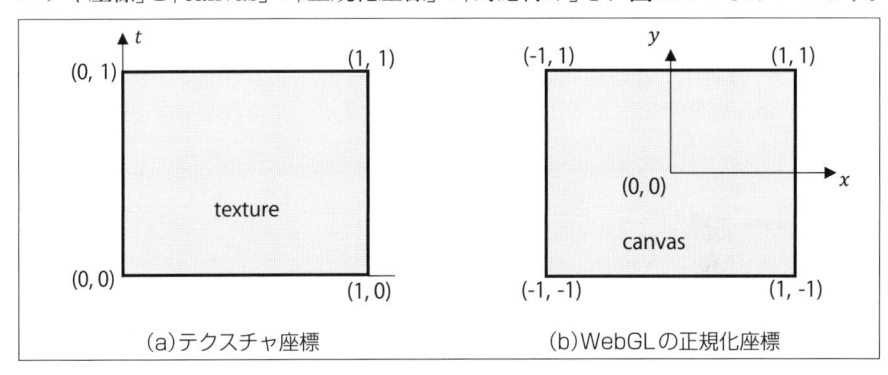

図8.4　座標の対応付け

(a)の「テクスチャ座標(s,t)」の「左上$(0,1)$、左下$(0,0)$、右上$(1,1)$、右下$(0,1)$」を、それぞれ(b)の「canvas座標」の「$(-1,1)$、$(-1,-1)$、$(1,1)$、$(1,-1)$」に対応付けます。

● 実行例

「WglSimple0」は**第2章**の簡単な画像処理（「色反転」「グレイ・スケール」「セピア」「モザイク」）が実行できるアプリケーションです。

図8.5に実行例を示します。

図8.5　「WglSimple0.html」の実行例
アプリケーションを立ち上げた状態。

195

≪画像の表示≫

画像を「キャンバス」にロードする方法として、前章までと同じように、「[画像]テキストボックス」を使うか5個のサムネール画像を利用します。

> ※「ドラッグ＆ドロップ」による方法は省いています。

「HTML」側の「canvas」要素では「canvas」サイズを「幅」「高さ」とも「1024」としており、「1024×1024」以下の「2^n」のサイズをもつ画像だけが利用できます。

「2^n」でないときは「黒く」塗りつぶされます。

プログラムを立ち上げると、[画像]テキストボックスに書かれている「512×512」の画像ファイルがロードされます。

≪エフェクト処理≫

エフェクト処理の選択は、これまでと同じように「select要素[エフェクト]」を利用します。

異なる点は最初の選択項目が[原画像]となっており、2番目から画像処理の項目が表示されます。

前章までのアプリケーションでは、1つの処理後にさらに処理を重ねると、現在「canvas」に表示されている画像に対して処理されました。

本章のアプリケーションの場合は、原画像として読み込まれた画像に対して実行されるので、注意してください。

画像処理実行後にエフェクトの[原画像]をクリックすると、原画像に戻ります。また、サムネールで新しい画像をクリックしたときは、その画像が原画像になります。

● 「JavaScript」側のプログラム

ここでは画像を読み込み、その画像をテクスチャとして利用できるようになるまでを説明します。

≪画像の読み込み≫

[画像]テキストボックス右横の[表示]ボタンをクリックしたとき、または、サムネール画像をクリックしたとき、**リスト8.3**に示す「readyTexture()」ルーチンが実行されます。

リスト8.3 「wglSimple0.js」の「readyTexture()」ルーチン

```
 1 function readyTexture()
 2 {
 3   var tex = gl.createTexture();// テクスチャ・オブジェクトを作成する
 4
 5   var image = new Image();
 6   // 画像の読み込み完了時のイベントハンドラを設定する
 7   image.onload = function()
 8   {
 9     gl.pixelStorei(gl.UNPACK_FLIP_Y_WEBGL, 1);// 画像のY軸を反転する
10     // テクスチャ・ユニット0を有効にする
11     gl.activeTexture(gl.TEXTURE0);
12     // テクスチャ・オブジェクトをターゲットにバインドする
13     gl.bindTexture(gl.TEXTURE_2D, tex);
14     // テクスチャ画像を設定する
15     gl.texImage2D(gl.TEXTURE_2D, 0, gl.RGBA, gl.RGBA,
   gl.UNSIGNED_BYTE, image);
16     // テクスチャ・パラメータを設定する
17     gl.texParameteri(gl.TEXTURE_2D, gl.TEXTURE_MIN_FILTER,
   gl.LINEAR);
18     //シェーダのユニフォーム変数u_textureにユニット0を渡す
19     var samplerLoc = gl.getUniformLocation(gl.program, 'u_texture');
20     gl.uniform1i(samplerLoc, 0);
21     display(image);
22   }
23   image.src = imageSource;
24 }
```

プログラム解説

「JavaScript」だけで画像処理をする場合は、画像ファイルを読み込んだ後、「drawImage()」メソッドだけでcanvasに表示することができました。

「WebGL」を利用するには数多くのコマンドで、「画像データ」を「シェーダ側」に転送しなければなりません。

*

このルーチンでは、以下の手順でテクスチャを読み込み、シェーダにアップロードします。

① 「テクスチャ・オブジェクト」を作る（3行目）

「テクスチャ」を使うときは、まず「**テクスチャ・オブジェクト**」を作ります。

「テクスチャ・オブジェクト」によって読み込んだ画像が管理され、「WebGLシステム」で利用できるようになります。

いまの場合は「tex」が「テクスチャ・オブジェクト名」になります。

② 「画像オブジェクト」を作る（5行目）

画像を読み込むときは「**Imageオブジェクト**」を作ります。

「image」が「画像オブジェクト名」になります。

③「画像を読み込んだときの関数」を作る(7行目)

9～20行目は、「画像読み込み」が終了した時点で実行される「関数」になります。

④「画像」の「上下」を「反転」する(9行目)

図8.4に示したように、「テクスチャ座標系」は左下が原点です。

一方、「Imageオブジェクト」の「座標系」は「canvas座標系」と同じく、「左上」が「原点」になっており、**9行目**のコマンドがなければ、「上下反転」して表示されます。

⑤「テクスチャ・ユニット」を有効にする(11行目)

「WebGL」は「OpenGL」と同じように「複数のテクスチャ」を利用できます。

そのため、それぞれのテクスチャを管理する仕組みとして、「テクスチャ・ユニット」があります。

「テクスチャ・ユニット」は、

```
gl.TEXTURE0, gl.TEXTURE1, …gl.TEXTURE7
```

などの番号が付いた名前であり、「テクスチャ・オブジェクト」に割り当てて使います。

「テクスチャ画像」が1つのときは、このメソッドを省略できます。

⑥「テクスチャ・オブジェクト」を「バインド」する(13行目)

「テクスチャ・ユニット」を有効にしただけではまだ「テクスチャ・オブジェクト」を利用することはできません。

「テクスチャ・オブジェクト」をターゲットにバインドする必要があります。

「gl.bindTexture()」メソッドを使います。

「WebGL」では「第1引数」に使えるターゲットは「**gl.TEXTURE_2D**」または「**gl.TEXTURE_CUBE_MAP**」だけです。

「gl.TEXTURE_CUBE_MAP」は、「環境マップ」に利用されるターゲットです(**第10章**参照)。

⑦「テクスチャ画像」を設定する(15行目)

次に、「テクスチャ・オブジェクト」に「バインド」された「target」に対し、「●「JavaScript」側のプログラム」で読み込んだ「テクスチャ画像」を次のメソッドで

設定します。

```
gl.texImage2D(target, level, internalformat, format, type, image)
```

「target」には「gl.bindTexture()」のときと同じターゲットを用います。

「level」には「ミップマップ」のレベルを指定します。

ミップマップとは画像が縮小されたときエイリアシングを起こさないようにする仕組みです。「ミップマップ」を利用しないときは、常に「0」を指定します。

「internalformat」と「format」および「type」は、読み込まれた「Image」オブジェクトである「image」の内容に関連する情報です。

「WebGL」では「internalformat」と「format」には同じ記号定数（値）を使います。

テクスチャのテクセルが「R（赤）、G（緑）、B（青）」のチャンネルを含むならば、「gl.RGB」を、さらに「A」（アルファ）を含むときは「gl.RGBA」を指定します。

＊

「グレイ・スケール」のときは「輝度値」だけとなるので「gl.LUMINANCE」を指定します。

ほかに「gl.ALPHA」や「gl.LUMINANCE_ALPHA」などがあります。

「JPEG」や「BMP」ファイルならば「gl.RGB」を使い、「PNG」ファイルならば「gl.RGBA」を使います。

しかし、ハードウェアによってはどちらを指定しても動作します。

「type」には、「テクセル・データ」を格納する型を指定します。

「256階調」であれば「gl.UNSIGNED_BYTE」です。ほかにもありますが、本書ではこれだけを使います。

最後の引数の「image」は②で作った「Image」オブジェクトです。

＊

以上でようやく「GPU」側で使う「テクスチャ・オブジェクト」の「画像」を「JavaScript」側（すなわち、CPU側）で準備できたことになります。

⑧「テクスチャ・パラメータ」を設定する（17行目）

さらに、次のメソッドを用いて「レンダリング」実行時に「テクスチャ」の使い方を「パラメータ」で指定することができます。

```
gl.texParameteri(target, pname, param)
```

「target」には「gl.bindTexture()」および「gl.texImage2D()」のときと同じター

ゲットを用います。

　「第2引数」の「pname」はパラメータの「名称」であり、「フィルタ処理」と「繰り返し処理」に分かれます。**表8.1**に「パラメータ名」と「デフォルト値」を示します。

表8.1　「パラメータ名」と「デフォルト設定値」

パラメータ名 (pname)	説　明	デフォルト値 (param)
gl.TEXTURE_MIN_FILTER	テクスチャの縮小方法	gl.LINEAR_MIPMAP_LINEAR
gl.TEXTURE_MAG_FILTER	テクスチャの拡大方法	gl.LINEAR
gl.TEXTURE_WRAP_S	横軸方向の繰り返し方法	gl.REPEAT
gl.TEXTURE_WRAP_T	縦軸方向の繰り返し方法	gl.REPEAT

　「第3引数」の「param」は、パラメータの「値」であり、「pname」によって指定できる「値」が変わります。

　表8.1の3列目には、それぞれの「pname」に対する「デフォルト値」を示しています。

　ここではこれらの詳細は省略します。

　「テクスチャ」の「縮小方法」以外は「デフォルト値」を使っています。

　17行目を省略すると、「エラー」になります。

　「ミップマップ」を自動生成したいときは、**11行目**を、

```
gl.generateMipmap(gl.TEXTURE_2D);
```

に変更します。

　「フィルタ処理」(テクスチャの縮小・拡大方法)の「param」には、

　「gl.NEAREST」「gl.LINEAR」

があります。

　「繰り返し処理」の「param」には、

　「gl.REPEAT」「gl.CLAMP_TO_EDGE」「gl.MIRRORD_REPEAT」

があります。

⑨「サンプラ」の「格納場所」を取得し、「テクスチャ・ユニット」を設定する(19、20行目)

「シェーダ」側で「テクスチャ画像」にアクセスするには、「サンプラ型」という特別な変数が用いられます。

「JavaScript」側ではその「サンプラ」に「テクスチャ・ユニット」の番号を「ユニフォーム変数」で指定します。

「居間」の場合、「u_texture」が「サンプラ名」になります。

「シェーダ側のプログラム」は「●「HTML」側のシェーダ・プログラム」で述べます。

⑩レンダリング(21行目)

以上で「テクスチャ」を「シェーダ」にアップロードできたので、レンダリングルーチン「display()」をコールします。

⑩「画像」を読み込む(23行目)

「Image」オブジェクトの「src」プロパティに、読み込みたい画像ファイルを指定することで、「ブラウザ」は読み込みを開始します。

このアプリケーションでは、「画像ファイル指定方法」が複数あり、グローバル変数「imageSource」に与えられています。

*

≪レンダリング≫

「画像読み込み」が終了したとき、最終的に**リスト8.4**に示す「display()」ルーチンがコールされ、「レンダリング」を実行します。

リスト8.4 「wglSimple0.js」の「display()」ルーチン

```
1 function display(image)
2 {
3    //canvasサイズを画像サイズに一致させる
4    can.width = image.width;
5    can.height = image.height;
6    var effectLoc = gl.getUniformLocation(gl.program, 'u_effectNo');
7    gl.uniform1i(effectLoc, effectNo);
8    var widthLoc = gl.getUniformLocation(gl.program, 'u_imageWidth');
9    gl.uniform1f(widthLoc, image.width);
10   var heightLoc = gl.getUniformLocation(gl.program, 'u_image
     Height');
11   gl.uniform1f(heightLoc, image.height);
12   var mosaicLoc = gl.getUniformLocation(gl.program, 'u_mSize');
13   var mosaicSize = parseFloat(form1.mosaicSize.value);
14   gl.uniform1f(mosaicLoc, mosaicSize);
15   // 頂点情報を設定し四角形を描画
```

```
16   drawRectangleTex(image);
17 }
```

プログラム解説 •

4,5行目で「canvas」サイズを、読み込まれた「画像サイズ」に一致させています。

6〜14行目で「エフェクト処理」を実行する上で必要な「パラメータ」を「シェーダ」に渡しています。

最後に**16行目**で、「テクスチャを貼る四角形」を「レンダリング」する、関数「drawRectangleTex()」をコールしています。

≪四角形の作成≫

四角形を作る「drawRectangleTex()」ルーチンを**リスト8.5**に示します。

リスト8.5 「wglSimple0.js」の「drawRectangleTex()」ルーチン

```
 1 function drawRectangleTex(image)
 2 {
 3   var sx = image.width / size0X;
 4   var sy = image.height / size0Y;
 5   var x0 = (1 - sx) ;
 6   var y0 = (1 - sy) ;
 7   var verticesTexcoords = new Float32Array([
 8     // 頂点座標、    テクスチャ座標
 9     -sx-x0,  sy-y0,   0.0, 1.0, //左上
10     -sx-x0, -sy-y0,   0.0, 0.0, //左下
11      sx-x0,  sy-y0,   1.0, 1.0, //右上
12      sx-x0, -sy-y0,   1.0, 0.0  //右下
13   ]);
14   var n = 4; // 頂点数
15
16   // バッファオブジェクトを作成する
17   var vertexTexcoordBuffer = gl.createBuffer();
18   // 頂点座標、テクスチャ座標をバッファオブジェクトに書きこむ
19   gl.bindBuffer(gl.ARRAY_BUFFER, vertexTexcoordBuffer);
20   gl.bufferData(gl.ARRAY_BUFFER, verticesTexcoords, gl.STATIC_DRAW);
21   var FSIZE = verticesTexcoords.BYTES_PER_ELEMENT;
22   //a_vertexの格納場所を取得し、バッファオブジェクトを割り当て、有効化する
23   var posLoc = gl.getAttribLocation(gl.program, 'a_vertex');
24   gl.vertexAttribPointer(posLoc, 2, gl.FLOAT, false, FSIZE * 4, 0);
25   gl.enableVertexAttribArray(posLoc);//バッファオブジェクトの割り当ての有効化
26   // テクスチャ座標をa_texCoordに割り当て、有効化する
27   var texCoordLoc = gl.getAttribLocation(gl.program, 'a_texCoord');
28   gl.vertexAttribPointer(texCoordLoc, 2, gl.FLOAT, false,
   FSIZE * 4, FSIZE * 2);
```

```
29   gl.enableVertexAttribArray(texCoordLoc);
               //バッファオブジェクトの割り当ての有効化
30   // バッファオブジェクトのバインドを解除する
31   gl.bindBuffer(gl.ARRAY_BUFFER, null);
32   //四角形を描画する
33   gl.drawArrays(gl.TRIANGLE_STRIP, 0, n);
35 }
```

プログラム解説 •

　このアプリケーションは、「読み込んだ画像サイズ」に一致する「canvas」を作ったとき、「四角形」もその「canvas」に一致するように工夫しています。

3～13行目で「頂点座標」を計算しています。

　同時に、対応する「テクスチャ座標」も「verticesTexcoords[]配列」に格納しています。

　「頂点座標」の計算には**8.1.4項の式(1)**を用いています。

3,4行目の「size0X, size0Y」は「HTML」側で設定した「canvas」サイズであり、「読み込むことができる画像」の「最大のサイズ」です。

　このアプリケーションでは、どちらも「1024」としています。

16～31行目で「四角形の頂点座標」と「テクスチャ座標」を「シェーダ」に渡しています(詳細は省略します)。

　最後に、「gl.drawArrays()」メソッドで「四角形」をレンダリングしています。

● 「HTML」側のシェーダ・プログラム

　「HTML」側の「シェーダ・プログラム」を**リスト8.6**に示します。

リスト8.6　「WglSimple0.html」のシェーダ・プログラム

```
 1 <!------- 頂点シェーダのプログラム --------->
 2 <script id = 'vs' type="x-shader/x-vertex">
 3 attribute vec4 a_vertex;
 4 attribute vec2 a_texCoord;
 5 varying vec2 v_texCoord;
 6 void main()
 7 {
 8   gl_Position = a_vertex;
 9   v_texCoord = a_texCoord;
10 }
11 </script>
12
13 <!------- フラグメント・シェーダのプログラム --->
```

```
14 <script id = 'fs' type="x-shader/x-fragment">
15 precision mediump float;
16 uniform sampler2D u_texture;
17 uniform int u_effectNo;//0:原画像
18 uniform float u_imageWidth;
19 uniform float u_imageHeight;
20 uniform float u_mSize;
21 varying vec2 v_texCoord;
22 void main()
23 {
24   vec4 col = texture2D(u_texture, v_texCoord);
25   if(u_effectNo == 0) { }//原画像表示なので何もせず
26   //処理画像
27   else if(u_effectNo == 1)//色反転
28     col.rgb = vec3(1.0 - col.r, 1.0 - col.g, 1.0 - col.b);
29   else if(u_effectNo == 2){//グレイ・スケール
30     float gray = 0.299*col.r + 0.587*col.g + 0.114*col.b;//NTSC
31     col.rgb = vec3(gray, gray, gray);
32   }
33   else if(u_effectNo == 3){//セピア色
34     float gray = 0.299*col.r + 0.587*col.g + 0.114*col.b;//NTSC
35     col.rgb = vec3(gray*0.95, gray*0.7, gray*0.4);
36   }
37   else{//モザイク
38     int I = int(v_texCoord.x*(u_imageWidth)/ (u_mSize));
39     int J = int(v_texCoord.y*(u_imageHeight) / (u_mSize));
40     //テクスチャ代表点
41     vec2 texCoord = vec2((float(I) * u_mSize + u_mSize/
   2.0)/float(u_imageWidth),(float(J) * u_mSize + u_mSize/2.0)/
   float(u_imageHeight));
42     col = texture2D(u_texture, texCoord);
43   }
44   gl_FragColor = col;
45 }
46 </script>
```

プログラム解説 •

「JavaScript」側の「drawRectangleTex()」ルーチンで作られた「頂点座標」と「テクスチャ座標」は、それぞれ「a_vertex」および「a_texCoord」の「attribute変数」として「頂点シェーダ」に渡されます。

さらに、「a_texCoord」は「v_texCoord」の「varying変数」として「フラグメント・シェーダ」に渡されます。

*

「JavaScript」側の「readyTexture()」ルーチンで読み込まれた画像は、「sampler2D」型の変数「u_texture」として「フラグメント・シェーダ」に渡されます。

「フラグメント・シェーダ」においてテクセルの色を取り出すための関数は、**24行目**の「**テクスチャ・アクセス関数**」を使います。

```
vec4 texture2D(sampler2D sampler, vec2 coord)
```

「sampler」は「JavaScript」側で設定された「テクスチャ・ユニット」を表わす変数です。このような変数の宣言には、「**サンプラ・データ型**」が使われます。

2次元テクスチャのときは、「sampler2D」を、「キューブ・マッピング」には「samplerCube」です。

このプログラムでは、「sampler」は**16行目**のユニフォーム変数「u_texture」です。

「coord」は、「テクスチャ座標」であり、「頂点座標」から渡された「v_texCoord」です。

＊

デフォルトでは**25行目**が実行され、エフェクト処理を何もせずに原画像を表示します。

27～43行目で「色変換」「グレイ・スケール変換」「セピア色変換」「モザイク処理」が実行されます。

処理後の色は「col」に代入されるので、最後に「gl_FragColor」に置き換えています。

8.2.2 マスクを設定したアプリケーション

「WglSimple1」はマスクを設定し、マスク内部だけ画像処理を実行するアプリケーションです。

ここでは「円形マスク」(canvasが長方形のときは楕円)だけに限定しています。

図8.6に実行例を示します。

図8.6 「WglSimple1.html」の実行例

「select要素[エフェクト]」で処理項目を選択すると、「256×256」の位置に半径「100px」のマスクが表示されその内部だけが「画像処理」の対象になります。

外部は「原画像」を暗くして表示しています。

この実行例は、サムネール右から2つ目の画像であり、サイズが「512×256」なので、「楕円」のようなマスクになります。

マスクの位置は「左マウス」で移動できます。

マスクの大きさは入力フォーム[半径]で変更できます。

入力フォーム[モザイクサイズ]は、モザイク処理を実行したときの、モザイクのブロックサイズ(**第2章2.1.6項**参照)を変更するときに使います。

*

「JavaScript」側の「display()」ルーチンにおいて、次のように、「マウス位置」「マスクの円半径」「モザイクサイズ」を「4次元配列」としてシェーダ側に送っています。

「マウス位置」は画像サイズでpx単位をテクスチャ座標に変換しています。

```
maskData[0] = mouseX / image.width;//マウス位置X
maskData[1] = 1 - mouseY / image.height;//マウス位置Y
maskData[2] = parseFloat(form1.radius.value);//マスク半径ピクセル数
maskData[3] = parseFloat(form1.mosaicSize.value);//モザイクサイズ
var maskLoc = gl.getUniformLocation(gl.program, 'u_maskData');
gl.uniform4fv(maskLoc, maskData);
```

「gl.uniform4fv()」メソッドによって4個の値をまとめてシェーダ側に渡すことができます。

シェーダ側では、「u_maskData.x、u_maskData.y、u_maskData.z、u_maskData.w」を、それぞれ、「マウス位置X、マウス位置Y、マスク半径、モザイクサイズ」として用いています。

8.2.3 「画像サイズ」の「制限」をなくしたアプリケーション

「WglSimple0」と「WglSimple1」はどちらも「2^n」(nは整数)のサイズの画像に限定したアプリケーションでした。

「WglSimple2」は完全な形ではありませんが、任意サイズの画像を扱えるように「JavaScript」側で工夫したアプリケーションです。

*

実行例を**図8.7**および**図8.8**に示します。

図8.7 「WglSimple2.html」の実行例①
チェックボックス[サイズ固定]がチェックされていないときは、「2"」の「canvas」サイズが作られ、強制的に「拡大縮小」される。

図8.8 WglSimple2.htmlの実行例②
チェックボックス[サイズ固定]をチェックし、[表示]ボタンをクリックすると、「原画像サイズ」より大きな「2"」の「canvas」が作られ、原画像が本来のサイズで表示される。

　「チェックボックス[サイズ固定]」がチェックされていないときは、原画像サイズに最も近い「2"」のサイズの「canvas」が作られ、強制的に「拡大縮小」されます。

　「チェックボックス[サイズ固定]」をチェックし、「[表示]ボタン」(または「サムネール画像」)をクリックすると、原画像サイズより大きく、かつ、最も小さい「2"」の「canvas」が作られ、「原画像」が本来のサイズで表示されます。

　ここでは、「画像の中心」と「canvasの中心」が一致するように描画しています。
*

　「WebGL」では、このように任意サイズのテクスチャを扱うことができますが、次のような制約があります。

> ・「ミップマップ処理」ができない
> ・利用可能な「リピート・モード」は「gl.CLAMP_TO_EDGE」だけ

207

8-3　　　　その他の画像処理

第2章以降の「JavaScript」だけで作った画像処理のいくつかを「WebGL」で作ってみました。

「WglSimple2」と同じ形式で作っているので、任意の画像サイズに対応しています。

● WglLevelTransform

第3章の「LevelTransform」の「WebGL版」です。

図8.9に実行例を示します。

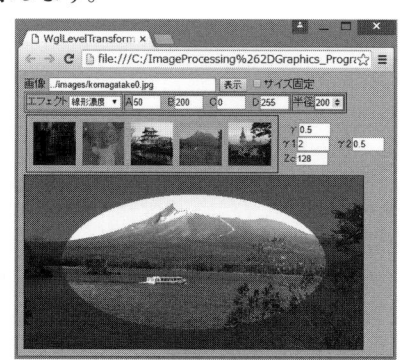

図8.9　「WglLevelTransform.html」の実行例
図は「線形 濃度変換」を示している。

「線形 濃度変換」と「非線形 濃度変換1」および「非線形 濃度変換2」の「エフェクト処理」を実装しています。

「ヒストグラム」および「トーンカーブ表示」は省略しています。

図8.9の実行例は、デフォルトのパラメータ「A,B,C,D」を用いた「線形 濃度変換」です。

「JavaScript」側では、このパラメータ「A,B,C,D」を、配列「abcdData[]」として「**gl.uniform4fv( ) メソッド**」によって「シェーダ」側に渡しています。

同じように、「非線形 濃度変換」に用いるパラメータ「γ、$\gamma 1$、$\gamma 2$」および「Zc」を、配列「gammaData[]」としてまとめ、「シェーダ」側に渡しています。

リスト**8.7**に「HTML」側の「フラグメント・シェーダ」を示します。説明は省略します。

リスト8.7 「WglLevelTransform.html」のフラグメント・シェーダ

```
<script id = 'fs' type="x-shader/x-fragment">
precision mediump float;
uniform sampler2D u_texture;
uniform int u_effectNo;//0:原画像
uniform int u_imageWidth;
uniform int u_imageHeight;
uniform vec3 u_maskData;
uniform vec4 u_abcdData;
uniform vec4 u_gammaData;
varying vec2 v_texCoord;
void main()
{
  //原画像
  vec4 col = texture2D(u_texture, v_texCoord);
  if(u_effectNo == 0) {  gl_FragColor = col; return; }
  //処理画像（r,g,bに対し同じパラメータを使用）
  vec2 posMouse = vec2(u_maskData.x, u_maskData.y);
  float dist = distance(v_texCoord, posMouse);
  if(dist < u_maskData.z/float(u_imageWidth)) //u_maskData.zは
px単位の半径
  {
    if(u_effectNo == 1){//線形濃度変換
      float A = u_abcdData.x ;
      float B = u_abcdData.y ;
      float C = u_abcdData.z ;
      float D = u_abcdData.w ;
      if(col.r < A) col.rgb = (C/A)*col.rgb;
      else if(col.r < B) col.rgb = (D-C)*(col.rgb-A)/(B-A) + C;
      else col.rgb = (1.0-D)*(col.rgb-B)/(1.0-B) + D;
    }
    else if(u_effectNo == 2){//非線形濃度変換1
      col.rgb = pow(col.rgb, vec3(u_gammaData.x));
    }
    else if(u_effectNo == 3){//非線形濃度変換
      float zc = u_gammaData.w;
      if(col.r < zc) col.r = zc * pow(col.r/zc, u_gammaData.y);
      else col.r = zc + (1.0-zc)*pow((col.r-zc)/(1.0-zc),
u_gammaData.z);
      if(col.g < zc) col.g = zc * pow(col.g/zc, u_gammaData.y);
      else col.g = zc + (1.0-zc)*pow((col.g-zc)/(1.0-zc),
u_gammaData.z);
      if(col.b < zc) col.b = zc * pow(col.b/zc, u_gammaData.y);
      else col.b = zc + (1.0-zc)*pow((col.b-zc)/(1.0-zc),
u_gammaData.z);
    }
  }
  else col.rgb *= 0.7;//マスク外は暗くする
```

```
    gl_FragColor = col;
}
</script>
```

● **WglSmoothing**

第4章の「Smoothing」の「WebGL版」です。

図**8.10**に実行例を示します。

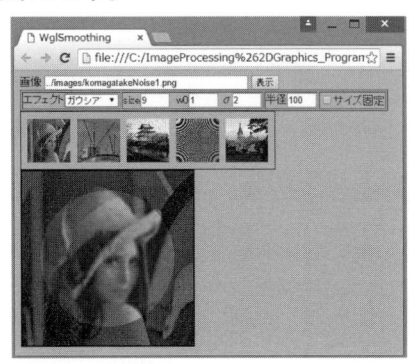

図8.10 「WglSmoothing.html」の実行例
「ガウシアン・フィルタ」(フィルタ・サイズ9×9、$\sigma = 2$)の実行例を示している。

「平均値フィルタ」と「ガウシアン・フィルタ」だけを実装しています。
フィルタ・サイズは最大「9×9」です。

図**8.10**はフィルタ・サイズ「9×9」、標準偏差「$\sigma = 2$」のときのガウシアン・
フィルタの実行例を示しています。

このアプリケーションでは「フィルタ」の計算を、「JavaScript」側で行なってい
ます。

5個以上の「データ」をまとめて「シェーダ」側に渡すときは、「**gl.uniform1fv()
メソッド**」を使います。

同じように「シェーダ」側で「テクスチャ」のサンプリングに必要な「オフセット・
データ」も「JavaScript」側で計算しています。

「フィルタ係数」と「オフセット」の計算、および「データ転送コマンド」は、
「onChangeEffect()」ルーチンに実装しています。

● WglEdgeFilter

第5章の「EdgeFilter」の「WebGL版」です。

図8.11に実行例を示します。

図8.11 「WglEgeFilter.html」の実行例

「EdgeFilter」と同じように、「プレウィット」「ソーベル」「ロバーツ」「ラプラシアン」が実行できます。

「ラプラシアン」に2種類あります。

ラプラシアン1は「EdgeFilter」の「ラプラシアン」と同じく、「1次元の2次微分」を「水平方向」と「垂直方向」に適用した「エッジ検出フィルタ」です。

ラプラシアン2は、さらに、「対角方向」にも適用したものであり、「フィルタ係数」は**図8.12**のようになります。

1	1	1
1	-8	1
1	1	1

図8.12 「対角方向」も考慮した「Laplacianオペレータ」

図8.11は「ラプラシアン2」の結果です。

このアプリケーションでは、「色反転」「白黒」「2値化」が実行できます。
これらは単独ではなく、他のエフェクトの結果に対して実行されます。
「入力要素[th]」は「2値化の閾値」であり、「0〜1」の値を入力します。

「WglSmoothing」のときと同じように、「フィルタ係数」および「オフセット」は「JavaScript」側で求めています。

第9章

「WebGL」による「変形処理」

Deformation Processing with WebGL

> この章では、「画像サイズ」は「固定」したままで、「全体」または「一部」を「拡大縮小」および「回転」などによって、「画像内部のオブジェクト」の「形状 変形」を扱います。
>
> 「形状 変形」には、「2次元空間における変形」と、「3次元空間における変形」があります。
>
> さらに、「画像空間（テクスチャ空間）による変形」と、「幾何空間による変形」に分類できます。

9-1 「画像空間」における「変形」

「変形処理」を「シェーダ」側でプログラミングするときは、「頂点シェーダ」および「フラグメント・シェーダ」の、どちらでも利用できます。

「頂点シェーダ」を利用すれば「頂点位置」すなわち幾何に直接、変化を与えます。「フラグメント・シェーダ」では、**第2章**の「JavaScriptによるスケーリング」と同じように、「画像空間」(テクスチャ空間)において、「サンプリング位置」を変更する方法を利用します。

最初に、「フラグメント・シェーダ」を用いた「2次元空間」における「全領域 変形処理」を説明します。

9.1.1 全領域 変形

サンプル・プログラム「WglDeform」は、「2次元空間」における「全領域 変形処理」を「フラグメント・シェーダ」側で行なうアプリケーションです。

*

実行例を**図9.1**に示します。

図9.1 「WglDeform.html」の実行例①
「x方向、y方向」ともに「0.5倍」の「均等スケーリング」。

「x方向、y方向」ともに「0.5倍」の「均等スケーリング」です。

「WebGL」では、このように、「縮小」した場合は、「正味の縮小画像」の「外側」を、「空白」にはできないようです。

図は、「JavaScript」側の「readyTexture()」ルーチンにおいて、

```
gl.texParameteri(gl.TEXTURE_2D, gl.TEXTURE_WRAP_S, gl.CLAMP_TO_EDGE);
gl.texParameteri(gl.TEXTURE_2D, gl.TEXTURE_WRAP_T, gl.CLAMP_TO_EDGE);
```

を追加した結果であり、画像の端の色が「横方向」または「縦方向」に引き伸ばされて表示されます。

これらを削除すると、(デフォルトでは)繰り返し画像が表示されます。

「gl.TEXTURE_WRAP_S」および「gl.TEXTURE_WRAP_T」の値を「gl.CLAMP_TO_EDGE」に設定したときは画像のサイズが2のべき乗に制限する必要はなさそうです。しかも、前章の「WglSimple2」のときのような空白部分が生じなくなります。

*

「入力要素[eps]」は「形状変更」に関係するパラメータであり、いまのスケーリングの例では「拡大縮小」率になります。[−1,2]の範囲で変更できます。2つの入力要素(数値入力とレンジ)は連動しており、一方を変えると、もう一方も変化します。

このプログラムでは、「入力画像」として、「1024×1024」より小さいサイズの画像が利用できます。

他の実行例を**図9.2**に示します。

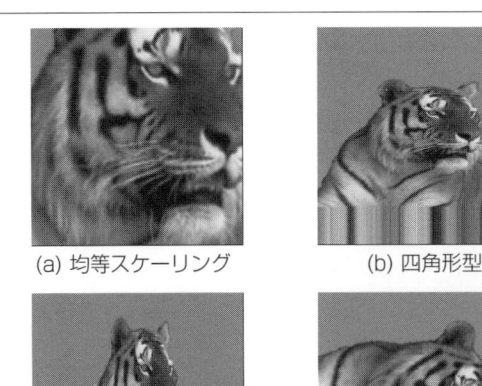

(a) 均等スケーリング	(b) 四角形型	(b) 太鼓型
(d) 台形型	(e) 回転型	(f) 渦巻き回転型

図9.2 「WglDeform.html」の実行例②
(a)〜(d)は「$\varepsilon = 0.5$」、(e)(f)は「$\varepsilon = 0.3$」で実行

「WglDeform.html」の「フラグメント・シェーダ」を**リスト1.1**に示します。
「頂点シェーダ」は、前章の「画像処理プログラム」と同じです。

リスト9.1 「WglDeform.html」の「フラグメント・シェーダ」

```
<script id = 'fs' type="x-shader/x-fragment">
precision mediump float;
uniform sampler2D u_texImage;//サンプラ
uniform int u_effectNo;      //0：原画像
uniform float u_eps;         //形状変更係数
varying vec2 v_texCoord;
void main()
{
  const float pi = 3.14159265;

  vec2 texCoord = v_texCoord;//テクスチャ空間におけるテクスチャ座標
  vec2 center = vec2(0.5, 0.5);
  if(u_effectNo == 0) {  }//何も実行せず
  //処理画像
  else if(u_effectNo == 1)//スケーリング
  {
    texCoord = (texCoord - center) * (1.0 - u_eps) + center;
  }
  else if(u_effectNo == 2)//スケーリング（x方向またはy方向のみ）
  {
    if(u_eps >= 0.0)
      texCoord.y = (texCoord.y - center.y) * (1.0 + u_eps) + center.y;
```

```
      else
          texCoord.x = (texCoord.x - center.x) * (1.0 - u_eps) + center.x;
      }

    else if(u_effectNo == 3)//太鼓／糸巻き
    {
      float a = sin(pi * texCoord.y);
      if(u_eps >= 0.0)
          texCoord.x = (texCoord.x - center.x) * (1.0 + u_eps - u_
eps * a) + center.x;
          else
          texCoord.x = (texCoord.x - center.x) * (1.0 - u_eps * a)
+ center.x;
    }

    else if(u_effectNo == 4)//上部または下部が拡大・縮小（台形）
    {
        if(u_eps > 0.0)
        texCoord.x = (v_texCoord.x - center.x) / (1.0 - u_eps *
texCoord.y) + center.x;
        else
          texCoord.x = (v_texCoord.x - center.x) / (1.0 + u_eps
*(1.0 -  texCoord.y)) + center.x;
    }
    else if(u_effectNo == 5)//回転
    {
      vec2 pp = texCoord - center;
      float theta = u_eps * pi;
      mat2 m = mat2(cos(theta), sin(theta), -sin(theta), cos(theta));
      texCoord = m * pp + center;
    }
    else if(u_effectNo == 6)//渦巻き型
    {
      vec2 pp = texCoord - center;
      float dis = length(pp);
      float theta = u_eps * (1.0 - dis * 2.0) * pi;
      mat2 m = mat2(cos(theta), sin(theta), -sin(theta), cos(theta));
      texCoord = m * pp +center;
    }
    gl_FragColor = texture2D(u_texImage, texCoord);
  }
</script>
```

プログラム解説

「フラグメント・シェーダ」の「texCoord.x」および「texCoord.y」は、「texture2D()」関数を用いて「テクセル値」をサンプリングするときの、「テクスチャ座標」です。

「頂点シェーダ」側で「attribute変数」の「a_texCoord」を「varying変数」の「v_texCoord」に置き換え、「フラグメント・シェーダ」側で「v_texCoord」を「texCoord」に置き換えています。

この「texCoord」を以下のように変化させることによって、「サンプリング」する位置が変わり、「レンダリング画像」に歪みを生じさせることが可能です。

● 均等スケーリング

いま、「texCoord.x」を「x_p」とし、「texCoord.y」を「y_p」、「中心位置」を「x_c, y_c」としたとき、「サンプリング位置」を、

$$
\begin{bmatrix} x_p^{'} \\ y_p^{'} \end{bmatrix} = \begin{bmatrix} x_p - x_c \\ y_p - y_c \end{bmatrix}(1-\varepsilon) + \begin{bmatrix} x_c \\ y_c \end{bmatrix} \tag{9.1}
$$

のように変更します。

この「ε」を「**形状変更係数**」と呼ぶことにします（**図9.1**の「入力要素 [eps]」の値に相当）。

「$\varepsilon > 0$」のとき、「サンプリング位置」は中心に近づくので、形状は拡大し、「$\varepsilon < 0$」で縮小します。

図9.2(a) は「$\varepsilon = 0.5$」のときの実行例です。

● 四角形型

「横軸 x 方向」または「縦軸 y 方向」に対してだけ「スケーリング」を行なえば、**図9.2(B)** のように「**四角形型**」になります。プログラムでは、「$\varepsilon < 0$」のとき「x 方向」、「$\varepsilon > 0$」のとき「y 方向」としています。

● 太鼓・糸巻き型

$$
x_p^{'} = \left(x_p - x_c\right)\left(1 - \varepsilon \sin\left(\frac{\pi y_p}{H}\right)\right) + x_c \tag{9.2}
$$

のように、「y 軸方向」で変化を与えれば、「中心部分」が膨らむ「**太鼓型**」($\varepsilon > 0$)や、「中心部分」が凹む「**糸巻き型**」($\varepsilon < 0$)になります。

ここで、「H」は「サンプリング座標」の「縦軸方向」のサイズであり、「$H = 1$」です。

図9.2(c) は太鼓型です。

● 台形型、三角形型

$$x_p' = \frac{\left(x_p - x_c\right)}{\left(1 - \varepsilon \dfrac{y}{H}\right)} + x_c \tag{9.3}$$

とすれば、**図9.2(d)**のように「台形型」(「$y = H$」で「三角形型」)となります。

● 回転

「テクスチャ画像」を貼り付ける平面が「xy平面」であれば、「z軸回転」を与えることによって、「レンダリング画像」が回転します。(x_c, y_c)を中心とする「回転角度θ」の「回転」は、次式で与えられます。

$$\begin{bmatrix} x_p' \\ y_p' \end{bmatrix} = \begin{bmatrix} \cos\theta & -\sin\theta \\ \sin\theta & \cos\theta \end{bmatrix} \begin{bmatrix} x_p - x_c \\ y_p - y_c \end{bmatrix} + \begin{bmatrix} x_c \\ y_c \end{bmatrix} \tag{9.4}$$

ただし、「$\theta = \varepsilon\pi$」です。
図9.2(c)は「$\varepsilon = 0.3$」のときの実行例です。

● 渦巻き回転

「中心からの距離」によって「回転角度」に変化を与えると、「渦巻き」状の回転を得ます。

すなわち、「中心からの距離d」「回転角度θ」を、

$$\left.\begin{array}{l} d = \sqrt{\left(x_p - x_c\right)^2 + \left(y_p - y_c\right)^2} \\ \theta = \varepsilon\left(1 - \dfrac{2d}{H}\right)\pi \end{array}\right\} \tag{9.5}$$

のように与え、**式(9.4)**を利用します。

9.1.2 局所領域 変形

変形操作を、「局所矩形 内部」または「半径R」の「局所 円領域 内部」だけに限定することも可能です。

サンプル・プログラム「WglLocal」は、変形操作を「局所 円領域 内部」だけに限定した、アプリケーションです。

実行例を、**図9.3**および**図9.4**に示します。

図9.3 「WglLocal.html」の実行例①

(a) $\epsilon_0 = 1.0$ (b) $\epsilon_0 = -1.0$

図9.4 「WglLocal.html」の実行例②
(a)は「凸レンズ」、(b)は「凹レンズ」で見たような画像になっている。

*

式(9.1) を見ると分かるように、「$\varepsilon > 0$」で、「サンプリング位置」は中心に向かうので、画像は拡大され、「$\varepsilon = 1$」で拡大率は「無限大」になり、「$\varepsilon > 1$」では「サンプリング位置」は、「実際の位置」の「中心対称」の位置になるので、「左右 上下」反転した画像になります。

ちょうど「凸レンズ」の「虚像」および「実像」にそっくりになります。

「$\varepsilon < 0$」では、常に「小さな画像」となり、「凹レンズ」の「虚像」に相当します。

*

式(9.1)～(9.5) によるサンプリングでは、「局所 領域」の「境界 内側」と「外側」で、画像が不連続に変化します。

これを連続的に変化させるには、「形状変形 係数ε」が「境界上」で「0」になるように変形すればいいでしょう。

$$\varepsilon = \varepsilon_0 \left\{ 1 - \frac{d}{R} \right\} \tag{9.6}$$

ここで、「d」は「中心からの距離」、「R」は「局所 領域 半径」、「ε_0」は「中心位置」の「形状 変形係数」です。

このアプリケーションの「入力フォーム [eps]」の値は「ε_0」を表わしています。

● レンズ、曲面鏡

「円形」の「局所領域 内部」で「x, y」両方向に対し、均等に「拡大縮小」すれば、「凸レンズ」(または凹面鏡)や「凹レンズ」(または凸面鏡)のような効果を実現できます。

図9.4(a) は「$\varepsilon_0 = 1.0$」で、**(b)** は「$\varepsilon_0 = -1.0$」です。

それぞれで、「凸レンズ」および「凹レンズ」で見たような画像になっています。

● 回転・渦巻き回転

「形状 変形係数 ε」として**式 (9.6)** を用いた回転では、「中心付近」ほど大きく回転するので、**式 (9.4)** の回転だけでも、「渦巻き状」に回転します。

図9.3の「原画像」のサイズは「580×400」です。

このアプリも「readyTexture()」ルーチンにおいて「gl.texParameteri()」メソッドのパラメータ「gl.TEXTURE_WRAP_S」および「gl.TEXTURE_WRAP_T」の値を「gl.CLAMP_TO_EDGE」に設定しており、任意サイズの画像が利用できます。

もし、「gl.TEXTURE_REPEAT」(デフォルト値)や「gl.TEXTURE_MIRROR_REPEAT」にすると、「canvas」全体が「黒」に塗りつぶされます。

9-2 「幾何空間」における「変形」

サンプル・プログラム「WglDeformGeometry」は「幾何空間」による「画像変形」のアプリケーションです。

図9.5に実行例を示します。

図9.5 「WglDeformGeometry.html」の実行例

219

このアプリケーションも、「1024×1024」以下の、任意サイズの画像を「原画像」として利用できます。

＊

「頂点シェーダ」において頂点座標「gl_Vertex」を変更すると、「幾何空間」における「画像変形」が実現します。

そのためには「JavaScript」側の「平面描画ルーチン」において「4頂点の四角形」ではなく「格子状の頂点座標」をもつ「平面オブジェクト」に変更する必要があります。

「格子状平面オブジェクト」は、「initVertexBuffers()」および「makeGrid PlateTexture()」にコーディングしています。

「格子 分割数」は「50×50」としています。

＊

リスト9.2にシェーダ側のプログラムを示します。

リスト9.2 「WglDeformGeometry.html」の「シェーダ・プログラム」

```
<!------------------ 頂点シェーダ・プログラム --------------->
<script id = 'vs' type="x-shader/x-vertex">
attribute vec4 a_vertex;
attribute vec2 a_texCoord;
uniform int u_effectNo;//0:無変形
uniform float u_eps;
uniform vec2 u_ratio;
varying vec2 v_texCoord;
void main()
{
  const float pi = 3.14159265;
  float freq = 1.0;//リボンの振動数

  vec4 pos = a_vertex;

  pos.xy += vec2(1.0-u_ratio.x, 1.0-u_ratio.y);
  if(u_effectNo == 0) {//何もしない(無変形)
  }
  else if(u_effectNo == 1){//均等スケーリング
    pos.xy - pos.xy / (1.0 - u_eps);
  }

  else if(u_effectNo == 2){//x方向またはy方向だけ縮小 (四角形型)
    if(u_eps >= 0.0)
        pos.y = pos.y / (1.0 + u_eps);
    else
        pos.x = pos.x / (1.0 - u_eps);
  }
```

```
    else if(u_effectNo == 3)//y座標の中心ほど拡大・縮小率大 (太鼓・糸巻き型)
    {
        float a = sin(pi * (pos.y + 0.5));
        if(u_eps >= 0.0)
            pos.x = pos.x / (1.0 + u_eps - u_eps * a);
        else
            pos.x = pos.x / (1.0 - u_eps * a);
    }
    else if(u_effectNo == 4)//上部または下部が拡大・縮小(台形)
    {
        if(u_eps > 0.0)
            pos.x = pos.x * (1.0 - u_eps * (pos.y + 0.5));
        else
            pos.x = pos.x * (1.0 + u_eps *(0.5 -  pos.y));
    }
    else if(u_effectNo == 5)//回転
    {
        float theta = u_eps * pi;
        mat2 m = mat2(cos(theta), -sin(theta), sin(theta), cos(theta));
        pos.xy = m * pos.xy;
    }
    else if(u_effectNo == 6)//リボン
    {
      pos.x -= u_eps * sin(2.0 * pi * freq * pos.y);
      pos.x = pos.x / (1.0 + 2.0*abs(u_eps));
                            //元の大きさを超えないように縮小
    }

    pos.xy -= vec2(1.0-u_ratio.x, 1.0-u_ratio.y);
    gl_Position = pos;
    v_texCoord = a_texCoord;
}
</script>

<!------------- フラグメント・シェーダのプログラム ------------------>
<script id = 'fs' type="x-shader/x-fragment">
precision mediump float;
uniform sampler2D u_texImage;
varying vec2 v_texCoord;
void main()
{
  gl_FragColor = texture2D(u_texImage, v_texCoord);
}
</script>
```

プログラム解説

「シェーダ・プログラム」では「attribute変数」だけでなく「uniform変数」や「varying変数」を直接変更すると、「エラー」になります。

「頂点シェーダ」において「a_vertex」を「変数pos」で置き換え、この「pos」の「x,y

221

成分」を変更しています。

　「JavaScript」側の「格子状 平面描画関数」の「makeGridPlateTexture()」において作ったオブジェクトの中心が「オブジェクト空間」の「原点」になっているので、これまでのアプリケーション（「WglDeform」や「WglLocal」）で定義していた「center」を省略できます。

＊

　「effectNo＝1」から「5」までは、「WglDeform」のときと同じような結果が得られるようにプログラムしています。

　「effectNo＝6」は「横方向」に「リボン」のように揺れる「変形処理」です。
　「振動数」は「freq=1.0」固定にしています。
　図9.5は「$\varepsilon = 0.3$」のときの、リボンです。

＊

　「フラグメント・シェーダ」側は、「変形処理」を必要としないので、**リスト9.2**に示すように、単純です。

9-3 「3次元空間」における「変形」

　「球」や「円柱」などの「3次元オブジェクト」に、その「オブジェクトに特有の座標系」で「テクスチャ」を貼り付けるだけでも、「テクスチャ画像」は変形します。
　さらに、「モデルビュー行列」を用いた「回転」や「スケーリング」によって形状は変形します。
　3D-CGについては、**9.4節**で簡単に説明します

　ここでは、「格子状 平面」および「球」に「テクスチャ」を貼り付け、前節と同じように「オブジェクト」自身に変形を与えるアプリケーションを示します。ただし、「スケーリング」と「回転」を除いています。

　「WglDeform3D」は「3次元オブジェクト」に「テクスチャ」を貼り、「オブジェクト」自身の「形状」を「変化」させる、アプリケーションです。

　図9.6に実行例を示します。

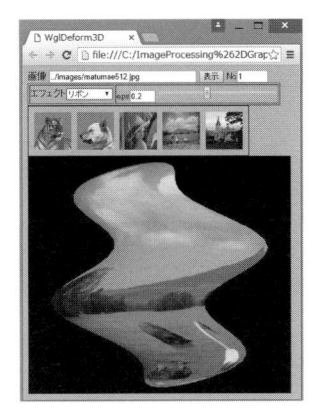

図9.6 「WglDeform3D.html」の実行例②

「入力フォーム」「**1行目**」の「右端」の [No] は、「3Dモデル」(オブジェクト)の番号です。

デフォルトの "0" は「格子状 平面」で、"1" は「球体」です。

「格子状 平面」は前節の「WglDeformGeometry」で用いたものと基本的に同じですが、「座標系」が異なります。

本書の「3D-CG」の「ワールド座標系」は、「水平面」を「xy 座標」、「鉛直軸」を「z 軸」としています。

「オブジェクト座標」も同じように、「鉛直軸」を「z 軸」としており、「テクスチャ」の「横軸 s」を「x 軸」に、「縦軸 t」を「z 軸」に一致させています。

そのため、「頂点シェーダ」では「a_vertex」を「変数 pos」で置き換えたのち、この「pos」の「x, z 成分」を変更するようにしています。

「デフォルト」では「カメラ視点」を「y 軸方向」にしているため、初期画面は「WglDeformGeometry」と同じようになります。

＊

「球体」に対しては「テクスチャ画像」を「球面投影」で「ラップ・マッピング」しています。

「テクスチャ」は「方位角 0」の「$x = 0$」を「テクスチャ座標」の「横軸の始点」($s = 0$)、「方位角 360 度」の「$x = 0$」を「終点」($s = 1$) としています。

「テクスチャ座標」の「t」は「南極」($z = -0.5$) から「北極」($z = 0.5$) までの「球面」に沿う「最短距離」の線分です。

図9.6の実行例では、「デフォルト」の「始点」で見た「球体」に対し、「リボン型変形」を与えた結果です。

このプログラムでは「リボン型」の「振動数」を「2.0」としています。

*

図9.7に「格子状平面」の結果を示します。

「マウス操作」によって「カメラ視点」を変えています。「カメラワーク」については、9.4.3項で述べます。

  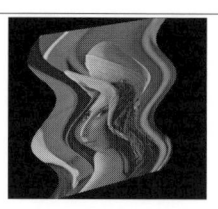

(a) 太鼓型 ($\varepsilon = 1.0$)　　(b) 台形型 ($\varepsilon = 0.8$)　　(c) リボン ($\varepsilon = 0.1$)

図9.7 「WglDeform3D.html」の実行例②
「格子状 平面モデル」に対する「3D空間」における形状変形。

9-4 「WebGL」による「3D-CG」について

ここでは、「3D-CG」の概略を簡単に述べます。詳細は、他書または、**前著(25)**を参照してください。

9.4.1 「3D-CG」の「座標変換」

「3Dグラフィックス」では、コンピュータ内部に作った「3次元モデル」の「幾何データ」を基にして、「特定の位置」から見た「2次元イメージ」を作り、「ディスプレイ」に表示します。

その過程において、さまざまな「座標系」が用いられます。

座標系を変えるときに「座標変換」が必要です。

「WebGL」も「OpenGL」と同じように、**図9.8**に示すような「座標系」と「座標変換」があります。

これには、「座標変換」に利用される自作のメソッドやWebGLの「API関数」を示しています。

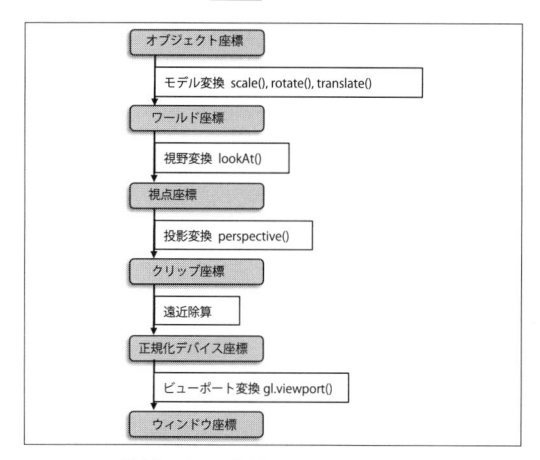

図9.8 「座標系」と「座標変換」および「メソッド」

● モデル変換

「オブジェクト座標系」から「ワールド座標系」への変換は、「**モデル変換**」または「**モデリング変換**」などと言います。

　「オブジェクト座標系」における「立体プリミティブ」は、たとえば「立方体」(cube)であれば、「各辺が1」、「球」(sphere)であれば「直径が1」などのように、「ある基準の大きさ」で作られています。

　また、「辺」や「中心軸」が「x軸、y軸」または「z軸」に「平行」になるように、さらに「オブジェクト」の中心が「原点」になるように作ります。

　これらを「ワールド座標系」に配置することによって、複数の「オブジェクト」で満たされた「3D空間」を実現します。そのために、「スケーリング」「回転」「平行移動」などの「モデリング変換」が必要です。

　「モデリング変換」には「Matrix4」クラスの「メソッド」、「scale(), rotate(), translate()」を使います。

　「Matrix4クラス」はライブラリ・ファイル「wglRigid.js」に実装してあります。

　実際のプログラムは、たとえば、

```
var modelMatrix = new Matrix4(); // モデル行列の初期化
modelMatrix.translate(this.vPos.x, this.vPos.y, this.vPos.z);
modelMatrix.rotate(this.vEuler.z, 0, 0, 1); // z軸周りに回転
modelMatrix.rotate(this.vEuler.y, 0, 1, 0); // y軸周りに回転
modelMatrix.rotate(this.vEuler.x, 1, 0, 0); // x軸周りに回転
modelMatrix.scale(this.vScale.x, this.vScale.y, this.vScale.z);
```

のようにコーディングします(「wglRigid.js」の「draw()」メソッド参照)。

● 視野変換

「ワールド座標」の「3D空間」に置かれたオブジェクトから「2Dイメージ」を作るには、その「3D空間」に「**視点**」を置き、特定の方向を見る必要があります。

この「視点」を「原点」とした座標を、「**視点座標**」または「**眼点座標**」「**カメラ座標**」などと言います。

「ワールド座標系」から「視点座標系」への変換を「**視野変換**」(**ビュー変換**)と言います。

「視野変換」に必要な「4×4」の行列を「**視野変換行列**」または「**ビュー行列**」と言います。

「OpenGL」では、「gluLookAt()」というコマンドによって実行されます。

これと同じ機能のメソッドが、「Matrix4」クラスに用意されています。

```
lookAt(vx, vy, vz, cx, cy, cz, ux, uy, uz)
```

「視点(カメラ)の位置」(vx, vy, vz)から「注視点」(cx, cy, cz)を見たときの「ビュー行列」を作ります。

(ux, uy, uz)は「カメラの上方向」を示す「ビューアップ・ベクトル」と呼ばれ、後述する「視体積」の「上方向」を指定します。

「注視点の位置」が、「表示される画像の中心」になります。

*

実際のプログラムコードは、以下のようになります(「wglDeform3D.js」の「display()」ルーチンを参照)。

```
//ビュー投影行列を計算する
var vpMatrix = new Matrix4();// 初期化
vpMatrix.perspective(camera.fovy, can.width/can.height, camera.near, camera.far);
if(Math.cos(Math.PI * camera.theta /180.0) >= 0.0)
//カメラ仰角90度でビューアップベクトル切替
vpMatrix.lookAt(camera.pos[0], camera.pos[1], camera.pos[2],
 camera.cnt[0], camera.cnt[1], camera.cnt[2], 0.0, 0.0, 1.0);
else
vpMatrix.lookAt(camera.pos[0], camera.pos[1], camera.pos[2],
camera.cnt[0], camera.cnt[1], camera.cnt[2], 0.0, 0.0, -1.0);
```

「ビュー投影行列」は、「ビュー行列」と次に説明する「投影行列」が一体となった行列です。

*

本書の「サンプル・プログラム」は、すべて、「ワールド座標」の「鉛直軸」は「z軸方向」です。

この場合、「視線」と「カメラ上方向」と「鉛直軸」が「同一平面」にあるときは、(ux, uy, uz)を単に(0, 0, 1)とします。

● **投影変換**

「視点」と「オブジェクト」の間に平面を置き、「視点」から見た「オブジェクト」をその平面に投影することで、「2次元イメージ」を作ることができます。

このような変換を、「**投影変換**」または「**射影変換**」と言います。

この変換に必要な行列を、「**投影行列**」または「**射影行列**」と言います。

「投影変換」には、

● **正投影変換**(orthographic projection)
● **透視投影変換**(perspective projection)

があります。

「投影変換」では、「**視体積**」が重要な役割をもちます。

「正投影」では「直方体」、「透視投影」では「台形」になります。

「3D空間」に配置されたオブジェクトのうち、この「視体積」の内部に存在するオブジェクトだけが、見えるようになり、他のものは「クリップ」されて見ることができなくなります。

そのため、「投影変換後」の座標を「**クリップ座標**」と呼びます。

「頂点シェーダ」の組み込み出力変数「gl_Position」は、「クリップ座標」の値です。

＊

ここでは「透視投影変換」だけを説明します。

「透視投影」を使うと、「近い物体」は大きく見え、「遠い物体」は小さく見えるようになり、「正投影」よりも現実に近い画像が得られます。

＊

「透視投影」の「視体積」は**図9.9**に示すように、「角錐台」のような形をしており、「**視錐台**」とも呼ばれます。

227

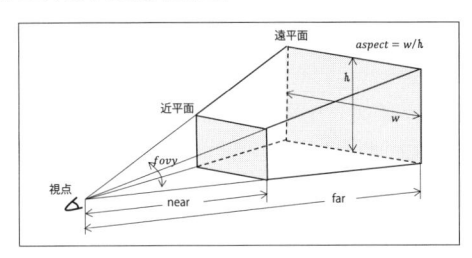

図9.9 「透視投影」の「視体積」

「透視投影」のための「OpenGL」コマンドには、「glFrustum()」と「gluPerspective()」があります。

本書では「gluPerspective()」に相当する「Matrix4」クラスの「perspective()」メソッドだけを利用します。

```
perspective(fovy, aspect, near, far)
```

「fovy」は「視野」(field of view)の「角度」を表わし、「度」(deg)で与えます。

「aspect」は「視体積」の「近平面」または「遠平面」の「幅／高さ」の「比」です。

「near」および「far」はそれぞれ「視点」(カメラ位置)から「近平面」および「遠平面」までの距離であり、「far>near」の「正数」で与えます。

「キャンバス画面」は「近平面」に一致するので、「アスペクト比」は「canvas.width/canvas.height」で与えます。

● 遠近除算

これまで述べた「行列」(「モデル行列」「ビュー行列」「投影行列」) はJavaScript側で作られ、「頂点シェーダ」にアップロードされます。

「頂点シェーダ」ではこれらの行列を用いて、「組み込み」の「出力変数」、「gl_Position」を計算します。

この「gl_Position」は「クリップ座標」の「値」であり、「同次座標」の「4成分」(x_c, y_c, z_c, w_c) をもちます。

これらの値は「プリミティブ」の組み立ての段階で、「**遠近除算**」(「**透視除算**」とも言います)が行なわれ、「3成分」の「正規化デバイス座標」の値 (x_d, y_d, z_d) になります。

この「遠近除算」は「シェーダ内部」で「自動的」に行なわれます。

「遠近除算」の結果、見ることのできる「幾何データ」は、$(-1, -1, -1) \sim (1, 1, 1)$ の「立方体」に含まれることになります。

● ビューポート変換

「座標変換」の「最終段階」が「ビューポート変換」です。

「正規化デバイス座標」の「立方体」に含まれるオブジェクトを「ディスプレイ」上の「表示ウィンドウ」(WebGLでは「canvas」)に作られた「ビューポート」に写像します。

「ビューポート変換」には「JavaScript」側で「gl.viewport()」コマンドによって実行されます。

```
gl.viewport(x, y, width, height)
```

「引数」の(x, y)は、「ビューポート」の「左上」の位置を出し、「width」は「ビューポート」の「幅」を、「height」は「ビューポート」の「高さ」を、「ピクセル単位」で指定します。

本書の「サンプル・プログラム」では(x, y)を(0, 0)とし、「width」と「height」を「canvas」のそれらに一致させています。

9.4.2 **3D-CGに必要なライブラリ**

これまで「WebGL」を用いたサンプル・プログラムでは、「WebGL」に特有のライブラリを、説明なしに利用してきました。

本書のサンプル・プログラムは、拡張子「.html」をもつ「HTMLファイル」と、拡張子「.js」をもつ「JavaScriptファイル」に分かれています。

「3D-CG」を実現するためには、「JavaScript」側においてさまざまな機能をもつ非常に多くの関数が使われます。

これらを、機能別に「JavaScript」で作った「ライブラリ・ファイル」として分離してあります。

3D-CGを使うサンプル・プログラムに必要な「自作ライブラリ・ファイル」を**表9.1**に示します。

なお、これらの「ライブラリ・ファイル」の内容は、前著で使ってきたものとは一部異なるものがあります。

表9.1 ライブラリ・ファイルの一覧

プログラムの名称	実装されているプログラムの機能
wglShader.js	シェーダの初期化に必要な関数。
wglPrimitive.js	立方体や球体などの立体プリミティブのデータ作成メソッド。
wglTexture.js	テクスチャ座標を追加した立体プリミティブのデータ作成メソッド。
wglMath.js	3次元ベクトルの定義とメソッド、その他数学的な関数。
wglMatrix4.js	4×4行列の定義と座標変換のためのメソッド。
wglRigid.js	立体プリミティブの定義と頂点バッファ転送メソッドや描画メソッド。
wglRigid_HS.js	階層構造の立体プリミティブの定義とメソッド。
wglSupport.js	光源、カメラ、視体積の定義、マウス操作関数など。
wglDog.js	イヌ型ロボットの描画メソッド、動作メソッドなど。

9.4.3 「マウス」による「カメラワーク」

表**9.1**の「wglSupport.js」には、「光源」「カメラ」「視体積」を定義する「コンストラクタ関数」があります。

「光源」は**次章**のプログラムから使います。

ここでは、「Cameraクラス」とそれを用いた「マウス操作関数」について説明します。

図**9.10**に「Cameraクラス」で定義されている「パラメータ」を示します。

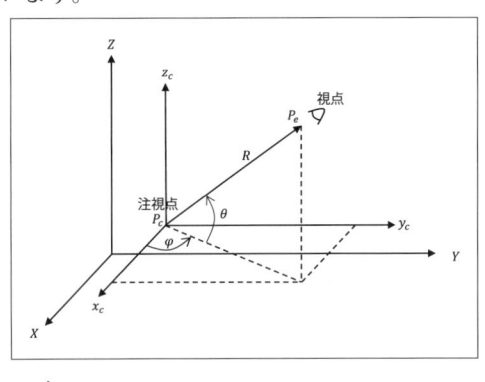

図9.10 「Camera」クラスのパラメータ

*

リスト**9.3**は「wglSupport.js」に実装している「Cameraクラス」の「プロパティ」および「メソッド」です。

リスト9.3 「wglSupport.js」の「Camera」クラス

```
1  function Camera()
2  {
3    //カメラ
4    this.pos = [10.0, 0.0, 0.0];//位置（視点）
5    this.cnt = [0.0, 0.0, 0.0];//注視点
```

```
 6     this.dist= 10.0;    //注視点から視点までの距離(R)
 7     this.theta = 10.0;//仰角（水平面との偏角θ）
 8     this.phi = 0.0;     //方位角（φ）
 9     //視体積
10     this.fovy = 40;    //視野角
11     this.near = 1.0;  //前方クリップ面（近平面）
12     this.far = 200.0;//後方クリップ面（遠平面）
13     this.delta = 0.2;//距離増分
14 }
15 Camera.prototype.getPos = function()
16 {
17     this.pos[0] = this.cnt[0] + this.dist * Math.cos(DEG_TO_
   RAD * this.theta) * Math.cos(DEG_TO_RAD * this.phi);//x
18     this.pos[1] = this.cnt[1] + this.dist * Math.cos(DEG_TO_
   RAD * this.theta) * Math.sin(DEG_TO_RAD * this.phi);//y
19     this.pos[2] = this.cnt[2] + this.dist * Math.sin(DEG_TO_
   RAD * this.theta);//z
20 }
```

プログラム解説 ●●●●●●●●●●●●●●●●●●●●●●●●●●●●●●●●●●●●●●

　「Cameraクラス」のプロパティには**図9.10**のカメラ自身のパラメータだけでなく、**図9.9**の「視体積」のパラメータも含まれます。

　メソッド「getPos()」は、これらの「パラメータ」をもとに、「カメラ位置」を求めるルーチンです。

　これらの「パラメータ」は**9.4.1項**の「**視野変換**」で説明したように、「ビュー投影行列」を計算するために利用されます。

＊

　さらに、「wglSupport.js」には「マウス操作関数」の「mouseOperation()」が実装されています。

　このプログラムリストを、**リスト9.4**に示します。

リスト9.4　「wglSupport.js」の「Camera」クラスの「mouseOperation()」メソッド

```
 1 function mouseOperation(canvas, camera, func)
 2 {
 3   var xStart, yStart;
 4   var flagMouse = false;
 5   var rect;
 6
 7   onmousedown = function(ev)
 8   {
 9     //Web page左上からの距離
10     var x = ev.clientX; // マウスポインタのx座標
11     var y = ev.clientY; // マウスポインタのy座標
12     var wid = 30;
13     var dd = camera.delta;//距離増分
```

```
14    rect = ev.target.getBoundingClientRect();
             //Web page左上を原点にしたピクセル単位のcanvas領域
15
16    if(x < rect.left || x > rect.left+canvas.width || y <
   rect.top || y > rect.top + canvas.height)
17    { flagMouse = false;   return; }//canvas外
18
19    xStart = x; yStart = y;
20    flagMouse = true;
21
22    if(x > rect.left && x < rect.left + wid && y > rect.top
   && y < rect.top + wid)//canvasの左上
23    {//dolly
24       camera.dist -= dd;//近づく
25    }
26    else if(x > rect.right - wid && x < rect.right && y >
   rect.top && y < rect.top +wid)//右上
27    {//dolly
28       camera.dist += dd;//遠ざかる
29    }
30
31    else if(y > rect.top + canvas.height/2 - wid && y <
   rect.top + canvas.height/2 + wid)
32    {//pan
33       if(x > rect.left && x < rect.left + wid ) camera.phi
   -= 1.0;//真左
34       else if(x > rect.right - wid && x < rect.right)
   camera.phi += 1.0;//真右
35       camera.cnt[0] = camera.pos[0] - camera.dist * Math.
   cos(DEG_TO_RAD * camera.phi) * Math.cos(DEG_TO_RAD * camera.
   theta);
36       camera.cnt[1] = camera.pos[1] - camera.dist * Math.
   sin(DEG_TO_RAD * camera.phi) * Math.cos(DEG_TO_RAD * camera.
   theta);
37    }
38    else if(x > rect.left + canvas.width/2 - wid && x <
   rect.left + canvas.width/2 + wid)
39    {//tilt
40       if(y < rect.top + wid ) camera.theta += 1.0;//真上
41    else if(y > rect.bottom - wid) camera.theta -= 1.0;//真下
42
43       camera.cnt[0] = camera.pos[0] - camera.dist * Math.
   cos(DEG_TO_RAD * camera.theta) * Math.cos(DEG_TO_RAD * camera.
   phi);
44       camera.cnt[1] = camera.pos[1] - camera.dist * Math.
   cos(DEG_TO_RAD * camera.theta) * Math.sin(DEG_TO_RAD * camera.
   phi);
45       camera.cnt[2] = camera.pos[2] - camera.dist * Math.
   sin(DEG_TO_RAD * camera.theta);
46    }
47    else if(x > rect.left && x < rect.left + wid && y >
   rect.bottom - wid && y < rect.bottom)//左
48    {
```

```
49      camera.fovy -= dd;//zoom in
50    }
51    else if(x > rect.right - wid && x < rect.right && y >
   rect.bottom - wid && y < rect.bottom)//右下
52    {
53      camera.fovy += dd;//zoom out
54    }
55    camera.getPos();
56    func();
57  }
58
59  onmouseup = function(ev){  flagMouse = false; return; }
60
61  onmousemove = function(ev)
62  {
63    if(!flagMouse) return;
64    //web page左上からの距離
65    var x = ev.clientX; // マウスポインタのx座標
66    var y = ev.clientY; // マウスポインタのy座標
67    var dd = camera.delta*0.5;//距離増分
68    rect = ev.target.getBoundingClientRect() ;
             //web page左上を原点にしたピクセル単位のcanvas領域
69
70    if(x < rect.left || x > rect.left+canvas.width || y <
   rect.top || y > rect.top + canvas.height)
71    {  flagMouse = false; return; }
72
73    if(y < rect.top + canvas.height / 2) camera.phi += dd *
   (x - xStart) ;//tumble
74    else camera.phi -= dd * (x - xStart) ;//tumble
75
76    camera.theta += dd * (y - yStart) ;//crane
77
78    camera.getPos();
79    func();
80    xStart = x;
81    yStart = y;
82  }
83 }
```

プログラム解説

　個々のプログラムの機能については、説明を省きます。下記に示すマウス操作
の説明を参考に、各自確認してください。

＊

　1行目にある「メソッド」の「第3引数」は、「マウス操作」終了後に「メイン・ファ
イル」側（「WglDeform3D」の場合は「wglDeform3D.js」）の、どのルーチンに戻す
かを、指定するための関数名です。

　56行目と79行目に書かれています。

「メイン・ファイル」側において、「display()」ルーチンに戻したいときは、

```
mouseOperation(can, camera, display);
```

のようにコーディングします。

「init()」ルーチンでコーディングしてあります。

　　　　　　　　　　＊

図9.11にマウス操作のための「canvas」上の位置を示します。

「カメラワーク」は右図のようになります。

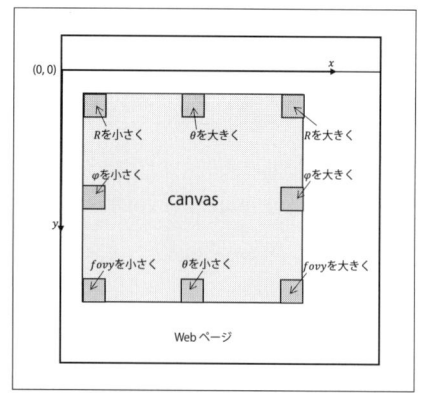

図9.11　「マウス操作」の位置

●**ドリー(dolly)**	「canvas」の「左上」をクリックすると「R」は小さくなり、視点は注視点に近づきます。 「右上」をクリックすると「R」は大きくなり、視点は遠ざかります。
●**パン (pan)**	「左中央」をクリックすると「φ」は小さくなり、注視点が右に(オブジェクトは左に)移動します。 「右中央」をクリックすると、「注視点」は左に移動します。このとき「視点」は固定されています。
●**タンブル (tumble)**	マウスを左右にドラッグすると、「視点」が左右に変化します。 「パン」と同じく「φ」を調整しますが、「注視点」を固定し、「視点」だけを変化させています。 このとき、「canvas」の「上半分」と「下半分」で「始点」の動きが「逆」になります。
●**チルト (tilt)**	上下の「中央部」をクリックすると、「視点」を固定したままで、「仰角θ」が変化し、「注視点」を上下に動かします。
●**クレーン (crane)**	マウスを上下にドラッグすると、「注視点」を固定したままで「仰角θ」が変化し、「視点」が上下に変化します。
●**ズーム (zoom)**	左下または右下をクリックすると「R」を固定したままで、「視体積」の「視野角 $fovy$」が変化します。 左下のとき「ズームイン」、右下のとき「ズームアウト」します。

第10章

「WebGL」による「3次元 効果」

WebGL 3D Effects

　この章では、「光源」を設定して「3D-CG」の特徴を積極的に利用した「特殊効果」を扱います。

　また、「屈折環境マッピング」を使って、さまざまな「特殊効果」を実現します。

10-1 「光」と「色」の表現

　前章の「3D-CG」では「光源」を用いていませんでした。画像を「3Dオブジェクト」に貼り付けた場合でも、画像の明暗には変化がなく、現実性に乏しいものでした。

　「光源」を用いることによって、「陰影効果」が加わり、「フォト・リアリスティック」なシーンを得ることができます。

10.1.1 「3D-CG」における「色」の表現

　「3D-CG」において「仮想3次元空間」に配置された「オブジェクト」が、「現実世界」のシーンのように見えるためには、「光源」が必要です。

　「CG」では「物体表面」の「色」と「明るさ」を表現するために、「環境光」「拡散光」「鏡面光」の3成分を考慮しています。

　図10.1に、これら3成分を示します。

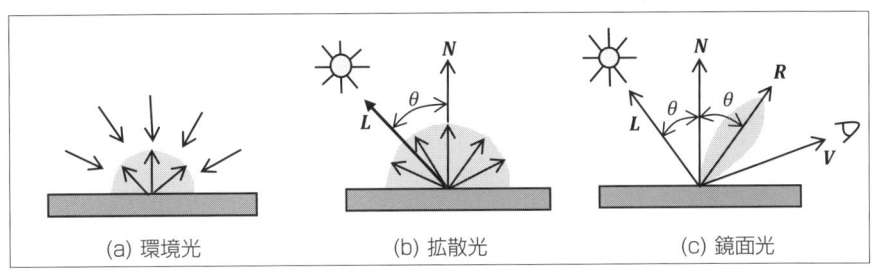

(a) 環境光　　　(b) 拡散光　　　(c) 鏡面光

図10.1　「光」の3成分

＊

「ライティング計算」を、以下に説明します。

● 環境光

「現実世界」の「オブジェクト」は、「光源」の「光」が直接届かない部分でも、「周囲の物体」に「反射」して届く、「間接的」な「光」によって、薄っすらと、明るくなっています。

この「環境光」を、あらゆる方向から「均等に入射」して、あらゆる方向に「均等に反射」するモデルで、表現します。

「環境反射」に寄与する「光源の光強度」を「I_{amb}」とし、この「環境光」に対する「物体表面の反射率」を「K_a」とすると、「物体表面」の明るさ「I_A」は、

$$I_A = K_a I_{amb} \tag{10.1}$$

となります。

● 拡散光

一般に、「物体表面」には小さな「凹凸」や「割れ目」があります。

「物体表面」に入射した「光」は、このような表面において、四方八方に均等に反射すると仮定します。

「拡散反射」に関する「**ランバートのモデル**」では、「入射光量」は「$\cos\theta$」に比例すると考えます。

「物体表面」の「正規化法線ベクトル」を「N」とし、「光源の正規化ベクトル」を「L」とすると、

$$\cos\theta = N \cdot L$$

です。「$\cos\theta < 0$」のときは「物体表面」の「裏側」から照射されている状態なので、「0」とします。

「拡散反射」に寄与する光源の「光強度」を「I_{diff}」とし、「拡散反射率」を「K_d」とすると、「拡散反射光成分」の「I_D」は、

$$I_D = K_d I_{diff} \max(N \cdot L, 0) \tag{10.2}$$

となります。

● 鏡面光

「表面が磨かれた金属表面」や「プラスチック」などでは、「入射した方向」とは「反対方向」に、強く「反射」します。この「鏡面反射」によって、「物体表面」の一部に、「ハイライト」が生じます。

「鏡面反射」の「強さ」は、「正反射方向」（**図10.1(c)**の「R」方向）のとき最大で、これからズレると急激に減少します。この現象を単純化したものが、「**フォンのモデル**」です。

「鏡面反射」に寄与する「入射光」の「光強度」を「I_{spec}」とし、「正規化反射ベクトル」を「R」、「正規化視点ベクトル」を「V」、「鏡面反射率」を「K_s」とすると、「フォン反射モデル」による「鏡面反射光成分」の「I_S」は、

$$I_S = K_s I_{spec} (R \cdot V)^n \tag{10.3}$$

となります。

ここで、「n」は「ハイライト」の「拡がり」を決める定数であり、「光沢度」（鏡面係数、shininess）と呼ばれます。「n」は大きいほど「シャープ」なハイライトになります。

「算効率」をよくするために、実際の計算では、次の「**フォン修正反射モデル**」または「**ブリン＝フォンの反射モデル**」を利用します。

$$I_S = K_s I_{spec} (H \cdot N)^n \tag{10.4}$$

ここで、「H」は「光源正規化ベクトルL」と「正規化視点ベクトルV」の「中間ベクトル」であり、「**ハーフ・ベクトル**」と呼ばれます。

*

「光源」は「wglSupport.js」において「Lightクラス」で、次のように「光源」の「位置」と「色」を定義しています。

```
function Light()
{
  this.pos = [50.0, 0.0, 100.0, 1.0];
                        //w=1:点光源、w=0:平行光源(光源方向)
  this.color = [1.0, 1.0, 1.0, 1.0];
                            // 拡散光・環境光・鏡面光すべて同じ色
  //他は略
}
```

これから述べるアプリケーションは、「点光源」を用いています。

＊

「オブジェクト表面」の「色」は「Rigid クラス」で、次のように定義しています。

```
function Rigid()
{
  this.diffuse = [0.6, 0.6, 0.6, 1.0];
  this.ambient = [0.4, 0.4, 0.4, 1.0];
  this.specular = [0.5, 0.5, 0.5, 1.0];
  this.shininess = 100.0;
  //他は略
}
```

「拡散色」「環境色」「鏡面色」も、すべて「白色」にしています。

10.1.2 アプリケーション「WglGraphics3D」

「WglGraphics3D」は上記の「ライティング」を考慮した「3D-CG」のアプリケーションです。

図10.2に実行例を示します。

このアプリは、立ち上げたときの「座標系」は、手前が「y軸方向」、左側が「x軸方向」になっています。

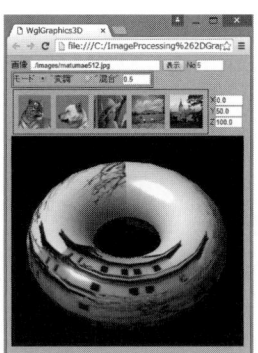

図10.2 「WglGraphics3D.html」の実行例

前章のアプリケーション「WglDeform3D」と同じように、「入力フォーム[No]」でオブジェクトの種類を変更できます。

ただし、「オブジェクト番号」は0〜6となっており、「格子状平面」(GRID_PLATE2)、「立方体」(CUBE)、「球」(SPHERE)、「円柱」(CYLINDER)、「多角柱」(PRISM)、「トーラス」(TORUS)、「超2次曲面」(SUPER)を表示できます。

「円柱」と「多角柱」は「Rigidクラス」の「radiusRatio」によって、「円錐」や「円錐台」または「角柱」や「角錐台」になります。

このアプリケーションでは「radiusRatio=0.5」となっており、「円錐台」「角錐台」が表示されます。

図10.2は「トーラス」の場合を示しています。
*
「ラジオボタン[モード]」によって「表示モード」を変更できます。
"変調"のときは「3Dオブジェクト」に貼り付けた「テクスチャ」の「色」が「光源」の影響を受けて、最も現実に近いライティングに感じられます。

"混合"のときは、「拡散色」と「環境色」の影響を受けた「オブジェクト自身」の「色」と「テクスチャ自身」の「色」との混合色になります。

「ラジオボタン右横」の「入力フォーム」によって、「混合 係数」を変更できます。
「1」にすると、「テクスチャだけの色」になりますが、「鏡面光」だけの影響は受けるようにしてあります。

10.1.3 「WglGraphics3D」のプログラム

このプログラムは、特に「エフェクト処理」はありません。以後のプログラムの基になります。

● 「JavaScript」側のプログラム

すでに述べているように3次元モデルを利用するときは、次のように「Rigidクラス」のオブジェクト（インスタンス）を作って利用します。

```
var rigid = new Rigid();
```

複数のモデルのときは「rigid」を配列宣言して利用できます。

「モデルの種類」(kind) や「環境色」(ambient)、「拡散色」(diffuse)、「鏡面色」(specular) などのデフォルト値は「Rigidクラス」の中の「プロパティ」で与えられています。

「デフォルト値」以外の値を利用したいときは、「JavaScript」側の「メイン・ファイル」の中で与えるようにします。このアプリでは、「kind」は「wglGraphics3D.

js」の「display()」ルーチンで、それ以外は「init()」ルーチンで与えています。

リスト10.1に「display()ルーチン」を示します。

リスト10.1 「wglGraphics3D.js」の「display()」ルーチン

```
 1  function display()
 2  {
 3    //光源の位置・色をシェーダへアップロード
 4    var lightPosLoc = gl.getUniformLocation(gl.program, 'u_lightPos');
 5    gl.uniform4fv(lightPosLoc, light.pos);
 6    var lightColLoc = gl.getUniformLocation(gl.program, 'u_lightColor');
 7    gl.uniform4fv(lightColLoc, light.color);
 8
 9    //カメラ位置をシェーダへアップロード
10    var cameraLoc = gl.getUniformLocation(gl.program, 'u_cameraPos');
11    gl.uniform3fv(cameraLoc, camera.pos);
12
13    //ビュー投影行列を計算する
14    var vpMatrix = new Matrix4();// 初期化
15    vpMatrix.perspective(camera.fovy, can.width/can.height,
      camera.near, camera.far);
16    if(Math.cos(Math.PI * camera.theta /180.0) >= 0.0)
                          //カメラ仰角90度でビューアップベクトル切替
17      vpMatrix.lookAt(camera.pos[0], camera.pos[1], camera.
      pos[2], camera.cnt[0], camera.cnt[1], camera.cnt[2], 0.0, 0.0,
      1.0);
18    else
19      vpMatrix.lookAt(camera.pos[0], camera.pos[1], camera.
      pos[2], camera.cnt[0], camera.cnt[1], camera.cnt[2], 0.0, 0.0,
      -1.0);
20
21    //ビュー投影行列をシェーダへ
22    var vpMatrixLoc = gl.getUniformLocation(gl.program, 'u_
      vpMatrix');
23    gl.uniformMatrix4fv(vpMatrixLoc, false, vpMatrix.elements);
24
25    // カラー・バッファとデプス・バッファをクリアする
26    gl.clear(gl.COLOR_BUFFER_BIT | gl.DEPTH_BUFFER_BIT);
27    //ビューポート変換
28    gl.viewport(0, 0, can.width, can.height);
29
30    //合成モード
31    var modeLoc = gl.getUniformLocation(gl.program, 'u_mode');
32    gl.uniform1i(modeLoc, mode);
33    //混合モードのときの係数
34    var mixKLoc = gl.getUniformLocation(gl.program, 'u_mixK');
35    gl.uniform1f(mixKLoc, mixK);
36
37    if(objectNo == 0) rigid.kind = "GRID_PLATE2";
38    else if(objectNo == 1) rigid.kind = "CUBE";
39    else if(objectNo == 2) rigid.kind = "SPHERE";
```

```
40    else if(objectNo == 3) rigid.kind = "CYLINDER";
41    else if(objectNo == 4) rigid.kind = "PRISM";
42    else if(objectNo == 5) rigid.kind = "TORUS";
43    else if(objectNo == 6) rigid.kind = "SUPER";
44
45    var n = rigid.initVertexBuffers(gl);
46    rigid.draw(gl, n);
47 }
```

プログラム解説 ••

①「光源」の「位置」と「色」を「シェーダ」に渡す(4~7行目)

「光源」の「色」と「位置」は、「wglSupport.js」において、「Lightクラス」で「位置」
(pos)、「色」(color)のプロパティを定義しています。

これらの初期値と異なる値を設定したいときは、「init()」ルーチンにコーディン
グします。

「光源」の「位置」は、「サムネール用canvas横」の「入力フォーム」で変更できま
す。「位置」を変更したときは、イベント・ハンドラ「onClickLight()」によって
「pos[]」が更新され、この「display()」ルーチンがコールされます。

②「カメラ」の「位置」を「シェーダ」に渡す(10~11行目)

「カメラ視点」の「位置」も「wglSupport.js」において「Cameraクラス」で定義して
います(前章のリスト9.3参照)。他の「パラメータ」も存在しますが、「シェーダ」
側で「ライティング計算」に必要なのは、「カメラ視点の位置」だけです。

③「ビュー投影行列」を求める(14~19行目)

「頂点シェーダ」において「クリップ座標系」における「頂点座標gl_Position」を求
めています。その計算に「ビュー投影行列」が必要です(この部分は前章の9.4.1項
「視野変換」を参照)。

④「ビュー投影行列」を「シェーダ」に渡す(22、23行目)

「ビュー投影行列」は「4×4」の行列であり、「gl.uniformMatrix4fv()」メソッドで
シェーダに渡しています。

⑤「カラー・バッファ」と「デプス・バッファ」をクリアする(26行目)

⑥ビューポート変換(28行目)

⑦「アプリ実行に必要なパラメータ」を「シェーダ」に渡す(31〜35行目)

このアプリでは、「合成モード mode」と「混合モード時の混合係数 mixK」を、それぞれ、「シェーダ」側の「u_mode」および「u_mixK」に渡しています。

⑧「3Dモデル」の種類を指定する(37〜43行目)

「Rigidクラス」の種類「kind」をオブジェクト番号「objectNo」によって変えています。

⑨「3Dモデル」をレンダリング(45、46行目)

最後に、「Rigidクラス」の「initVertexBuffers()」と「draw()」メソッドをコールして、レンダリングします。

なお、このアプリも、「readyTexture()」ルーチンにおいて「gl.texParameteri()」メソッドのパラメータ「gl.TEXTURE_WRAP_S」および「gl.TEXTURE_WRAP_T」の値を「gl.CLAMP_TO_EDGE」に設定しており、任意サイズの画像が利用できます。

●「シェーダ」側のプログラム

「光源」を設定した「3Dグラフィックス」では、「ライティング計算」のために、多くのパラメータを必要とします。

≪頂点シェーダ≫

「頂点シェーダ」では、「頂点座標」以外に、「頂点の法線ベクトル」「ビュー投影行列」「モデル行列」「法線の座標変換行列」が必要です。

また、「3Dモデル表面」に「テクスチャ」を貼るときは、「テクスチャ座標」も必要です。

これらのパラメータは、「JavaScript」側で作られ、「頂点シェーダ」に渡されます。

「頂点座標」と「法線ベクトル」は、「テクスチャ」を必要としないときは「wglPrimitive.js」で、「テクスチャ」を貼るときは「テクスチャ座標」も含めて「wglTexture.js」で作られます。

これらは、「Rigidクラス」の「initVertexBuffers()」メソッドを通して、「シェーダ」側に送られます。

「モデル行列」「法線の座標変換行列」は「Rigidクラス」の「draw()」メソッドで計算され、「シェーダ」に転送されます。

　「ビュー投影行列」は「メイン・ファイル」(wglGraphics.js)の「display()」ルーチンで計算され、「シェーダ」に転送されます。

　リスト10.2に「頂点シェーダ」のプログラムを示します。

リスト10.2　「WglGraphics3D.html」の「頂点シェーダ」

```
 1 <script id = 'vs' type="x-shader/x-vertex">
 2 attribute vec4 a_vertex;      //頂点座標
 3 attribute vec2 a_texCoord;    //テクスチャ座標
 4 attribute vec4 a_normal;      //法線ベクトル
 5 uniform mat4 u_vpMatrix;      //ビュー投影行列
 6 uniform mat4 u_modelMatrix;   //モデル行列
 7 uniform mat4 u_normalMatrix;  //法線の座標変換行列
 8 varying vec3 v_WorldPos;      //FSへ渡す頂点のワールド座標
 9 varying vec3 v_Normal;        //FSへ渡す頂点の法線ベクトル
10 varying vec2 v_TexCoord;      //FSへ渡すテクスチャ座標
11 void main()
12 {
13     //頂点のワールド座標における位置を計算
14     v_WorldPos = vec3( u_modelMatrix * a_vertex);
15     //頂点の法線方向を計算
16     v_Normal = normalize(vec3( u_normalMatrix * a_normal));
17     //フラグメント・シェーダへ渡すテクスチャ座標
18     v_TexCoord = a_texCoord;
19     //クリップ座標
20     gl_Position = u_vpMatrix * u_modelMatrix * a_vertex;
21 }
</script>
```

プログラム解説 •

①「ワールド座標」における「頂点座標」を求める（14行目）

　「モデル行列」と「頂点座標」の「乗算」によって、「ワールド座標」における「頂点座標」を得ます。

　「ライティング計算」に必要なので、「varying変数」として「フラグメント・シェーダ」に転送します。

②「ワールド座標」における「法線ベクトル」を求める（16行目）

　「法線の座標変換行列」と「法線ベクトル」の「乗算」によって、「ワールド座標」における「法線ベクトル」を得ます。やはり、「ライティング計算」に必要です。

③「テクスチャ座標」を「varying変数」に変換（18行目）

　「テクスチャ座標」はそのまま「varying変数」に置き換え、「フラグメント・シェーダ」に転送します。

④「クリップ座標」における「頂点座標」を計算（20行目）

「頂点座標」に「モデル行列」を乗じ、さらに「ビュー投影行列」を乗じると、「クリップ座標」における「頂点座標gl_Position」が求まります。

≪フラグメント・シェーダ≫

「フラグメント・シェーダ」では、「光源」の「位置」「色」、「モデル（オブジェクト、物体）のマテリアル（拡散色、環境色、鏡面色、光沢度）」、「カメラ視点位置」および「頂点シェーダから渡されたワールド座標における頂点座標と法線ベクトル」が必要です。

「テクスチャ」を貼るときは、「テクスチャ用画像」と「頂点シェーダ」から渡された「テクスチャ座標」が必要です。

「光源」の「位置」「色」、「カメラ視点」は、「メイン・ファイル」の「init()」ルーチンなどで設定し「display()」ルーチンで、「モデル」の「マテリアル」は「Rigidクラス」の「draw()」メソッドで、「シェーダ」に渡しています。

「テクスチャ画像」は、「readyTexture()」ルーチンにおいて「画像ファイル」を読み込み、「テクスチャ・ユニット番号」を「0」として「シェーダ」側の「サンプラu_texImage」に渡されています。

リスト10.3に「フラグメント・シェーダ」のプログラムを示します。

リスト10.3 「WglGraphics3D.html」の「フラグメント・シェーダ」

```
1 <script id = 'fs' type="x-shader/x-fragment">
2 precision mediump float;
3 uniform sampler2D u_texImage;// サンプラ
4 uniform vec4 u_lightColor;    // 光源の色
5 uniform vec4 u_lightPos;      // 光源の位置
6 uniform vec4 u_diffuseColor;  // 物体の拡散色
7 uniform vec4 u_ambientColor;  // 物体の環境色
8 uniform vec4 u_specularColor;// 物体の鏡面色
9 uniform float u_shininess;    // 物体の光沢度
10 uniform vec3 u_cameraPos;    // 視点の位置
11 uniform int u_mode;          // 合成モード
12 uniform float u_mixK;        // 混合係数
13 varying vec3 v_WorldPos;
14 varying vec3 v_Normal;
15 varying vec2 v_TexCoord;
16 void main()
17 {
18   //法線の正規化
19   vec3 N = normalize(v_Normal);
```

```
20    //光の方向を計算し、正規化
21    vec3 L ;
22    if(u_lightPos.w == 1.0) L = normalize(u_lightPos.xyz - v_WorldPos);
                                                              //点光源
23    else L = normalize(u_lightPos.xyz);//平行光源
24    //法線と光の方向の内積
25    float dotNL = dot(N, L);
26
27    //物体表面の色を計算
28    vec4 diffuse = u_lightColor * u_diffuseColor * max(dotNL, 0.0);
29    vec4 ambient = u_lightColor * u_ambientColor ;
30    vec3 V = normalize(u_cameraPos - v_WorldPos);
31    vec3 H = normalize(L + V);
32    float powNH = pow(max(dot(N, H), 0.0), u_shininess);
33    if(dotNL <= 0.0) powNH = 0.0;
34    vec4 specular = powNH * u_lightColor * u_specularColor;
35    //テクスチャの色を取得
36    vec4 texColor = texture2D(u_texImage, v_TexCoord);
37    //色の合成
38    if(u_mode == 0) //変調モード
39      gl_FragColor = (diffuse + ambient) * texColor + specular;
40    else//混合モード
41      gl_FragColor = mix(diffuse + ambient, texColor, u_mixK) + specular;
42  }
43  </script>
```

プログラム解説 ●●●●●●●●●●●●●●●●●●●●●●●●●●●●●●●●●●●●●●●

①「法線ベクトル」の正規化（19行目）

　「頂点シェーダ」から渡された「法線ベクトル」は、各「頂点」における値です。

　「フラグメント・シェーダ」ではそれらを補間して、「面内の法線」を求めています。各「フラグメント」で「正規化」します。

②「光源方向」を計算（21～23行目）

　「JavaScript」側で設定した「光源位置」は4個の成分で与えられます。4番目の成分が「1」のときは「点光源」、「0」のときは「平行光源」としています。

③「物体表面」の「色」を計算（28～34行目）

　10.1.1項を参照の説明に基づいて、「物体表面」の「色」（「拡散色」diffuse、「環境色」ambient、「鏡面色」specular）を計算しています。

④「テクスチャ」の「色」を取得（36行目）

　テクスチャアクセス関数「texture2D()」を用いて、「テクスチャの色」を求めています。

⑤「色」の合成（38〜41行目）

「変調モード」のときは、「(拡散色＋環境色)」に「テクスチャの色」を乗じ、「鏡面色」を加えています。

「混合色」のときは、「混合係数」によって「(拡散色＋環境色)」と「テクスチャの色」の「割合u_mixK」を変えて、加算した色に、「鏡面色」を加えています。

「u_mixK=1」のときは「100%テクスチャの色＋鏡面色」になります。

もし、**41行目**において「specular」を「mix()」関数の1番目の引数側に移すと、「テクスチャの色」だけになります。

10-2 「凹凸感」の表現

「JavaScript」だけで作った「画像処理」プログラムでは、「エンボス処理」によって疑似的に「凹凸感」を与えることができました。

「WebGL」で作ると、「変位マッピング」が利用でき、「凹凸感」は飛躍的に向上します。

10.2.1 変位マッピング

「オブジェクト」の「凹凸感」を表現する方法に、**バンプ・マッピング**があります。

これは、「表面の凹凸」を**高さマップ**で置き換え、「微分」によって「法線マップ」を作り、この「法線マップ」に基づいて「表面の凹凸」を「疑似的に表現」します。

さらに、「頂点座標」そのものを変化させて「実際に凹凸を作る方法」が、**変位マッピング**です。

＊

図10.3(a)に、「高さマップ」の単純な例を示します。

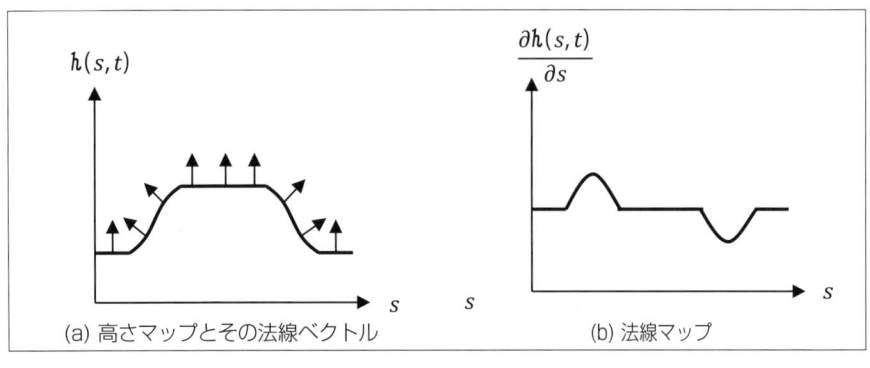

図10.3 「高さマップ」から「法線マップ」へ

「高さ」を「白黒濃度値$h(s,t)$」で表現しています。「高さ」が高いほど「白濃度値」は高いとします。

「横軸」は「テクスチャ座標」の「s軸」または「t軸」です(図は「s軸」の場合)。
「法線マップ」は「高さマップ」を「s」または「t」で「微分」した「勾配」(「$\partial h(s,t)/\partial s$」または「$\partial h(s,t)/\partial t$」)で表現します。

「高さマップ」において「平坦な部分」は、「法線ベクトル」に変化はなく、「勾配が正の部分」では「s」または「t」の「負の方向」に傾き、「負」のときは「正の方向」に傾きます。「法線マップ」は**図10.3(b)**のようになります。

「オブジェクト」のある頂点の「法線ベクトル」を「N」とし、その点で定めた「s方向の単位ベクトル」を「A_s」、「t方向の単位ベクトル」を「A_t」とすると、「新しい法線ベクトルN'」は、

$$N' = N - A_s\frac{\partial h(s,t)}{\partial s} - A_t\frac{\partial h(s,t)}{\partial t} \tag{10.5}$$

で求められます。

画像が貼られた「オブジェクト」が「平面」であれば、上式の「A_s」および「A_t」はそれぞれ「x軸方向」および「y軸方向」に一致させることができます。

＊

「球」などの「曲面」では**「接空間」**を考慮しなければなりません。
図10.4に「球」の場合の「接空間」を示します。

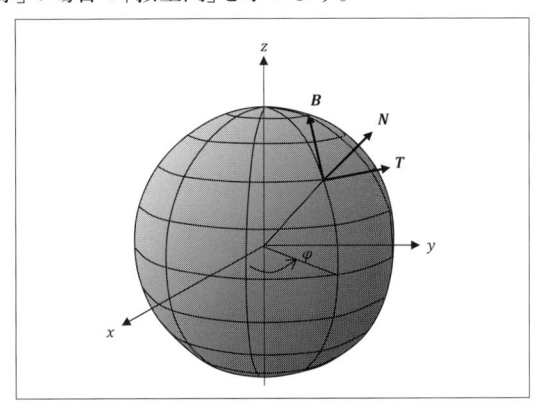

図10.4 球面の「接空間」
「球面」上の各「点」において、「経度方向の接線ベクトルT」は「テクスチャ座標のs軸」に、「緯度方向の従法線ベクトルB」は「テクスチャ座標のt軸」に一致している。

*

式(10.5)を計算するには、「オブジェクト表面」の各「点」において、「法線ベクトル N」「s方向の単位ベクトル A_s」「t方向の単位ベクトル A_t」を定義する必要があります。

「s方向の単位ベクトル A_s」を「T」としたとき、「t方向の単位ベクトル A_t」は、

$$B = N \times T \tag{10.6}$$

で与えられます。「T」を「**接線ベクトル**」と言い、「法線ベクトル N」と「接線ベクトル T」の「外積」で求められる「ベクトル B」を「**従法線ベクトル**」と言います。

オブジェクト表面に定義された、このような「空間」を、「接空間」と呼びます。

「接線ベクトル T」「従法線ベクトル B」「法線ベクトル N」を、それぞれ「接空間」の「基底ベクトル」の「x軸、y軸、z軸」とします。

式(10.5)を「接線ベクトル」「従法線ベクトル」で書き換えると、

$$N' = N - T \frac{\partial h(s,t)}{\partial s} - B \frac{\partial h(s,t)}{\partial t} \tag{10.7}$$

となります。

「球面の法線ベクトル N」は、「JavaScript」側の「テクスチャ用」「基本立体作成ルーチン wglTexture.js」のメソッド「makeSphereTex()」において与えられています。

10.2.2 波アニメーション

「変位マッピング」のエフェクトを与えたアプリケーションとして、「波アニメーション」を作っています。

アプリケーション「WglWave3D」は、「頂点シェーダ」で「円形波」を作り、この「波形」によって「頂点座標」を揺らし、「高さマップ」としています。

「円形波」は次式で作っています。

$$z(r,t) = \frac{A}{\sqrt{c+r}} \sin\left\{ 2\pi\left(ft - \frac{r}{\lambda} \right) \right\} \tag{10.8}$$

ここで、「A」は波源の振幅、「f」は周波数、「t」は経過時間、「λ」は波長、「h」は波源 (x_0, y_0) からの距離です。

「c」は「波源」において「変位 $z(r,t)$」を「有限」にするための「定数」です。

*

図**10.5**に実行例を示します。

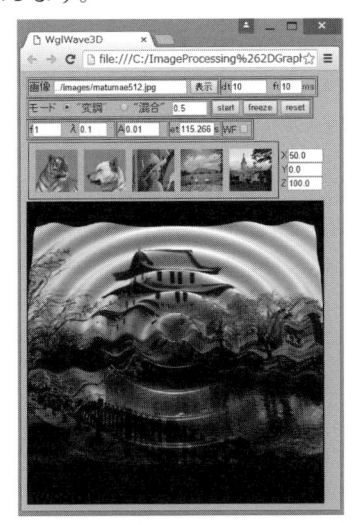

図10.5 「WglWave3D.html」の実行例

テクスチャを貼りつけている物体は、「格子 分割数」が「100×100」の「格子状平面」です。

「JavaScript」側の「init()」ルーチンにおいて、「rigid.Kind="GRID_PLATE"」としています。
これによって「wglTexture.js」の「makeGridPlateTex()」がコールされます。
「法線方向」が「z軸」、「辺の長さ」が「1」の「格子状平面」が選択されます。
この「テクスチャ座標」は、「y軸方向」が「s座標」になり、「負のx軸方向」が「t座標」になっています。

「波源」の位置は「原点」に固定しています。

入力フォーム[f]で周波数を、[λ]で波長を、[A]で波源振幅を、変更できます。

チェックボックス[WF]をクリックすると、「ワイヤーフレーム表示」になります。

サムネールで「テクスチャ画像」を変更すると、「波アニメーション」は持続しながら、「テクスチャ」だけが入れ替わります。

*

アプリケーション「WglWave3DSphere」は、「対象オブジェクト」が「球体」です。

実行例を**図10.6**に示します。

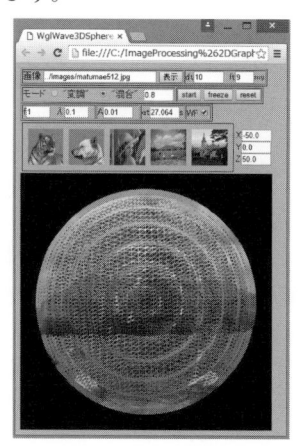

図10.6 「WglWave3DSphere.html」の実行例

*

「球体」のデフォルトの「半径」は「0.5」です。

「波源位置」を「3次元」で指定します。(x_0, y_0, z_0)を(-0.5, 0.0, 0.0)としており、「カメラ視点」を「負のx軸方向」に置いています。

「混合係数0.8」の「混合モード」で、「ワイヤーフレーム表示」としています。

平面の場合と同じように**式(10.8)**を用いて「球面上の円形波」を作っています。
このとき「波源」からの「距離r」は「球面」に沿う距離とすべきですが、ユークリッド距離で近似しています。

なお、「格子分割数」を大きくすると、コンピュータがフリーズしやすくなるので、注意してください。

*

リスト10.4に「WglWave3D.html」の「頂点シェーダ」を示します。

特に説明をしません。「法線ベクトル」の計算部分は、前項を参照してください。「フラグメント・シェーダ」は**リスト10.3**に同じです。

リスト10.4 「WglWave3D.html」の「頂点シェーダ」

```
<script id = 'vs' type="x-shader/x-vertex">
uniform float u_freq;
uniform float u_lambda;
uniform float u_amp;
uniform float u_time;
attribute vec4 a_vertex;      //頂点座標
attribute vec2 a_texCoord;    //テクスチャ座標
attribute vec4 a_normal;      //法線ベクトル
uniform mat4 u_vpMatrix;      //ビュー投影行列
uniform mat4 u_modelMatrix;   //モデル行列
uniform mat4 u_normalMatrix;  //法線の座標変換行列
varying vec3 v_WorldPos;      //FSへ渡す頂点のワールド座標
varying vec3 v_Normal;        //FSへ渡す頂点の法線ベクトル
varying vec2 v_TexCoord;      //FSへ渡すテクスチャ座標

const float pi = 3.14159265;
float getWave(float freq, float lambda, float r, float t);
float makeWaveCircle(float amp, float freq, float lambda, vec2
pos, float t);

void main()
{
  float dx = 0.01;//微小間隔
  float dy = 0.01;
  //頂点座標
  vec4 position = a_vertex;

  //水位
  float level = makeWaveCircle(u_amp, u_freq, u_lambda, positi
on.xy, u_time);
  position.z += level;//各頂点の高さ増分
  // 頂点のワールド座標における位置を計算
  v_WorldPos = vec3( u_modelMatrix * position);

  //x方向微分
  vec2 offset = vec2(-dx, 0.0);
  float level1 = makeWaveCircle(u_amp, u_freq, u_lambda, posi
tion.xy+offset, u_time);
  float deltaX = (level1-level)/dx;
  //y方向微分
  offset = vec2( 0.0, -dy);
  level1 = makeWaveCircle(u_amp, u_freq, u_lambda, position.
xy+offset, u_time);
  float deltaY = (level1-level)/dy;
  //x方向、y方向単位ベクトル
  vec3 Ax = vec3(1.0, 0.0, 0.0);
  vec3 Ay = vec3(0.0, 1.0, 0.0);

  v_Normal = normalize(vec3( u_normalMatrix * a_normal));
  v_Normal -= Ax*deltaX + Ay*deltaY;//新法線ベクトル
  v_TexCoord = a_texCoord;
  gl_Position = u_vpMatrix * u_modelMatrix * position;//クリップ座標
```

```
}
//------------------------------------------------------------
float getWave(float freq, float lambda, float r, float t)
{
    float phase = 2.0 * pi * ( freq * t - r / lambda);
    float a = 0.0;

    if(phase >= 0.0) a = sin(phase) / (0.1 + sqrt(r));
    return a;
}

float makeWaveCircle(float amp, float freq, float lambda, vec2
pos, float t)
{
  vec2 source;//円形波の中心
  //波源
  source.x = 0.0; source.y = 0.0;
  //振動源からの距離
  float r = length(pos - source);
  //水位
  float level = amp * getWave(freq, lambda, r, t);
  return level;
}
</script>
```

10.2.3 | 3D絵画

　実際の「オブジェクト」の「凹凸」や「遠近」ではなく、単に「画像の明るさ」を「高さ」に変換するアプリケーション「WglPainting3D」を作っています。

＊

　前項のアプリケーションと同じように、「頂点シェーダ」側で「オブジェクトの頂点」(格子点)の「高さ」を変化させます。

　そのためには「頂点シェーダ」でも「テクスチャ」をサンプリングする必要があります。

　最近の「GPU」であれば、「**頂点テクスチャ・フェッチ**」が可能ですが、次のようなコードで調べることができます。

```
var info = gl.getParameter(gl.MAX_VERTEX_TEXTURE_IMAGE_UNITS);
```

　もし、「info=0」であれば利用不可能です。

＊

　図10.7に実行例を示します。

図10.7 「WglPainting3D.html」の実行例

「入力フォーム［高さ］」で「変位量」の「比例係数」を変更できます。

この値が「正」のときは「明るい部分」が持ち上がり、「負」のときは「暗い部分」が持ち上がるようにプログラムしています。

このプリケーションでは「テクスチャ」を貼りつけている「オブジェクト」は「Z軸方向」が「法線方向」の「格子状平面」です。「格子分割数」は「100×100」です。

図10.7では「視点」が「Z軸方向」にあります。

このように、「正面」から見ると「凹凸感」ははっきりしませんが、「マウス操作」で「視点」を変えてみると、「浮き上がっている部分」がはっきりします。

10-3 「屈折環境マッピング」による「エフェクト」

「環境マッピング」には「反射環境マッピング」と「屈折環境マッピング」があります。

ここでは特殊な画像を作成する目的で、「キューブ・マッピング」による「屈折環境マッピング」を利用します。

10.3.1 キューブ・マッピング

「キューブ・マッピング」では、「ワールド空間」に小さな「オブジェクト」を置き、この「オブジェクト」の中心から同じ距離に「6枚」の「正方形の壁」を用意しておきます。

この「立方体」の「内側に貼り付けた画像」を「キューブマップ」と言います。

「反射環境マッピング」では「中心」の「オブジェクト表面」に「キューブマップ」の色が写り込みます。

図10.8に「屈折環境マッピング」の原理を示します。

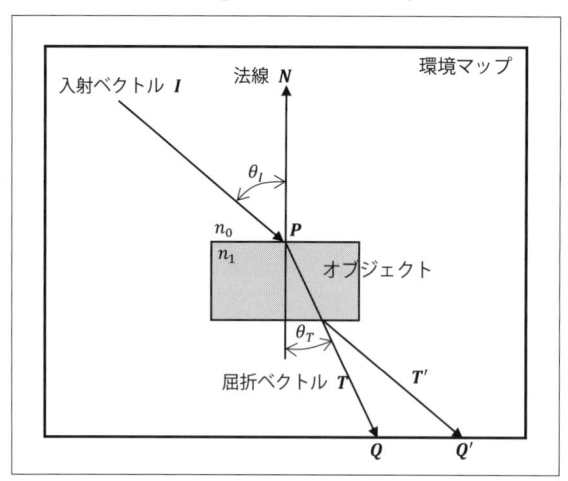

図10.8 「スネルの法則」と「環境マップ」への屈折
「入射点P」の色は「オブジェクトの元の色」と「環境マップQ点の色」を混合して決定する。

「光」は「屈折率」の異なる2つの「媒質」を通過すると、このように屈折して進みます。

「視線」も同じように屈折するので、「媒質」がないときに比べ、「レンズで見るように拡大したシーン」や、「上下左右が逆転したシーン」が、観察されます。

「入射角」を θ_I、「屈折角」を θ_T、「空気の屈折率」を n_0、「オブジェクトの屈折率」を n_1 とすると、次式の「**スネルの法則**」が成立します。

$$n_0 \sin\theta_I = n_1 \sin\theta_T \tag{10.9}$$

実際は「入射面」の「反対側」でも屈折が起こり、「光」（または「視線」）は「T'」の方向に進みます。

「屈折環境マッピング」では、「入射面での屈折」だけを考慮し、「T」の方向に進むと、仮定しています。

「入射点 P」の「色」は、「オブジェクト」の「元の色」と「環境マップ Q 点」の色を混合したものとなります。

「屈折率の比」（相対屈折率、比屈折率）を「$n = n_1 / n_0$」とし、「入射ベクトル」を「I」とすると、「屈折ベクトル（透過ベクトル）T」は、

$$T = \frac{I - \left(\sqrt{n^2 - 1 + \cos^2\theta_I} - \cos\theta_I\right)N}{n} \tag{10.10}$$

で計算できます。

「N」はオブジェクト表面の法線ベクトルです。

＊

「WebGL」の「シェーダ言語」には、**式(10.10)** を求める関数があります。

```
vec3 refract(vec3 I, vec3 N, eta)
```

「I、N」はそれぞれ、**式(10.10)** の「入射ベクトル I」「法線ベクトル N」に相当します。

「eta」は上で定義した「比屈折率 n」の「逆数」です。

＊

本格的な「キューブ・マッピング」では6枚の画像が必要です。

この節の以下のサンプル・プログラムでは、テクスチャを貼る平面を「$x = -10$」の位置に「法線方向が正の x 軸」を向くように「1枚」だけをセットしてあります。

視点は「正の x 軸」上にあり「注視点は原点」としています。

「透明オブジェクト」は「ワールド座標の原点」に置いています。

＊

プログラムを立ち上げた状態では、「手前が正の x 軸方向」「右側が正の y 軸方向」「上方向が正の z 軸方向」です。

255

マウス操作によって、「視点」を変えることはできますが、2個の「オブジェクト」は「ワールド座標」に固定されています。

「矢印キー」によって「透明物体」だけを「平行移動」できます。

「左右の矢印キー」で「y軸」上を、「上下の矢印キー」で「z軸」上を、「コントロールキーを押しながら上下矢印キー」で「x軸」上を移動できます。

10.3.2 「環境マッピング」の「レンダリング手順」

「キューブマップ」を用いた「環境マッピング」では、以下の手順で「レンダリング」します。

① 「環境マップ」の作成

「透明オブジェクト」の背後にある平面に「画像ファイル」の「テクスチャ」を貼り付け、視野角を90度に設定し、「透明オブジェクト」の中心から眺めたシーンをレンダリングし、「テクスチャ・メモリ」にコピーする。

② 「透明オブジェクト」にレンダリング

通常のレンダリングモードに戻し、「透明オブジェクト」をレンダリングする。このとき①で作った環境マップを貼り付ける。

③ 「平面オブジェクト」にレンダリング

背後の「平面オブジェクト」に「画像ファイル」のテクスチャを貼り付ける。

*

このように「平面オブジェクト」を2回レンダリングしています。

「テクスチャ」として①で作った「テクスチャ」と「画像ファイル」の「テクスチャ」を利用しています。

次項から示すサンプル・プログラムでは、「テクスチャ・ユニット」は「前者」を「1」、「後者」を「0」としています。

また、「シェーダ」側で利用する「テクスチャアクセス関数」（textureCube() と texture2D()）に用いる「サンプラ」は、前者が「u_texCube」、後者が「u_texImage」としています。

*

「頂点シェーダ」も「フラグメント・シェーダ」も１つずつ用意してあり、「objectNo」によって処理を変えています。プログラムは「objectNo=0」を「透明物

体」とし、「objectNo=1」を「画像テクスチャが貼られた平面物体」としています。

10.3.3 レンズ効果

　「平面」に貼られた「テクスチャ画像」を「透明な屈折物体」を通して眺めると、さまざまな効果を楽しむことができます。

　前章の**9.1.2項**では、「画像」が貼られた「格子状平面」の「格子点」を移動させることによって、「レンズ効果」を表現していました。

　サンプル・プログラム「WglLensRefract」は、実際の「レンズ」のように「球状透明物体」に背景画像を写り込ませることによってレンズ効果を実現しています。

＊

図**10.9**に実行例を示します。

図10.9 「WglLensRefract.html」の実行例

「屈折率」が「1」より大きいとき、「透明オブジェクト」には凸レンズで遠くを見たときのような「上下左右反転した像」が写る。

　この図は「屈折率」が「$n=1.2$」の場合です。

　「$n>1$」では実際の「凸レンズ」のように「上下左右」反転した像が、見れます。「$n<1$」では「凹レンズ」のように動作します。

　「レンズ用透明オブジェクト」として「完全な球」を用いています。

　「視軸方向の厚さ」を変える、または「対象物体(テクスチャが貼られた平面)との距離」を変えると、実際のレンズのように、屈折の様子が変わります。

　「入力要素[サイズ]」によって「レンズ用透明オブジェクト」の「直径」を変更できます。

＊

　なお、「WglLensRefract2」では、「WglPainting3D」と同じように「格子状平面」

に貼られた「テクスチャ」の色の「濃さ」によって、「格子点の高さ」を変更できます。

リスト10.5に「シェーダ」の「プログラム」を示します。

リスト10.5 「WglLensRefract.html」の「シェーダ・プログラム」

```
<script id = 'vs' type="x-shader/x-vertex">
//頂点シェーダのプログラム
#ifdef GL_ES
precision mediump float;
precision lowp int;
#endif
attribute vec4 a_vertex;        //頂点座標
attribute vec2 a_texCoord;      //テクスチャ座標
attribute vec4 a_normal;        //法線ベクトル
uniform int u_objNo;            //オブジェクト番号
uniform mat4 u_vpMatrix;        //ビュー投影行列
uniform mat4 u_modelMatrix;     //モデル行列
uniform mat4 u_normalMatrix;    //法線の座標変換行列
varying vec3 v_WorldPos;        //FSへ渡す頂点のワールド座標
varying vec3 v_Normal;          //FSへ渡す頂点の法線ベクトル
varying vec2 v_TexCoord;        //FSへ渡すテクスチャ座標

void main()
{
  v_TexCoord = a_texCoord;

  //頂点座標
  vec4 position = a_vertex;
  if(u_objNo == 0)//lens
  {
    v_Normal = normalize(vec3( u_normalMatrix * a_normal));
    gl_Position = u_vpMatrix * u_modelMatrix * position;
                                            //クリップ座標

    return;
  }

  //テクスチャの色を取得
  v_WorldPos = vec3( u_modelMatrix * position);
  v_Normal = normalize(vec3( u_normalMatrix * a_normal));

  gl_Position = u_vpMatrix * u_modelMatrix * position;//クリップ座標
}
</script>

<script id = 'fs' type="x-shader/x-fragment">
// フラグメント・シェーダのプログラム
#ifdef GL_ES
precision mediump float;
precision lowp int;
#endif
uniform sampler2D u_texImage; //画像テクスチャ用サンプラ
```

```glsl
uniform samplerCube u_texCube;//キューブ・マッピング用サンプラ
uniform vec4 u_lightColor;    //光の色
uniform vec4 u_lightPos;      //光源の位置
uniform vec4 u_diffuseColor;  //物体の拡散色
uniform vec4 u_ambientColor;  //物体の環境色
uniform vec4 u_specularColor;//物体の鏡面色
uniform float u_shininess;    //物体の光沢度
uniform vec3 u_cameraPos;     //視点
uniform int u_mode;           //合成モード
uniform float u_mixK;         //混合係数
uniform float u_nRatio;       //比屈折率
uniform float u_transparency;//透明度
uniform int u_objNo;          //オブジェクト番号
varying vec3 v_WorldPos;
varying vec3 v_Normal;
varying vec2 v_TexCoord;
void main()
{
    // 法線の正規化
    vec3 N = normalize(v_Normal);
    // 光の方向を計算し、正規化
    vec3 L ;
    if(u_lightPos.w == 1.0) L = normalize(u_lightPos.xyz - v_World
Pos);//点光源
    else L = normalize(u_lightPos.xyz);//平行光源
    // 法線と光の方向の内積
    float dotNL = dot(N, L);

    // 最終的な色を計算
    vec4 diffuse = u_lightColor * u_diffuseColor * max(dotNL, 0.0);
    vec4 ambient = u_lightColor * u_ambientColor ;

    vec3 V = normalize(u_cameraPos - v_WorldPos);
    vec3 H = normalize(L + V);
    float powNH = pow(max(dot(N, H), 0.0), u_shininess);
    if(dotNL <= 0.0) powNH = 0.0;
    vec4 specular = powNH * u_lightColor * u_specularColor;

    if(u_objNo == 0)
    {
        //環境マップ
        vec3 ref = refract(-V, N, 1.0 / u_nRatio);//屈折ベクトル
        vec4 envColor = textureCube(u_texCube, ref);
        gl_FragColor = mix(diffuse + ambient,  envColor, u_trans
parency) + specular;
        return;
    }

    //テクスチャの色を取得
    vec4 texColor = texture2D(u_texImage, v_TexCoord);
    //色の合成
    if(u_mode == 0) //変調モード
        gl_FragColor = (diffuse + ambient) * texColor + specular;
```

```
  else //混合モード
    gl_FragColor = mix(diffuse + ambient, texColor, u_mixK) +
specular;
}
</script>
```

10.3.4 波効果

10.2.2項の「WglWave3D」および「WglWave3DSphere」は、「画像」を貼り付けてある「オブジェクト」の「幾何」および「法線」方向に「揺らぎ」を与えたアニメーションでした。

ここで述べる、「WglWaveRefract」は「屈折環境マッピング」の「透明物体オブジェクト」の幾何に「円形波状」の「変動」を与えるアプリケーションです。
「透明物体オブジェクト」として、「格子状平面」を使っています。

*

図10.10に実行例を示します。

図10.10 「WglWaveRefract.html」の実行例

「水面下」の「画像」を眺めているように感じます。

実際の「平面ガラス」で「背後の物体」を見ると、ほとんど「拡大縮小」されませんが、「屈折環境マッピング」では「透明オブジェクト」が平面の場合でも、「拡大縮小」します。

このアプリケーションを立ち上げた状態では、「$n = 0.5$」のとき「背景画像」とほぼ同じサイズの像が見れます。

　なお、このアプリケーションでは、「透明オブジェクト」の「拡散色」と「環境色」を「水色」に近い色に変更しています。

10.3.5 曇りガラス効果

　「透明オブジェクト」の表面の幾何を「ノイズ」で乱すことによって、「曇りガラス」(すりガラス)で透かして見たような「アート風画像」を得ます。

　図10.11に「WglFrostedGlass」の実行例を示します。
　このアプリケーションも、「透明オブジェクト」は「格子状」平面オブジェクトであり、「半透明」のときは薄く色を付けています。

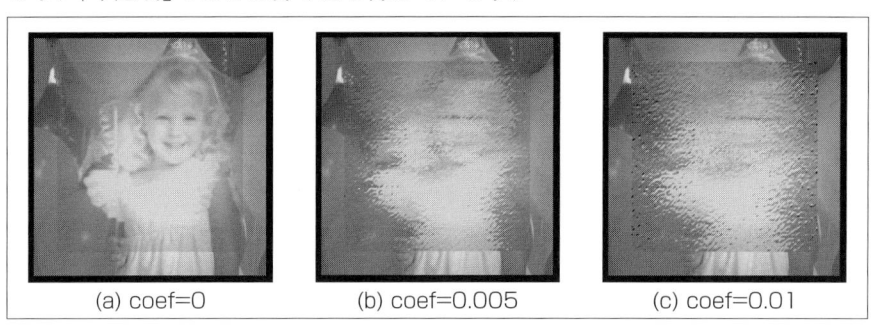

(a) coef=0　　　　(b) coef=0.005　　　　(c) coef=0.01

図10.11　「WglFrostedGlass.html」の実行例
「透明度80%」で実行。「頂点(格子点)の高さ調整係数」を大きくすると、「粗い目の曇りガラス」のようになる。

　「ノイズ画像」は、**第4章**の「NoiseCreater」で作ったものを使っています。
　「JavaScript」側では、この「画像」の「テクスチャ・ユニット」を2とし、「シェーダ側のアクセス関数」に用いる「ユニフォーム変数」は「u_texRandom」としています。
　「ノイズ画像」によって効果は異なるので、「入力フォーム[高さ]」で調整します。

　図10.11にはこの「高さ調整係数coef」を変えたときの「canvas」内だけの結果を示しています。
　「透明度0.8」「光源位置は原点(透明オブジェクトと同じ位置)」としています。
　左端は、「頂点(格子点)の高さ調整係数0」の場合であり、「ノイズの影響」は見れません。
　この値を大きくすると、「目の粗い、曇りガラス」のようになります。
　「透明オブジェクト」を小さくすれば、部分的に「モザイク」を掛けたような効果ができます。

サンプル・プログラム「WglStainedRefract」は「ステンドグラス風」に見える画像をつくるアプリケーションです。

＊

実行例を**図10.12**に示します。

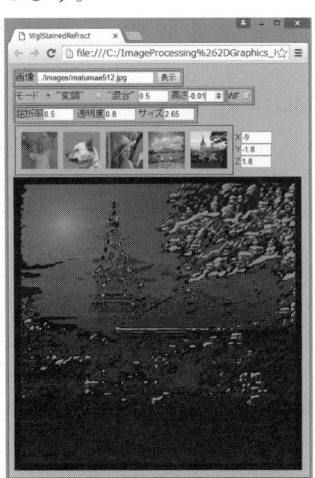

図10.12 「WglStainedRefract.html」の実行例

＊

このアプリケーションでは、「背景平面」に貼り付けた画像と同じ画像をテクスチャとして「透明オブジェクト」に貼り付けます。

「透明オブジェクト」側の「格子平面」の格子点をテクスチャの色濃度によって浮き上がらせ、「透明オブジェクト」に映り込んだ背景画像と一致させると、ステンドグラス風な画像になります。

光源を背後にある平面に近づけるほど光源が強く輝くようになり、全体的に暗くなります。

「光源」の「位置」や「色」を変更すると、この実行例のような、さまざまな趣の画像を得ます。

第11章

3次元の「非写実的 描画」

3D Non Photorealistic Rendering

> 本章で示す「3次元NPR」は、「3D-CG」で得られた画面に対して、リアルタイムに「NPR処理」を行なう、または、「3D-CG」のレンダリングそのものを、「絵画調」や「漫画調」にする技法です。
>
> 同様に、第8章で扱った「2次元画像」に対する画像処理を「3Dグラフィックス」の結果に適用するアプリケーションを作ります。

11-1 トゥーン・シェーディング

通常の「3D-CG」では、実際のシーンに近くなるように、すなわち"フォト・リアスティック"な画像を作ることに最大限努力します。

第7章の「NPR」(非写実的レンダリング)は、「写真」などの「2次元画像」に対し、「画像処理」によって「絵画調」や「漫画調」の作品に変換する技術でした。

ここで述べる「3次元NPR」は、「3D-CG」で作られた画像に対してリアルタイムに「NPR」処理を行なう、または、「3D-CG」のレンダリングそのものを、「絵画調」「漫画調」にする技術です。

「**トゥーン・シェーディング**」(toon shading)は「レンダリング時」に「階調数」を落とし、「オブジェクトの輪郭」を「強調」または「誇張表現」することによって、「漫画調」の画像や「アニメーション」を作る技法です。

*

前章で説明したように、通常の「写実的レンダリング」の「シェーディング」(ライティング)では、「オブジェクト表面」の「明るさ」を、「環境光成分I_A」「拡散光成分I_D」「鏡面光成分I_S」の「和」で表現します。

$$I = I_A + I_D + I_S$$
$$= K_A I_{amb} + K_D I_{dif}(N \cdot L) + K_S I_{spec}(N \cdot H)^n \tag{11.1}$$

「環境光成分」は一定値ですが、他の2成分は連続的に変化します。

「トゥーン・シェーディング」ではこれらを不連続に変化させるようにします。

263

すなわち、階調数を2～3に落とします。

たとえば、「拡散光成分」を、

$$
I_D = \begin{cases} K_D I_{diff} & (0.7 \le N \cdot L) \\ K_D I_{diff} \times 0.4 & (0.3 \le N \cdot L < 0.7) \\ 0 & (0.0 \le N \cdot L < 0.3) \end{cases} \tag{11.2}
$$

のように設定します。

また、「鏡面光成分」を、

$$
I_S = \begin{cases} 1.0 & \left((N \cdot H)^n \ge 0.5 \right) \\ 0.0 & \left((N \cdot H)^n < 0.5 \right) \end{cases} \tag{11.3}
$$

のように2値化します。

さらに、「物体表面」の「法線N」と「視線ベクトルV」が直交する部分では、「境界」(エッジ)になるので、「縁取り」を描く場合は、「$N \cdot V$」が、ある値以下では、「黒」または「暗い色」で塗りつぶすようにします。

11.1.1 「基本立体」の「トゥーン・シェーディング」

サンプル・プログラム「WglToonShading」は「基本立体」を対象にした「トゥーン・シェーディング」を見るアプリケーションです。

実行例を**図11.1**に示します。

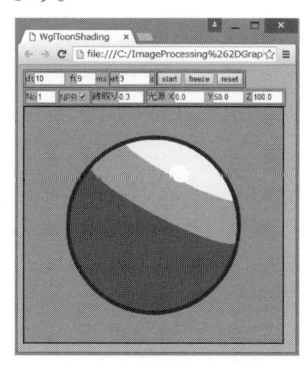

図11.1 「WglToonShading.html」の実行例①

「入力フォーム[No]」によって、「立方体」("CUBE")、「球体」("SPHERE")、「円錐台」("CYLINDER")、「多角錐台」("PRISM")、「トーラス」("TORUS")、「超2次曲面」("SUPER")、の「基本立体」を選択できます。

「チェックボックス[NPR]」を無効にすると、通常のライティングになります。

[縁取り]によって「縁取り」の「幅」を変更できます。

[光源]によって、「光源位置」を変更できます。

[start][freeze][reset]によって、アニメーションを実行できます。
「オブジェクト」は「y軸」を中心軸として回転します。

マウス操作によって「視点」を変更できます。

*

図11.2に「円錐台」と「トーラス」に対する実行例を示します。

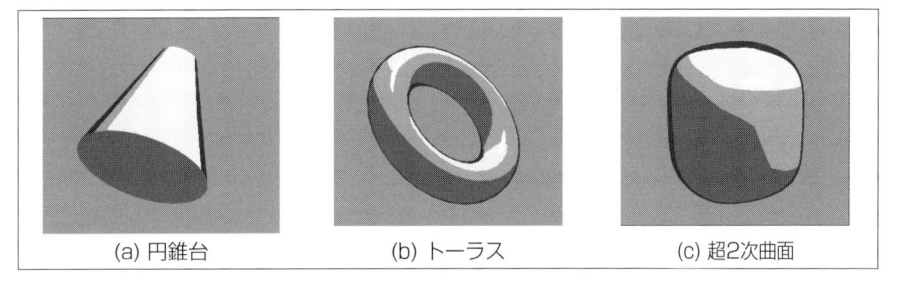

(a) 円錐台　　　　(b) トーラス　　　　(c) 超2次曲面

図11.2　「WglToonShading.html」の実行例②
「球」以外のオブジェクトでは、「縁取り」の「太さ」は「見る角度」で大幅に変化する。

「球体」の場合は、「視点」や「光源」の位置に無関係に、「縁取り」の「幅」は一定です。
しかし他のオブジェクトでは、「視点」や「光源」の位置によって、大幅に変化します。

*

なお、「超2次曲面」は次式で与えられる曲面体です。

$$\left\{\left(\frac{x}{r}\right)^{\frac{2}{\varepsilon_2}}+\left(\frac{y}{r}\right)^{\frac{2}{\varepsilon_2}}\right\}^{\frac{\varepsilon_2}{\varepsilon_1}}+\left(\frac{z}{r}\right)^{\frac{2}{\varepsilon_1}}=1 \tag{11.4}$$

「$\varepsilon_1, \varepsilon_2$」によって形状が変化します。

どちらも「1」のとき、「球体」になります。

このアプリケーションでは、「$\varepsilon_1 = 0.5, \varepsilon_2 = 1.2$」としています。

「JavaScript」側の「init()」ルーチンにおいて、「rigid.eps1」および「rigid.eps2」で変更できます。

*

リスト11.1に「WglToonShading.html」の「フラグメント・シェーダ」を示します。

リスト11.1　「WglToonShading.html」の「フラグメント・シェーダ」

```
<script id = 'fs' type="x-shader/x-fragment">
// フラグメント・シェーダのプログラム
precision mediump float;
uniform vec4 u_lightColor;    // 光源の色
uniform vec4 u_lightPos;      // 光源の位置
uniform vec4 u_diffuseColor;  // 物体の拡散色
uniform vec4 u_ambientColor;  // 物体の環境色
uniform vec4 u_specularColor; // 物体の鏡面色
uniform float u_shininess;    // 物体の光沢度
uniform vec3 u_cameraPos;     // 視点
uniform float u_bordering;    // 縁取り係数
uniform bool u_flagNpr;       // NPRフラグ
varying vec3 v_WorldPos;
varying vec3 v_Normal;
void main()
{
  //法線の正規化
  vec3 N = normalize(v_Normal);
  //光の方向を計算し、正規化
  vec3 L ;
  if(u_lightPos.w == 1.0) L = normalize(u_lightPos.xyz - v_WorldPos);
//点光源
  else L = normalize(u_lightPos.xyz);//平行光源
  //法線と光の方向の内積
  float dotNL = dot(N, L);

  //最終的な色を計算
  vec4 DIFF = u_lightColor * u_diffuseColor;
  vec4 diffuse = DIFF * max(dotNL, 0.0);
  vec4 ambient = u_lightColor * u_ambientColor ;
  vec3 V = normalize(u_cameraPos - v_WorldPos);
  vec3 H = normalize(L + V);
  float powNH = pow(max(dot(N, H), 0.0), u_shininess);
  if(dotNL <= 0.0) powNH = 0.0;
  vec4 specular = powNH * u_lightColor * u_specularColor;

  if(!u_flagNpr){//通常のレンダリング
    gl_FragColor = diffuse + ambient + specular;
```

```
        return;
    }

    float dotNV = max(dot(N, V), 0.0);
    if(dotNV > u_bordering)
    {
        //拡散光を3値化
        if(dotNL >= 0.7)        diffuse = DIFF ;
        else if(dotNL >= 0.3) diffuse = 0.4 * DIFF;
        else diffuse = vec4(0.0);
        //鏡面光成分を2値化
        if(powNH >= 0.5) specular.rgb = vec3(1.0);
        else specular.rgb = vec3(0.0);

        gl_FragColor = diffuse + ambient + specular;
    }
    else gl_FragColor = vec4(0.2, 0.3, 0.3, 1.0);//縁取りの色
}
</script>
```

「トゥーン・シェーディング」に必要なパラメータは、**式(11.2)** および**式(11.3)** の値を使っています。

11.1.2 「漫画風」アニメーション

「WglDogToon」は「犬型ペットロボット」を用いた「トゥーン・シェーディング」による「漫画風アニメーション」を実行するアプリケーションです。

*

実行例を**図11.3**に示します。

図11.3 「WglDogToon.html」の実行例

*

「犬型ロボット」は「ライブラリ・ファイル wglDog.js」で作っています。

パーツとして19個の「超2次曲面」を使っており、すべて「$\varepsilon_1 = 0.8, \varepsilon_2 = 0.5$」としています。

階層構造になっており、各パーツ間に「関節」を置いています。

このモデリングの詳細については、**前著(25)**を参照してください。

「ボタン[start]」で「ペットロボット」が移動します。同じ動作を繰り返します。

「チェックボックス[NPR]」を「無効」にすると、通常のライティングでレンダリングします。

なお、このアプリケーションでは、「影」の「レンダリング」が完全ではありません。

11-2 「オフスクリーン描画」による「画像処理」

「WebGL」でレンダリングした結果を「テクスチャ」として利用できれば、「3Dグラフィックス」に対して「実時間 画像処理」が可能になります。

11.2.1 フレームバッファ・オブジェクト

「WebGL」は、何も指定しなければデフォルトの「フレームバッファ」を使います。

この「フレームバッファ」には「カラー・バッファ」と「Zバッファ」(デプス・バッファ)そして「ステンシル・バッファ」があります。

「カラー・バッファ」には「色情報」が、「Zバッファ」には「深度情報」が書き込まれ、「隠面処理」の結果が「canvas」に表示されます。

「フレームバッファ・オブジェクト」はデフォルトの「フレームバッファ」と違い、「フレームバッファ・オブジェクト」に描画したものは、そのままでは「canvas」には表示されません。

バックグランドにあるメモリ空間に描画され、「スクリーン」には表示されない、という意味で、**「オフスクリーン描画」**と言います。

*

「バックグランド」の描画領域には「テクスチャ・オブジェクト」と「レンダーバッファ・オブジェクト」があります。

「レンダーバッファ・オブジェクト」は、設定によって、

・カラー・バッファ

・Zバッファ

・ステンシル・バッファ

の3通りのバッファとして利用できます。

11.2.2 処理の手順

「フレームバッファ・オブジェクト」に描画した内容をテクスチャとして使うには、

・「カラー情報」を「テクスチャ・オブジェクト」に、

・「深度情報」を「レンダーバッファ・オブジェクト」に、

描き込む必要があります。

*

このような「フレームバッファ」を準備する手順は、以下のようになります。

(1)「フレームバッファ・オブジェクト」を作ってターゲットにバインドする

「フレームバッファ・オブジェクト」を作るメソッドは、

```
gl.createFramebuffer()
```

です。

作った「フレームバッファ・オブジェクト」を使えるようにするには、次のメソッドでカレントの「フレームバッファ・オブジェクト」にバインドしておきます。

```
gl.bindFramebuffer(target, framebuffer)
```

「target」には「gl.FRAMEBUFFER」しか指定できません。

「framebuffer」は「gl.createFramebuffer()」で作った「フレームバッファ・オブジェクト」です。

(2)「テクスチャ・オブジェクト」を作って「パラメータ」を設定する

通常の「テクスチャ・マッピング」と同じように「gl.createTexture()」によって、「テクスチャ・オブジェクト」を作り、「gl.bindTexture()」によってターゲット「gl.TEXTURE_2D」にバインドし、「gl.texImage2D()」と「gl.texParameteri()」によってさまざまなパラメータを設定します。

ここで、「gl.texImage2D()」メソッドは通常の「テクスチャ・マッピング」のときと設定するパラメータが、次のように異なります。

```
gl.texImage2D(target, level, internalformat, width, height,
border, format, type, null)
```

「internalformat」と「format」の間に3個のパラメータが追加されています。

「width」と「height」は作ろうとする「テクスチャ」のサイズであり、やはり「2のべき乗」で指定します。

次項で示すアプリケーションでは、どちらも「512」としています。

「border」はこれまでの「OpenGL」との互換性のために残されたものであり、「0」とします。

また、最後の引数は、実際の画像ファイルを使うわけではないので「null」を指定します。

(3)「レンダーバッファ・オブジェクト」を作って「パラメータ」を設定する

「レンダーバッファ・オブジェクト」を作るメソッドは、

```
gl.createRenderbuffer()
```

です。

この「レンダーバッファ・オブジェクト」を使えるようにするために、次のメソッドでターゲットにバインドします。

```
gl.bindRenderbuffer(target, renderbuffer)
```

「target」には「gl.RENDERBUFFER」だけを指定します。

「renderbuffer」は「gl.createRenderbuffer()」で作った「レンダーバッファ・オブジェクト」です。

バインドが完了したならば、次のメソッドで「レンダーバッファ・オブジェクト」の「フォーマット」「幅」「高さ」を設定します。

```
gl.renderbufferStorage(target, internalformat, width, height)
```

「target」には、やはり「gl.RENDERBUFFER」を指定します。

「internalformat」には、

- **gl.DEPTH_COMPONENT16**：「Zバッファ」として使う場合
- **gl.RGBA4など**　　　　：「カラー・バッファ」として使う場合
- **gl.3TENCIL_INDEX8**　：「ステンシル・バッファ」として使う場合

などがあります。

「width」と「height」は「gl.texImage2D()」で指定した「テクスチャ」のサイズです。

(4)「フレームバッファ・オブジェクト」と「テクスチャ・オブジェクト」を結合する

次のメソッドで「フレームバッファ・オブジェクト」と「テクスチャ・オブジェクト」を結合します。

```
gl.framebufferTexture2D(target, attachment, textarget, texture,
level)
```

「target」には「gl.FRAMEBUFFER」しか指定できません。

「attachment」には次のいずれかを指定します。

- **gl.COLOR_ATTACHMENT0** ：「カラー・バッファ」として使う場合
- **gl.DEPTH_ATTACHMENT** ：「デプス・バッファ」として使う場合

　これから述べるアプリケーションでは「gl.COLOR_ATTACHMENT0」を指定します。

　「textarget」には「gl.texImage2D()」の「第1引数」に一致するように、次のいずれかを指定します。

- gl.TEXTURE_2D
- gl.CUBE_MAP_TEXTURE

　「texture」には「gl.createTexture()」で作った「テクスチャ・オブジェクト」を指定します。
　「level」は「テクスチャ画像」のミップマップのレベルのことであり、使わないときは「0」とします。

(5)「フレームバッファ・オブジェクト」と「レンダーバッファ・オブジェクト」を結合する

　次のメソッドで「フレームバッファ・オブジェクト」と「レンダーバッファ・オブジェクト」を結合します。

```
gl.framebufferRenderbuffer(target, attachment, renderbuffer
target, renderbuffer)
```

　「target」には「gl.FRAMEBUFFER」しか指定できません。
　「attachment」には、次のいずれかを指定します。

- **gl.COLOR_ATTACHMENT0** ：「カラー・バッファ」として使う場合
- **gl.DEPTH_ATTACHMENT** ：「デプス・バッファ」として使う場合
- **gl.STENCIL_ATTACHMENT** ：「ステンシル・バッファ」として使う場合

＊

　以下の「サンプル・プログラム」では「隠面消去」を行なうために「gl.DEPTH_ATTACHMENT」を指定します。
　「renderbuffertarget」には「gl.RENDERBUFFER」しか指定できません。
　「renderbuffer」には「gl.createRenderbuffer()」で作った「レンダーバッファ・オ

271

ブジェクト」を指定します。

*

　以下に示すアプリケーションでは、上記の手順を「initFrameBuffer()」ルーチンにコーディングしています。

11.2.3 単純な3D画像処理

　サンプル・プログラム「WglSimple3D1」〜「WglSimple3D3」は**第8章**で示した単純な画像処理（「色反転」「グレイ・スケール変換」「セピア色変換」「モザイク処理」）を「3Dグラフィックス」に適用するアプリケーションです。

● アプリケーション「WglSimple1」

　図11.4に「WglSimple1」の実行例を示します。

図11.4　「WglSimple3D1.html」の実行例①
左側のレンダリング結果をテクスチャとして、右側の立方体に貼り付けている。

　このように2個の「canvas」を用意し、「左側」に「通常の3Dグラフィックス」をレンダリングし、このレンダリング結果をテクスチャとして、「右側」の「オブジェクト表面」に貼り付けています。

　この図ではまだ画像処理を実行していません。
　「select要素[エフェクト]」で「色反転」「グレイ・スケール」「セピア色」「モザイク」を選択すると、処理結果が右側のオブジェクトに表示されます。

　図11.5に、その「色反転」と、「モザイク」の処理結果を示します。

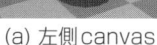

(a) 左側canvas　　　　　(b) 色反転　　　　　(c) モザイク処理

図11.5 「WglSimple3D1.html」の実行例②

(b)と(c)に「右側canvas」を示す。「左側canvas」を「原画像」として「エフェクト処理」した結果が「立方体表面」に貼り付けられる。

このアプリケーションでは、左右の「canvas」を、独立にマウス操作で、カメラ視点を変更できます。

[start][freeze][reset]でオブジェクトを回転させるアニメーションを実行できます。

ラジオボタン[No]で回転するオブジェクトを選択します。

"0"で円柱が、"1"でトーラスが、"2"で右側canvasの立方体が、"all"ですべてが回転します。

「円柱」と「トーラス」はx軸回転、「立方体」はy軸回転になります。

● アプリケーション「WglSimple3D2」

「WglSimple2.html」は、前のアプリケーションで、「右側」のオブジェクトを「平面オブジェクト」に変え、「平行投影」(正射影投影)によって「canvas」と同じ大きさになるように表示したアプリケーションです。

＊

実行例を図11.6に示します。

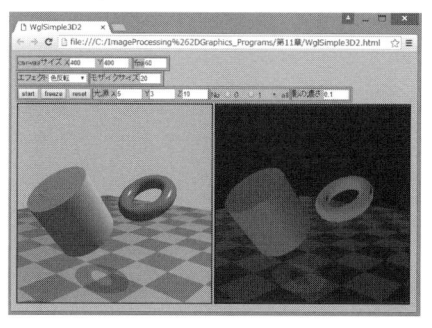

図11.6 「WglSimple3D2.html」の実行例

「右側」の「平面オブジェクト」を移動させる必要はないので、「回転オブジェクト」は「"0"の円柱」「"1"のトーラス」だけにしています。

同じように、「右側のカメラ視点」は「固定」しており、「マウス操作」によって、「左右」どちらも同じように変化できるように変更しています。

● アプリケーション「WglSimple3D3」

前のアプリケーションにおいて、「左側」の「canvas要素」のサイズを「0」に設定すると、エフェクト処理可能な「右側」の「canvas」だけを表示することができます。

「WglSimple3」は、**第8章**の「画像処理アプリケーション」と同じように、「canvas」に「四角形」を表示し、「フレームバッファ・オブジェクト」にレンダリングした「3Dグラフィックス」をテクスチャとしてその「四角形」に貼り付け、ファイルから読み込んだ画像と同じように 画像処理を実行しています。

画像処理を実行する側では、「3Dグラフィックス」のための「光源」や「カメラ」は使わない点が、前の2つのアプリケーションと異なります。

図11.7に実行例を示します。

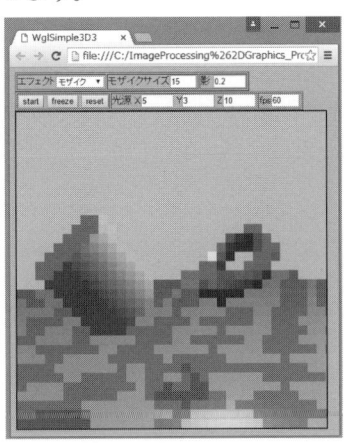

図11.7 「WglSimple3D3.html」の実行例

11.2.4 「WglSimple3D1」「2」のプログラム

● 「JavaScript」側のメイン・ルーチン

リスト11.2に「wglSimple3D1.js」の「webMain()」ルーチンを示します。

リスト11.2 「wglSimple3D1.js」の「webMain()」ルーチン

```
 1 function webMain()
 2 {
 3   //Canvas要素を取得する
 4   canL = document.getElementById('WebGL_Left');
 5   canR = document.getElementById('WebGL_Right');
 6
 7   //WebGL描画用のコンテキストを取得する
 8   gl_L = canL.getContext("webgl");//左側
 9   gl_R = canR.getContext("webgl");//右側
10   //シェーダ・プログラムのソースを読み込む
11   var VS_SOURCE = document.getElementById("vs").textContent;
12   var FS_SOURCE = document.getElementById("fs").textContent;
13   //シェーダを初期化する
14   initGlsl(gl_L, VS_SOURCE, FS_SOURCE);
15   initGlsl(gl_R, VS_SOURCE, FS_SOURCE);
16
17   init();
18   initFramebuffer(gl_R);
19   display();
20
21   var animate = function()
22   {
23     //繰り返し呼び出す関数を登録
24     requestAnimationFrame(animate);
25     //時間計測
26     var currentTime = new Date().getTime();
27     var frameTime = (currentTime - lastTime) / 1000.0;
                                              //時間刻み[sec]
28     elapseTime += frameTime;
29     fps ++;
30     if(elapseTime >= 0.5)
31     {
32       form1.fps.value = 2.0 * fps.toString(); //0.5秒間隔で表示
33       fps = 0;
34      elapseTime = 0.0;
35     }
36     lastTime = currentTime;
37     if(flagStart)
38     {
39       display();
40       if(selectNo < 2) rigid[selectNo].vEuler.x += angleStep
   * frameTime;//回転角を更新
41       //右側はy軸回転
42       else if(selectNo == 2) rigid[selectNo].vEuler.y += ang
   leStep * frameTime;//回転角を更新
43       else //for all
```

```
44        {
45            for(var i = 0; i < 2; i++) rigid[i].vEuler.x += ang
   leStep * frameTime;
46            rigid[2].vEuler.y += angleStep * frameTime;
47        }
48     }
59   }
50   animate();
51 }
```

プログラム解説

①「キャンバス要素」を取得（4、5行目）

　左右2個のキャンバスを使うので、それぞれについて2個のキャンバス要素「canL」「canR」を取得します。

②「描画用コンテキスト」を取得（8、9行目）

　描画用コンテキストも左右のキャンバスように、それぞれ「gl_L」「gl_R」を「getConrext()」メソッドで取得します。

③「シェーダ・プログラム」の「ソース」を読み込み、初期化する（11〜15行目）

　2つの描画用コンテキストに対して同じシェーダ・プログラムで初期化しています。

④「光源」「カメラ」「3Dモデル」の初期化（17行目）

　「init()」ルーチンをコールして「Lightクラス」「Cameraクラス」「Rigidクラス」の「オブジェクト」を作り、初期化します。

⑤「フレームバッファ・オブジェクト」の初期化（18行目）

　「initFramebuffer()」をコールして「フレームバッファ・オブジェクト」に関する初期化を行ないます。

⑥「描画」する（19行目）

　「display()」ルーチンをコールしてレンタリングします。

⑦「アニメーション」を実行する（21〜50行目）

　3Dモデルが回転するアニメーション・ルーチンです。

● 「テクスチャ」を作るプログラム

　「3Dグラフィックス」の結果をテクスチャとして用いるために、「display()」ルーチンにおいて「makeTexture()」ルーチンをコールし、「フレームバッファ・オブジェクト」に格納します。

　リスト11.3に「makeTexture()」ルーチンを示します。

リスト11.3 「wglSimple3D1.js」の「makeTexture()」ルーチン

```
 1  function makeTexture(gl, camera0)
 2  {
    //左側のシーンをテクスチャにするためにフレームバッファ・オブジェクトへ描画
 3    //光源位置・色をシェーダへアップロード
 4    var lightPosLoc = gl.getUniformLocation(gl.program, 'u_lightPos');
 5    var lightColLoc = gl.getUniformLocation(gl.program, 'u_lightColor');
 6    gl.uniform4fv(lightPosLoc, light.pos);
 7    gl.uniform4fv(lightColLoc, light.color);
 8
 9    //ビュー投影行列を計算する
10    var vpMatrix = new Matrix4();// 初期化
11    vpMatrix.perspective(camera0.fovy, 1, camera0.near, camera0.far);
12    if(Math.cos(Math.PI * camera0.theta /180.0) >= 0.0)
                        //カメラ仰角90度でビューアップベクトル切替
13        vpMatrix.lookAt(camera0.pos[0], camera0.pos[1], camera0.pos[2], camera0.cnt[0], camera0.cnt[1], camera0.cnt[2], 0.0, 0.0, 1.0);
14    else
15        vpMatrix.lookAt(camera0.pos[0], camera0.pos[1], camera0.pos[2], camera0.cnt[0], camera0.cnt[1], camera0.cnt[2], 0.0, 0.0, -1.0);
16
17    var vpMatrixLoc = gl.getUniformLocation(gl.program, 'u_vpMatrix');
18    gl.uniformMatrix4fv(vpMatrixLoc, false, vpMatrix.elements);
19
20    gl.bindFramebuffer(gl.FRAMEBUFFER, fbObj);//FBO側に描画
21    gl.clearColor(0.7, 0.8, 0.8, 1.0);
22    // カラー・バッファとデプス・バッファをクリアする
23    gl.clear(gl.COLOR_BUFFER_BIT | gl.DEPTH_BUFFER_BIT);
24    gl.viewport(0, 0, OS_SIZE, OS_SIZE);
25
26    var n = dummy.initVertexBuffers(gl);//ダミー
27    n = rigid[0].initVertexBuffers(gl);
28    rigid[0].draw(gl, n);
29    n = rigid[1].initVertexBuffers(gl);
30    rigid[1].draw(gl, n);
31    n = floor0.initVertexBuffers(gl);
32    floor0.draw(gl, n);
33    drawShadowLeft(gl)
34
35    gl.bindFramebuffer(gl.FRAMEBUFFER, null);//カラー・バッファ描画に戻す
36  }
```

18行目までは通常の「3Dグラフィックス」と同じです。

20行目において「gl.bindFramebuffer()」メソッドを用いて描画先を「フレーム
バッファ・オブジェクト」に設定しています。

「第2引数」の「fbObj」は「initFramebuffer()」ルーチンで作った「フレームバッ
ファ・オブジェクト」です。

24行目の「gl.viewport()」メソッドには「オフ・スクリーン・レンダリング」のサ
イズを指定します(「OS_SIZE」はグローバル変数で定義しています)。

27~32行目で「左側キャンバス」にレンダリングする「オブジェクト」と同じ番
号の「3Dモデル」および「フロア」をレンダリングします。

●「テクスチャ」を「描画」するプログラム

リスト11.4に示す「drawSceneRight()」は「makeTexture()」ルーチンで作った
「テクスチャ」を、「右側canvas」に「レンダリング」するルーチンです。

リスト11.4 「wglSimple1.js」の「drawSceneRight()」ルーチン

```
 1 function drawSceneRight(gl)
 2 {
 3   var effectLoc = gl.getUniformLocation(gl.program, 'u_effectNo');
 4   gl.uniform1i(effectLoc, effectNo);
 5   var widthLoc = gl.getUniformLocation(gl.program, 'u_canWidth');
 6   gl.uniform1f(widthLoc, canL.width);
 7   var heightLoc = gl.getUniformLocation(gl.program, 'u_canHeight');
 8   gl.uniform1f(heightLoc, canL.height);
 9   var mSizeLoc = gl.getUniformLocation(gl.program, 'u_mSize');
10   var mSize = parseFloat(form1.mosaicSize.value);
11   gl.uniform1f(mSizeLoc, mSize);
12
13   //makeTexture()で作成したテクスチャをrigid[2]に描画
14   gl.clearColor(0.0, 0.3, 0.5, 1.0);
15   // カラー・バッファとデプス・バッファをクリアする
16   gl.clear(gl.COLOR_BUFFER_BIT | gl.DEPTH_BUFFER_BIT);
17   gl.viewport(0, 0, canR.width, canR.height);
18
19   //テクスチャをシェーダへアップロード
20   gl.activeTexture(gl.TEXTURE0);
21   gl.bindTexture(gl.TEXTURE_2D, fbObj.texture);
22   var samplerLoc = gl.getUniformLocation(gl.program, "u_texture");
23   gl.uniform1i(samplerLoc, 0);//gl.TEXTURE0を適用
24
25   //オブジェクトを描画
```

```
26   var n = rigid[2].initVertexBuffers(gl);
27   rigid[2].draw(gl, n);
28   gl.bindTexture(gl.TEXTURE_2D, null);
29
30   floor0.col1 = [0.4, 0.4, 0.6, 1.0];
31   floor0.col2 = [0.6, 0.4, 0.4, 1.0];
32   n = dummy.initVertexBuffers(gl);//ダミー
33   n = floor0.initVertexBuffers(gl);
34   floor0.draw(gl, n);
35
36   drawShadowRight(gl)
37 }
```

プログラム解説 •

3～11行目において「エフェクト処理」に必要な「パラメータ」を「シェーダ」に渡しています。

17行目の「gl.viewport()」メソッドには、「右側canvas」の「サイズ」を指定します。

21行目の「gl.bindTexture()」メソッドの「第2引数」には「initFramebuffer()」ルーチンで作った「フレームバッファ・オブジェクト fbObj」のプロパティ、「texture」を指定します。

22、23行目において、そのテクスチャを、"u_texture"という「サンプラ名」で、シェーダに渡しています。

26、27行目でテクスチャを貼りつけるための「立方体」をレンダリングしています。

●「シェーダ」側のプログラム

≪頂点シェーダ≫

以上、2個の「アプリケーション」の「シェーダ」側のプログラムは同じであり、「頂点シェーダ」と「フラグメント・シェーダ」は、どちらも1つです。

リスト11.5に「頂点シェーダ」を示します。

リスト11.5 「WglSimple3D1,2」の「頂点シェーダ」

```
1 <script id = 'vs' type="x-shader/x-vertex">
2 attribute vec4 a_vertex;     //頂点座標
3 attribute vec2 a_texCoord;   //テクスチャ座標
4 attribute vec4 a_normal;     //法線ベクトル
```

```
 5 attribute vec4 a_color;       //フロアのチェック模様のときだけ
 6 uniform mat4 u_vpMatrix;      //ビュー投影行列
 7 uniform mat4 u_modelMatrix;   //モデル行列
 8 uniform mat4 u_normalMatrix;  //法線の座標変換行列
 9 uniform bool u_flagCheck;     //フロアのチェック模様フラグ
10 uniform bool u_flagTexture;   //テクスチャ・フラグ
11 varying vec3 v_WorldPos;      //FSへ渡す頂点のワールド座標
12 varying vec3 v_Normal;        //FSへ渡す頂点の法線ベクトル
13 varying vec4 v_ColorCheck;    //FSに渡すチェック模様
14 varying vec2 v_TexCoord;      //FSへ渡すテクスチャ座標
15
16 void main()
17 {
18     //頂点のワールド座標における位置と法線ベクトルを計算
19     v_WorldPos = vec3( u_modelMatrix * a_vertex);
20     v_Normal = normalize(vec3( u_normalMatrix * a_normal));
21     //フロアのチェック模様
22     if(u_flagCheck == true) v_ColorCheck = a_color;
23     if(u_flagTexture) v_TexCoord = a_texCoord;
24
25     gl_Position = u_vpMatrix * u_modelMatrix * a_vertex;
16 }
17 </script>
```

プログラム解説 ・・・・・・・・・・・・・・・・・・・・・・・・・・・・・・・・・・・・・・・

　「頂点シェーダ」は、通常の「3Dグラフィックス」とほとんど同じです（**第10章**
の**リスト10.2**参照）。

　「フロア」が「チェック模様」になるように変更した点が、異なります（**5、9、13、
22行目**）。

≪フラグメント・シェーダ≫

　リスト11.6に「フラグメント・シェーダ」を示します。

　　　　　　リスト11.6　「WglSimple3D1,2」の「フラグメント・シェーダ」

```
 1 <script id = 'fs' type="x-shader/x-fragment">
 2 precision mediump float;
 3 uniform sampler2D u_texture;   //テクスチャ
 4 uniform int u_effectNo;        //0:変化なし
 5 uniform float u_canWidth;      //canvasサイズ
 6 uniform float u_canHeight;
 7 uniform float u_mSize;         //モザイクサイズ
 8 uniform vec4 u_diffuseColor;   //物体の拡散色
 9 uniform vec4 u_ambientColor;   //物体の環境色
10 uniform vec4 u_specularColor;  //物体の鏡面色
11 uniform float u_shininess;     //物体の光沢度
```

```
12 uniform vec4 u_lightColor;      //光源の色
13 uniform vec4 u_lightPos;        //光源の位置
14 uniform vec3 u_cameraPos;       //視点の位置
15 uniform float u_shadow;         //影の濃さ
16 uniform bool u_flagCheck;
17 uniform bool u_flagTexture;
18 varying vec3 v_WorldPos;
19 varying vec3 v_Normal;
20 varying vec4 v_ColorCheck;
21 varying vec2 v_TexCoord;
22
23 void main()
24 {
25   // 法線の正規化
26   vec3 N = normalize(v_Normal);
27   // 光の方向を計算し、正規化
28   vec3 L ;
29   if(u_lightPos.w == 1.0) L = normalize(u_lightPos.xyz - v_
   WorldPos);
30   else L = normalize(u_lightPos.xyz);
31   // 法線と光の方向の内積
32   float dotNL = dot(N, L);
33
34   // 拡散色と環境色の計算
35   vec4 diffuse, ambient;
36
37   if(u_flagCheck)
38   {//フロアのチェック模様
39     diffuse = u_lightColor * v_ColorCheck * max(dotNL, 0.0);
40     ambient = u_lightColor * v_ColorCheck * 0.5;
41     ambient.a = 1.0;
42   }
43   else
44   {
45     diffuse = u_lightColor * u_diffuseColor * max(dotNL, 0.0);
46     ambient = u_lightColor * u_ambientColor ;
47   }
48   //鏡面色の計算
49   vec3 V = normalize(u_cameraPos - v_WorldPos);
50   vec3 H = normalize(L + V);
51   float powNH = pow(max(dot(N, H), 0.0), u_shininess);
52   if(dotNL <= 0.0) powNH = 0.0;
53   vec4 specular = powNH * u_lightColor * u_specularColor;
54   vec4 texColor = texture2D(u_texture, v_TexCoord);
55
56   if(u_effectNo == 0) { }//エフェクト無し(原画像)
57
58   else if(u_effectNo == 1){//色反転
59     texColor.rgb = vec3(1.0 - texColor.r, 1.0 - texColor.g,
   1.0 - texColor.b);
60   }
61   else if(u_effectNo == 2){//grayscale
62     float gray = 0.299*texColor.r + 0.587*texColor.g + 0.114*
```

```
    texColor.b;//NTSC
63    texColor.rgb = vec3(gray);
64  }
65  else if(u_effectNo == 3){//sepia
66    float gray = 0.299*texColor.r + 0.587*texColor.g + 0.114*
    texColor.b;//NTSC
67    texColor.rgb = vec3(gray*0.95, gray*0.7, gray*0.4);
68  }
69  else{//mosaic
70    int I = int(v_TexCoord.x*(u_canWidth) / u_mSize);
71    int J = int(v_TexCoord.y*(u_canHeight) / u_mSize);
72    //テクスチャ代表点
73    vec2 texCoord = vec2((float(I) * u_mSize + u_mSize/
    2.0)/u_canWidth,(float(J) * u_mSize + u_mSize/2.0)/u_canHeight);
74    texColor  = texture2D(u_texture, texCoord);
75  }
76
77  if(u_shadow < 0.01)// shadowでないとき
78  {
79    if(u_flagTexture)
80      gl_FragColor = (diffuse + ambient) * texColor + specular;
81    else
82      gl_FragColor = diffuse + ambient + specular;
83  }
84  else// shadowのとき
85    gl_FragColor = vec4(0.0, 0.0, 0.0, u_shadow);
86 }
87 </script>
```

プログラム解説 ●

　「フラグメント・シェーダ」も、「エフェクト処理」「フロアのチェック模様」や「影表示」を除けば、**第10章のリスト10.3**とほとんど同じです。

11.2.5 「WglSimple3D3」のプログラム

　アプリケーション「WglSimple3D3」は、「シェーダ・プログラム」を2組使っています。

　「テクスチャ」を作る「シェーダ」は、「頂点シェーダ」の「ID名」が"vs_Tex"、「フラグメント・シェーダ」の「ID名」が"fs_Tex"です。

　「エフェクト」を実行する「シェーダ」は、「頂点シェーダ」の「ID名」が"vs_Effect"、「フラグメント・シェーダ」の「ID名」が"fs_Effect"です。

　このようなとき、「JavaScript」側では、それぞれの「プログラム・ソース」に対し、シェーダの初期化を2回実行する必要があります。

リスト11.7に「WglSimple3D3」の「webMain()」ルーチン冒頭部分を示します。

リスト11.7 「wglSimple3D3.js」の「webMain()」ルーチン冒頭部分

```
 1  function webMain()
 2  {
 3      //Canvas要素を取得する
 4      can = document.getElementById('WebGL_Right');
 5
 6      //WebGL描画用のコンテキストを取得する
 7      gl = can.getContext("webgl");
 8      //シェーダ・プログラムのソースを読み込む(テクスチャ作成側)
 9      var VS_SOURCE = document.getElementById("vs_Tex").textContent;
10      var FS_SOURCE = document.getElementById("fs_Tex").textContent;
11      //シェーダを初期化する
12      initGlsl(gl, VS_SOURCE, FS_SOURCE);
13      progTex = gl.program;//テクスチャ作成側のプログラム・オブジェクト
14
15      //シェーダ・プログラムのソースを読み込む(エフェクト実行側)
16      var VS_SOURCE = document.getElementById("vs_Effect").
    textContent;
17      var FS_SOURCE = document.getElementById("fs_Effect").
    textContent;
18      //シェーダを初期化する
19      initGlsl(gl, VS_SOURCE, FS_SOURCE);
20      progEffect = gl.program;//エフェクト実行側のプログラム・オブジェクト

//以下割愛
```

プログラム解説 ●

12行目および**19行目**において、「initGlsl()」関数によって初期化され、その次の行でそれぞれ「progTex=gl.program」「progEffect=gl.program」と書かれています。

シェーダ初期化ルーチン「initGlsl()」内部では「gl.createProgram()」でプログラム・オブジェクト「program」を作り、「gl.useProgram(program)」によって、その「program」を使うことを「WebGL」システムに伝えています。さらに、「gl.program = program」としています。

この「gl.program」は、「シェーダ・プログラム」にデータを送るときのメソッドの「第1引数」に使われています。「シェーダ・プログラム」が1組のシェーダであれば、

```
initGlsl(gl, VS_SOURCE, FS_SOURCE)
```

によって、「シェーダ」は「初期化」され、「gl.program」は「初期化」によって作られ

た「プログラム・オブジェクト」になります。

　しかし、複数の「シェーダ・プログラム」からなる場合は、使う「プログラム・オブジェクト」を明示的に切り替える必要があります。

　「makeTexture()」ルーチンの冒頭において、

```
gl.useProgram(progTex);
gl.program = progTex;
```

の2行をコーディングしています。

　同じように、「drawSceneEffect()」ルーチンでは、

```
gl.useProgram(progEffect);
gl.program = progEffect;
```

を必要とします。または、「gl.program」の代わりに「progTex」、または「progEffect」を直接使います。

　なお、2つのプログラム・オブジェクト名「progTex」「progEffect」は、「グローバル変数」として宣言してあります。

11.2.6 その他の「3D画像処理」

　「3Dグラフィックス」に対し、**第8章**で示した「画像処理」(スムージングとエッジ検出) を実行できるアプリケーションを作ります。プログラミングのスタイルは、「WglSimple3D3」と同じです。

＊

　「WglSmoothing3D」の実行例を**図11.8**に示します。

　標準偏差「$\sigma=5.0$」、フィルタ・サイズ「9×9」のときの「ガウシアン・フィルタ」です。

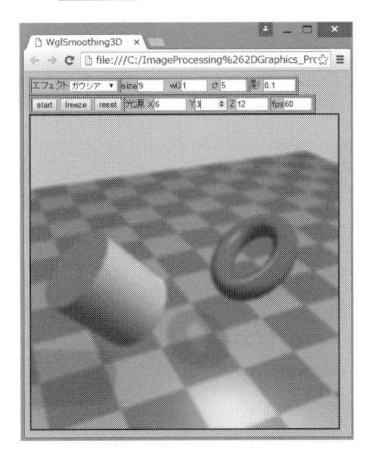

図11.8 「WglSmoothing3D.html」の実行例

第8章の「WglSmoothing」と同じように、「フィルタ係数」や「オフセット」の計算は「JavaScript」側の「onChangeEffect()」ルーチンで計算し、「シェーダ」側に渡しています。

*

「WglEdgeFilter3D」の実行例を**図11.9**に示します。

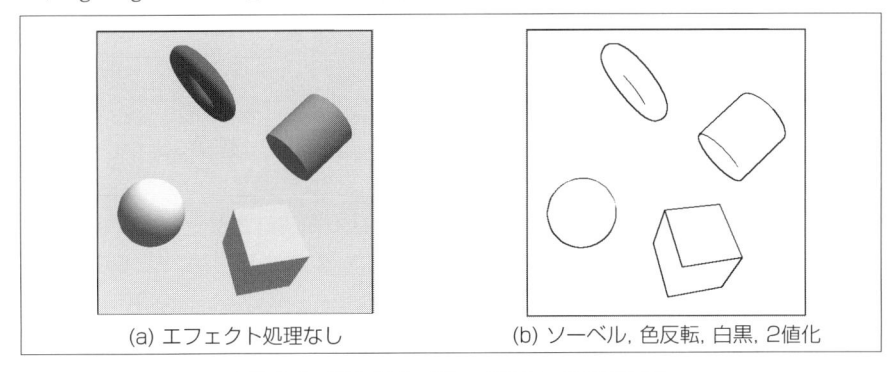

(a) エフェクト処理なし　　　　　　(b) ソーベル, 色反転, 白黒, 2値化

図11.9 「WglEdgeFilter3D.html」の実行例

「オブジェクトの輪郭」や「面の境界」を検出するには、「鏡面光」は必要ないので、省略しています。

「オブジェクト個数」を4個に増やし、「床面」および「影表示」を除いています。

図11.9(a)は「エフェクト処理前」の「3D-CG」の結果で、(b)は「ソーベル」フィルタ処理後に、「色反転」「白黒」「2値化」を有効化したときの結果です。

285

　なお、「アニメーション」を実行すると、各オブジェクトは、「自転」だけでなく「公転」もできるように変更してあります。

11-3　「法線」と「深度」による「エッジ検出」

　アプリケーション「WglEdgeFilter」の結果から分かるように、通常の「3D-CG」の「色」だけによる「エッジ検出」では、その効果が不充分です。

　特に「多面体の輪郭」は検出できても、「輪郭内部」の「エッジ」に対しては、「光源」と「視点」の「位置関係」によって「隣同士」の「色」や「明るさ」がほとんど同じになるからです。

　11.1節の「トゥーン・シェーディング」も「多面体」に対しては「面全体」が輪郭として塗りつぶされることがあります。

　このような欠点を解決するには、「色情報」だけでなく、「法線情報」と「奥行き情報」(深度、Z値)を利用する必要があります。

●「法線」と「深度」の「値」を、「色データ」に変換

　「法線成分」は「x, y, z成分」があり、それぞれ「r, g, b」色成分に対応させると、「色データ」として利用できます。

　「JavaScript」側で「モデリング」した「法線」は、「シェーダ」側では$[-1,1]$に正規化されています。

　しかし、「色データ」として使うためには、$[0, 1]$の範囲に変換しなければなりません。

　「法線」の値を「n」としたとき、「$(n+1)/2$」とすれば、「色データ」として利用できます。

＊

　「深度」は「頂点シェーダ」側で「クリップ座標系」の「頂点座標gl_Position」の「x, y, z」成分を、4番目の成分「gl_Position.w」で割ると得られ、やはり、$[-1,1]$に正規化されています。

　「深度値」は「1成分」なので、「r, g, b」色成分に変換すると、「グレイ・スケール」の「濃度値」を得ます。

●　実行例

　「WglEdgeFilter3D2」は「色情報」以外に「法線」と「奥行き情報」を使って「エッジ検出」できるアプリケーションです。

＊

実行例を**図11.10**に示します。

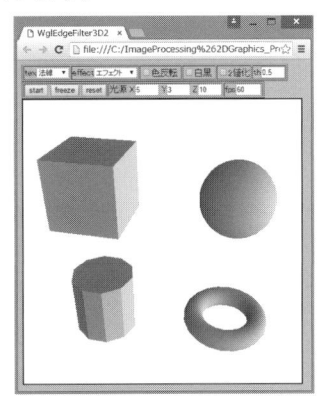

図11.10　「WglEdgeFilter3D2.html」の実行例①
「エッジ検出前」の「法線」色情報。

　このアプリケーションでは、「select 要素」が2つあり、[tex] はテクスチャとして、"色""法線""深度"を選択できます。

　[effect] によって、これまで通り"プレウィット""ソーベル""ロバーツ""ラプラシアン1""ラプラシアン2"を選択します。

　この図では。「法線」テクスチャを選択し、「エフェクト処理」を実行していない状態を、表示しています。

　「アプリケーション」は、「立ち上げ」た状態では、「手前」が「x軸」、「右」が「y軸」、「上」が「z軸」方向となっています。

　「視点」を「右上」に移して、表示しています。

　「立方体」で見るとはっきりしますが、「手前の面」の「法線成分」は(1.0, 0.0, 0.0)です。

　「法線」と「深度」の「値」を、「色データ」に変換」で述べた「色変換処理」によって(1.0, 0.5, 0.5)となっています。

　同様に、「右の面」は(0.5, 1.0, 0.5)、「上の面」は(0.5, 0.5, 1.0)となっています。

「表示オブジェクト」は、「立方体」「球」「多角柱」「トーラス」の4個です。

＊

図11.11は、前図の「法線」テクスチャに対し「ソーベル」と「ラプラシアン2」の「エッジ・フィルタ」を実行し、「色反転」「白黒」「2値化」の「ラジオボタン」をすべて「有効」にしたときの結果です。

同じように見えますが、「ラプラシアン2」のほうが、やや太く、「はっきり」したエッジが得られます。

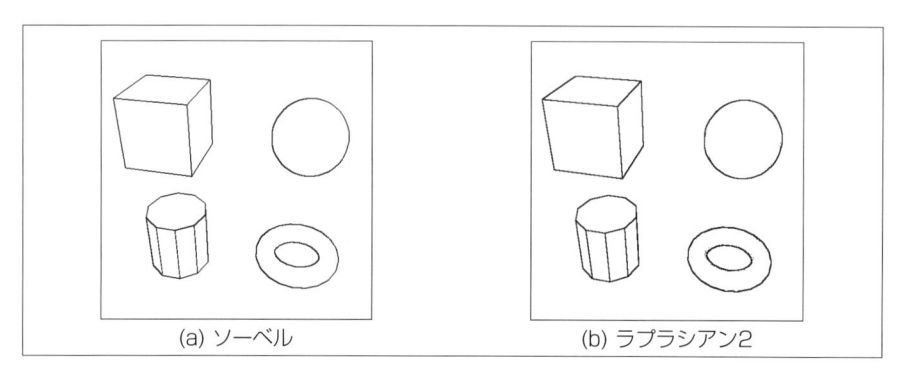

(a) ソーベル　　　　　　　　(b) ラプラシアン2

図11.11 「WglEdgeFilter3D2.html」の実行例②
前図の「法線テクスチャ」に対する「エッジ検出」。
どちらも「色反転」「白黒」「2値化」を有効にしている。

図11.12に「テクスチャ」が“深度”のときの、「無処理」および「ソーベル」と「ラプラシアン2」の実行結果を示します。

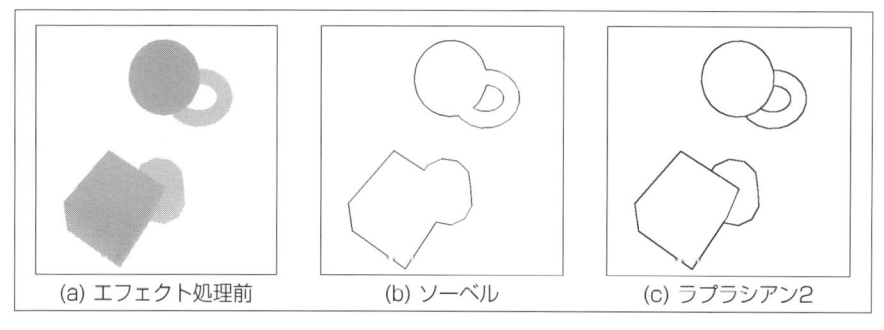

(a) エフェクト処理前　　　(b) ソーベル　　　　(c) ラプラシアン2

図11.12 「WglEdgeFilter3D2.html」の実行例③
「深度テクスチャ」を用いたときの「エッジ検出」。
「ソーベル」フィルタではオブジェクトが重なった領域で輪郭が消える。

(a)の「無処理」のときは「rgb値」が等しいので、「グレイ・スケール画像」となります。

「視点」に近いほど「画素値」が低いので、暗くなります。

わざと2個の「オブジェクト」が重なった例を示しています。

(b)のように「ソーベル」フィルタでは「オブジェクト」が重なった領域で「輪郭」が検出できないことがあります。

わずかな「画素値」の違いでも(c)のように「ラプラシアン2」フィルタのほうが「輪郭検出」には優れています。

どちらも「内部エッジ」を検出することは不可能です。

＊

以上の結果、「オブジェクト」の「輪郭」および「多面体内部」の「エッジ検出」には、「法線」テクスチャと、「ラプラシアン2」フィルタの組み合わせが、もっとも有効です。

「多角柱」のような場合、「多面体」の「面数」が増えるに従って、隣り合う「面」の「法線」が近い値になり、「エッジ検出」は不充分になります。

また、「法線」テクスチャのとき、「ラプラシアン2」フィルタでも同じ方向の面が重なり合ったとき、手前のオブジェクトの「輪郭線」が検出できないことがあります。

なお、「WglEdgeFilter3D2」から、「エフェクト側フラグメント・シェーダ」において「ラプラシアン」に対する積和演算の結果を、「abs()」関数で「絶対値化」しています。

第5章図5.2で示したように、「ラプラシアン処理」は「正負」の値が隣り合っているので、「2値化」したときに「エッジ」は細く途切れることがあります。

「絶対値化」することで、エッジが太くなり、途切れる確率も、少なくなります。

11-4 「MRT」を用いた「エッジ検出」

前節の結果から、多くの「面」を有する「多面体」に対しても、「内部エッジ」を検出し、重なり合ったオブジェクトに対しても、良好な「輪郭線」を抽出するには、「ラプラシアン2」フィルタが優れていることが分かりました。

そのためには、「法線」テクスチャと「深度」テクスチャを、同時に作る必要があります。

一度に複数の「テクスチャ」を作るには、「MRT(Multiple Render Targets)」と呼ばれる技術を使います。

＊

なお、以後の文章では、「ラプラシアン2」を、単に、「ラプラシアン」と呼びます。

11.4.1 「MRT」を利用するための「拡張機能」

「MRT」は一度に「フレームバッファ・オブジェクト」に、複数の「テクスチャ」を作ることが、「WebGL 1.0」ではサポートされていない技術であり、「拡張機能」を利用しなければなりません。

＊

最初に自分が使っているパソコンで、この「拡張機能」が利用できるかどうかを、「JavaScript」側で、以下のように調べます。

```javascript
ext = gl.getExtension('WEBGL_draw_buffers');
if(!ext){
    alert('WEBGL_draw_buffers not supported');
    return;
}else{
    // アタッチできるテクスチャの数などを調べる
    console.log("アタッチ可能バッファ数 = "
+ gl.getParameter(ext.MAX_COLOR_ATTACHMENTS_WEBGL));
    console.log("書き込み可能バッファ数 = "
+ gl.getParameter(ext.MAX_DRAW_BUFFERS_WEBGL));
}
```

プログラム解説 ••••••••••••••••••••••••••••••••••••

1行目の「gl.getExtension()」メソッドを用いて「拡張機能」を有効化します。

有効化できれば、「MRT」の「最大性能」を「gl.getParameter()」で調べます。

「フレーム・バッファ」に「アタッチ」できる「カラー・バッファ」の「最大数」と、同時に書き込みできる「バッファ」の「最大数」を得ることができます。

筆者の使っているパソコンでは、どちらも「4」でした。

「拡張機能」を有効化したときに得られたオブジェクト「ext」は、「フレームバッファ・オブジェクト」を作るルーチンなどで利用します。

＊

さらに、「テクスチャ」を作る「フラグメント・シェーダ」において、

```
#extension GL_EXT_draw_buffers : require
```

の1行を追加します。

＊

「プログラムの詳細」は**1.4.3項**で述べます。

11.4.2 | アプリケーション「WglEdgeMRT」

「WglEdgeMRT」は「MRT」によって、「色」「法線」「深度」のテクスチャを、同時に作り、「ラプラシアン」フィルタを用いて、「内部エッジ」と「輪郭」を検出するアプリケーションです。

＊

実行例を**図11.13**に示します。

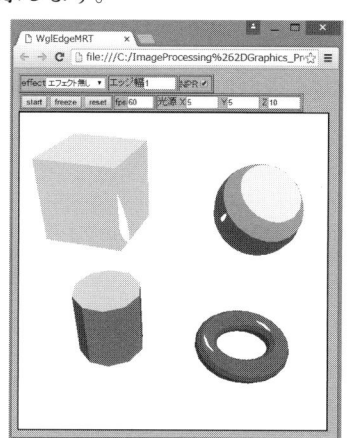

図11.13 「WglEdgeMRT.html」の実行例①
「チェックボックス[NPR]」を「無効」にすると、通常の「3D-CG」のライティングで作られた「色」テクスチャが表示される。

「テクスチャ」を作る「シェーダ」側では、通常の「3D-CG」か、または、「縁取り」を除いた「トゥーン・シェーディング」によって、「色テクスチャ」を作っています。
　チェックボックス[NPR]によって、切り替えることができます。
　「デフォルト」では、「有効」となっています。

この図は、アプリケーションを立ち上げた状態です(「視点」はマウスで変更しています)。

「select 要素 [effect]」によって、

・エフェクトなし

・エッジ

・輪郭

・色＋エッジ

・色＋輪郭

の4種類を選択できます。

ここで、「エッジ」は、「内部エッジ」と「輪郭によるエッジ」すべてを含み、「輪郭」は「内部エッジ」を含まない「縁取り部分」の「輪郭」を表わしています。

＊

図11.14に「エッジ」「色＋エッジ」「色＋輪郭」のエフェクトを示します。

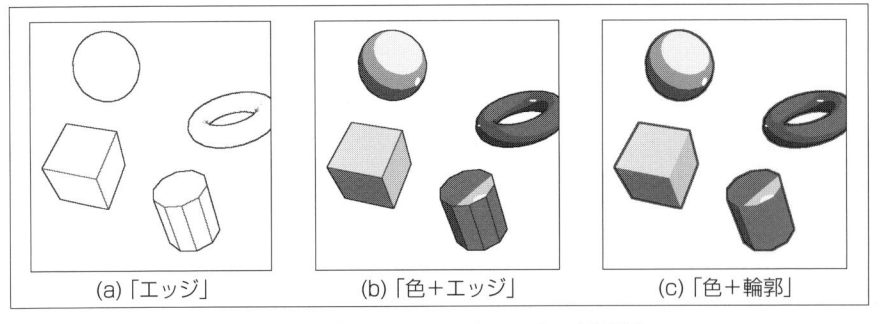

(a) 「エッジ」　　　　(b) 「色＋エッジ」　　　　(c) 「色＋輪郭」

図11.14　「WglEdgeMRT.html」の実行例②
3種類のエフェクトを表示。
(c)の「色＋輪郭」に対しては「エッジ幅」を「2」としている。

「エッジの幅」は、「入力要素 [エッジ幅]」で変更できます。

これは「onChangeEffect()」ルーチンにおいて「オフセット値」を整数倍することで、可能です。

正確な「ピクセル値」の「線幅」ではなく、相対的な幅です。

なお、「WglTestMRT」は「MRT」が利用できるかテストしたアプリケーションです。「エッジ・フィルタ」を除いたプログラムです。

11.4.3 「WglEdgeMRT」のプログラム

「WglEdgeMRT」がこれまでのアプリケーションと大きく異なる点は、「フレームバッファ・オブジェクト」に複数の「テクスチャ」を作ることです。

● 「JavaScript」側のプログラム

≪準備≫

「複数テクスチャ」を作るための準備を、**リスト11.8**に示す「initFramebuffer()」ルーチンで行なっています。

リスト11.8 「wglEdgeMRT.js」の「initFramebuffer()」ルーチン

```
 1 function initFramebuffer()
 2 {
 3    // フレームバッファ・オブジェクトを作成する
 4    fbObj = gl.createFramebuffer();
 5    fbObj.texture = [];//プロパティのtextureを配列として宣言しておく
 6    //ターゲットにバインドする
 7    gl.bindFramebuffer(gl.FRAMEBUFFER, fbObj);
 8    // テクスチャ・オブジェクトの初期化
 9    for(var i = 0; i < 3; i++)
10    {
11       fbObj.texture[i] = gl.createTexture();
12       gl.bindTexture(gl.TEXTURE_2D, fbObj.texture[i]);
13       gl.texImage2D(gl.TEXTURE_2D, 0, gl.RGBA, OS_SIZE, OS_SIZE,
   0, gl.RGBA, gl.UNSIGNED_BYTE, null);
14       gl.texParameteri(gl.TEXTURE_2D, gl.TEXTURE_MIN_FILTER,
   gl.LINEAR);
15       gl.texParameteri(gl.TEXTURE_2D, gl.TEXTURE_MAG_FILTER,
   gl.LINEAR);
16       gl.texParameteri(gl.TEXTURE_2D, gl.TEXTURE_WRAP_S,gl.CL
   AMP_TO_EDGE);
17       gl.texParameteri(gl.TEXTURE_2D, gl.TEXTURE_WRAP_T,gl.CL
   AMP_TO_EDGE);
18       //フレームバッファ・オブジェクトとテクスチャ・オブジェクトを結合
19       gl.framebufferTexture2D(gl.FRAMEBUFFER, ext.COLOR_
   ATTACHMENT0_WEBGL+i, gl.TEXTURE_2D, fbObj.texture[i], 0);
20    }
21    //レンダーバッファ・オブジェクトを作成する
22    var rbObj = gl.createRenderbuffer();
23    gl.bindRenderbuffer(gl.RENDERBUFFER, rbObj);
24    gl.renderbufferStorage(gl.RENDERBUFFER, gl.DEPTH_COMPO
   NENT16, OS_SIZE, OS_SIZE);
25    //フレームバッファ・オブジェクトとレンダーバッファ・オブジェクトを結合
26    gl.framebufferRenderbuffer(gl.FRAMEBUFFER, gl.DEPTH_ATTA
   CHMENT, gl.RENDERBUFFER, rbObj);
27    //バインドをすべて解除する
28    gl.bindFramebuffer(gl.FRAMEBUFFER, null);
29    gl.bindTexture(gl.TEXTURE_2D, null);
30    gl.bindRenderbuffer(gl.RENDERBUFFER, null);
31 }
```

4、5行目で「フレームバッファ・オブジェクト」の「fbObj」を生成し、「テクスチャ・オブジェクト」の「fbObj.texture」を配列として宣言します。

7行目で、「fbObj」を「フレーム・バッファ」に「バインド」します。

9～20行目で「forループ」を用いて「テクスチャ・オブジェクト配列」の「fbObj.texture[]」を生成し、初期化します。

19行目において「gl.framebufferTexture2D()」メソッドによって「fbObj.texture[]」を「フレームバッファ・オブジェクト」にアタッチしています。

2番目の引数が「ext.COLOR_ATTACHMENT0_WEBGL+i」となっていることに注意してください。

「ext」は「webMain()」において拡張機能を有効化したときに取得したオブジェクトです。

22～24行目で「レンダーバッファ・オブジェクト」の「rbObj」を生成し、「パラメータ」を設定しています。

26行目でその「rbObj」と「フレームバッファ・オブジェクト」を結合しています。

28～30行目でバインドを、すべて解除します。

≪「レンダリング・ターゲット」の指定≫

「テクスチャ作成ルーチン」の「makeTextures()」において、「テクスチャ」を作るための「レンダリング」前に、次のような「プログラム・コード」を必要とします。

```
var bufferList = [
ext.COLOR_ATTACHMENT0_WEBGL,
ext.COLOR_ATTACHMENT1_WEBGL,
ext.COLOR_ATTACHMENT2_WEBGL,
];
ext.drawBuffersWEBGL(bufferList);
```

これは、今のアプリケーションのように、3個のテクスチャを作る場合です。

*

配列「bufferList[]」には「ext.COLOR_ATTACHMENT0_WEBGL」などの値で構成されています。

これらの値は、「initFramebuffer()」ルーチンにおいて「gl.framebuffer Texture2D()」メソッドの「第2引数」に用いた値と同じです。
(ext.COLOR_ATTACHMENT1_WEBGL = ext.COLOR_ATTACHMENT0_ WEBGL+1となっています)。

この配列を、「拡張機能専用」のメソッド、「ext.drawBuffersWEBGL()」に与えることによって、「シェーダ」側で何番目に作ったテクスチャかを識別できるようになります。

「fbObj.texture[i]」の内容は、「シェーダ」側の「出力データ」の「gl_FragData[i]」と一致します(i = 0, 1, 2)。

＊

「エフェクト処理描画ルーチン」の「drawEffect()」では、テクスチャ「fbObj. texture[i]」の「i」を「テクスチャ・ユニット番号」として、「シェーダ」にアップロードしています。

●「シェーダ」側のプログラム

「シェーダ」側では、(a)「MRT」を利用した「テクスチャ作成」のための「シェーダ」と(b)「エフェクト処理」のための「シェーダ」──の2組に分かれます。

≪「MRT」側の「シェーダ」≫

「頂点シェーダ」において普通の「3Dグラフィックス」と異なる点は、
```
v_Depth = gl_Position.z / gl_Position.w;
```
の1行を追加している点です。

これで[−1.0,1.0]の深度が得られ、「v_Depth」は「varying変数」として「フラグメント・シェーダ」に渡されます。

＊

「フラグメント・シェーダ」において、これまでは「フラグメントの色」として「組み込み変数」の「gl_FragColor」を用いていました。

「複数の色」(テクスチャ)を作るときは、次のように、「gl_FragData[]配列」を使います。
```
gl_FragData[0] = color;
gl_FragData[1] = vec4((N + vec3(1.0)) / 2.0, 1.0);
gl_FragData[2] = vec4(vec3((v_Depth + 1.0) / 2.0), 1.0);
```

「gl_FragData[0]」はこれまでの「3Dグラフィックス」の「フラグメント」の「色」で、「gl_FragData[1]」は「法線ベクトル」、「gl_FragData[2]」は「深度値データ」です。

≪「エフェクト処理」側の「シェーダ」≫

「MRT」側の「シェーダ」で作られた「gl_FragData[0]」「gl_FragData[1]」「gl_FragData[2]」は、それぞれ、「u_texColor」「u_texNormal」「u_texDepth」として、「エフェクト処理」側の「フラグメント・シェーダ」(**リスト11.9**)に渡されます。

リスト11.9 「WglEdgeMRT.html」のエフェクト処理側の「フラグメント・シェーダ」

```
 1 <script id="fs_effect" type="x-shader/x-fragment">
 2 precision mediump float;
 3 uniform sampler2D u_texColor;
 4 uniform sampler2D u_texNormal;
 5 uniform sampler2D u_texDepth;
 6 uniform int u_effectNo;
 7 uniform float u_w[9];
 8 uniform float u_offset[18];
 9 varying vec2 v_texCoord;
10 void main()
11 {
12   vec4 col = texture2D(u_texColor, v_texCoord);//3D-CGカラー情報
13   vec3 col0 = col.rgb;
14
15   if(u_effectNo == 0) { }//エフェクト無し
16
17   else//Laplacian,合成
18   {
19     vec3 edgeNormal = vec3(0.0);
20     float edgeDepth = 0.0;
21     for(int k = 0; k < 9; k++)
22     {
23       vec2 texCoord = v_texCoord + vec2(u_offset[2*k], u_off
   set[2*k+1]);
24       edgeNormal += texture2D(u_texNormal, texCoord).rgb * u_w[k];
25       edgeDepth += texture2D(u_texDepth, texCoord).r * u_w[k];
                                   //r=g=bなので1色でよい
26     }
27     //法線テクスチャから求めるエッジ
28     edgeNormal = vec3(0.5) - abs(edgeNormal);//色反転
29     float edgeN = (edgeNormal.r + edgeNormal.g + edgeNormal.
   b)/3.0;
30     edgeN = step(0.45, edgeN);//2値化
31     if(edgeN == 0.0) edgeN = 0.5;//エッジの色を薄く
32     //深度テクスチャから求めるエッジ(輪郭)
33     edgeDepth = 0.5 - abs(edgeDepth);//反転
34     edgeDepth = step(0.45, edgeDepth);//2値化
35     if(edgeDepth == 0.0) edgeDepth = 0.4;
36     //法線エッジ+輪郭(輪郭を含めたエッジ)
37     float edge = edgeN * edgeDepth;
38     if(u_effectNo == 1)      col.rgb = vec3(edge);      //エッジ
39     else if(u_effectNo == 2) col.rgb = vec3(edgeDepth); //輪郭
40     else if(u_effectNo == 3) col.rgb = col0 * edge; //色+エッジ
41     else                     col.rgb = col0 * edgeDepth;
```

```
                                                                // 色＋輪郭
42   }
43   gl_FragColor = vec4(col.rgb, 1.0);
44 }
45 </script>
```

プログラム解説 •••

12、13行目で「MRT」側において作った「3Dグラフィックス」の「色情報」をサンプリングし、「col0」に保存しておきます。

19～25行目で「法線テクスチャ」と「深度テクスチャ」に対して、「3×3」の「ラプラシアン・フィルタ」を実行し、「エッジ検出」をしています。

28～35行目で「法線テクスチャ」と「深度テクスチャ」の「エッジ検出結果」を「色反転」または「濃度反転」し、「2値化」しています。これらの閾値は、「固定」にしています。

37行で、「法線」によるエッジ「edgeN」と「深度」による「エッジ」(輪郭)「edgeDepth」の「乗算」によって、「輪郭」を含めたエッジ「edge」を作っています。

38～41行目で、「エフェクト番号」によって表示する内容を変更しています。

11-5 グレア・フィルタ

「MRT」を利用したもう一つのアプリケーションとして、「グレア・フィルタ」を取り上げます。

「グレア」とは「太陽光」の「反射光」、「車」の「ライト」など、「強い光源」によって「光」があふれているように、または「四方八方」に「光の筋」が伸びているように見える現象です。

＊

「WglGlareFilter」は、「反射光」が溢れているように見えるアプリケーションです。

プログラムの手順は以下の通りです。

①通常の「ライティング計算」によって「3Dモデル」上の「拡散光」「環境光」「鏡面光」を作る。
②「拡散光」「環境光」「鏡面光」全体のテクスチャと、「鏡面光」だけのテクスチャを作る。
③「鏡面光」だけに「平滑化（ぼかし）処理」を行なう。
④「拡散光」「環境光」「鏡面光」全体のテクスチャと、「平滑化処理された鏡面光」を「加算合成」する。

＊

図11.15に実行例を示します。

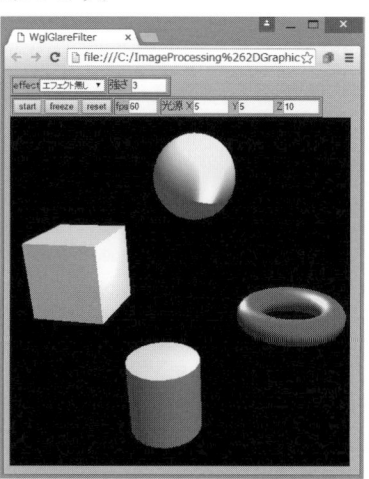

図11.15 「WglGlareFilter.html」の実行例①
「ぼかし処理」前の通常のライティング結果。

＊

　アプリケーションを立ち上げアニメーションを実行したときのスナップであり、通常の「3Dグラフィックス」の結果です。

　図11.16に「エフェクト例」を示します。

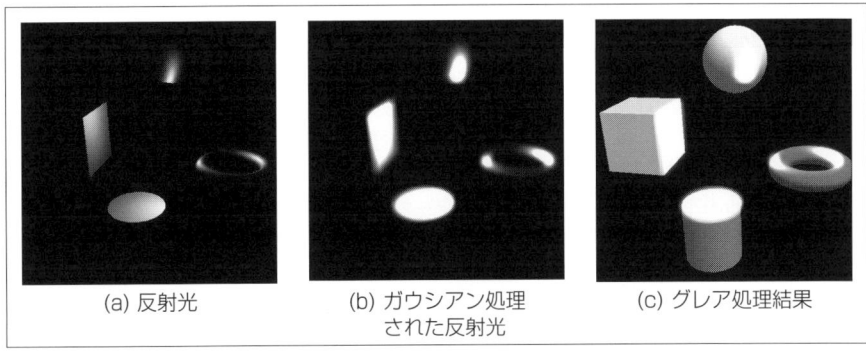

(a) 反射光　　　(b) ガウシアン処理　　　(c) グレア処理結果
　　　　　　　　　　された反射光

図11.16　「WglGlareFilter.html」の実行例②

(a)は前図から「鏡面光」すなわち「反射光」だけを取り出した結果です。

(b)は「反射光」を「ガウシアン・フィルタ」で「ぼかし処理」した結果です。

(c)は前図と「ぼかし処理」した「反射光」とを「加算合成」した結果です。

＊

　図(c)をよく見ると、「反射光」が「オブジェクト表面」から溢れ出ているように感じます。

＊

　入力要素[広がり]で「ぼかし」の面積を制御できます。

　「WglEdgeMRT」の「エッジ幅」を調整するときと同じように、「onChangeEffect()」ルーチンにおいて「オフセット間隔」を整数倍しています。

　「ぼかし面積」が広がると、「鏡面光」の「輝度」が下がります。

　それを補うため、「エフェクト処理」側の「フラグメント・シェーダ」において、「ガウシアン・フィルタ」計算後の「鏡面光colS」に、係数「u_strength」を乗じています。

　「入力要素[強さ]」で変わります。

参考文献

(1) 松田晃一；WebGL+HTML　3DCG プログラミング入門、カットシステム、2012 年。

(2) Andreas Anyuru（吉川邦夫訳）；実践プログラミング WebGL、翔泳社、2012 年。

(3) Aaftab Munshi, Dan Ginsburg, Dave Shreiner（松田晃一訳）；OpenGL ES 2.0 プログラミングガイド、ピアソン・エデュケーション、2012 年。

(4) Aaftab Munshi, Jon Leech（松田晃一訳）；OpenGL ES 2.0 グラフィックシステム、カットシステム、2011 年。

(5) D. シュライナー、M. ウー、J. ニーダー、T。デーヴィス（松田晃一訳）；OpenGL プログラミングガイド（原著第 5 版）、ピアソン・エデュケーション、2006 年。

(6) Randi J. Rost；OpenGL Shading Language Second Edition、Addison-Wesley、2006 年．

(7) Eric Lengyel（狩野智英訳）；ゲームプログラミングのための 3D グラフィックス数学、ボーンディジタル社、2003 年。

(8) C. ウォルナム（松田晃一訳）；Win32 OpenGL プログラミング、プレンティスホール出版、1996 年。

(9) M. オローク（袋谷賢吉、大久保篤志訳）；3 次元コンピュータ・アニメーションの原理、トッパン、1997 年。

(10) 金谷一朗；3D-CG プログラマーのための　リアルタイムシェーダー[理論と実践]、工学社、2004 年。

(11) A.Rosenfeld and A.C.Kak（長尾 真 監訳）：ディジタル画像処理、近代科学社、1978 年。

(12) 長尾 真：パターン情報処理、コロナ社、1983 年。

(13) 田村秀行：コンピュータ画像処理入門、総研出版、1985 年。

(14) 森 俊二、坂倉栂子：画像認識の基礎、オーム社、1990 年。

(15) 安居院猛、中嶋正之：画像情報処理、森北出版、1991 年。

(16) 谷尻豊寿：画像処理入門、技術評論社、1996 年。

(17) 磯 博：ディジタル画像処理入門、産能大学出版部、1996 年。

(18) 安居院猛、長尾智晴：C 言語による画像処理入門、昭晃堂、2000 年。

(19) 村上伸一：画像処理工学、東京電機大学出版局、1996 年。

(20) 白石俊平；HTML5 & API 入門、日経 BP、2010 年。

(21) HTML5・JavaScript・CSS3 アプリケーション開発入門、日経ソフトウェア、2011 年。

(22) Stoyan Stefanov（水野貴明、渋川よしき訳）；オブジェクト指向 JavaScript、アスキー・メディアワークス、2012 年。

(23) 河村嘉之、川尻剛；プロになるための　JavaScript 入門、技術評論社、2013 年。

(24) 酒井幸市：OpenGL＋GLSL による　画像処理プログラミング、工学社、2009 年。

(25) 酒井幸市：WebGL による 3D-CG アニメーション、工学社、2013 年。

(26) 酒井幸市：WebGL による 物理シミュレーション、工学社、2014 年。

(27) 酒井幸市：WebGL による 流れと波のシミュレーション、工学社、2014 年。

ウェブサイト

(28) https://wgld.org/d/webgl/

(29) http://www.pori2.net/html5/

(30) http://javascript-api.sophia-it.com/

(31) http://marina.sys.wakayama-u.ac.jp/~tokoi/

索 引

記号・数字

.html / .js ················· 14
2値化 ················· 136
3D絵画 ················· 252

五十音順

≪あ行≫

あ アナログ・フィルタ ················· 99
アニメーション ················· 45
アフィン変換 ················· 43,45
アルファ・ブレンディング ··· 147
アンシャープ・フィルタ ······ 123
い 一様乱数 ················· 110
移動平均法 ················· 92
イベント・オブジェクト ··· 25
イベント・ハンドラ ··· 23
イラスト風画像 ················· 161
色 ················· 18,33
色空間 ················· 34,128
色の3属性 ················· 132
色反転 ················· 57,61
陰影効果 ················· 235
インパルス応答 ················· 99
え エイリアシング ················· 70
エッジ ················· 96,286,290
エッジ検出フィルタ
················· 114,115,118
エッジの方向 ················· 166
遠近除算 ················· 228
エンボス・フィルタ ······ 124,246
お 覆い焼き ················· 151
オーバーレイ ················· 152
オープニング ················· 97,140
オブジェクト座標系 ··· 225
オフスクリーン描画 ··· 268
オペレータ ················· 91
重み係数 ················· 91
重み付き平均化 ················· 93
折り返しひずみ ················· 70

≪か行≫

か カーネル ················· 91
絵画風画像 ················· 169
階調数 ················· 65
階調数削減 ················· 161
階調数変換 ················· 65,136
回転 ················· 42,217,219
ガウシアン・フィルタ ··· 93,106
ガウス記号 ················· 66,120
ガウス雑音 ················· 110
拡散光 ················· 235,236
拡大縮小 ················· 42,69
拡張機能 ················· 290
加算 ················· 150
画質変換 ················· 145
加重平均化 ················· 93
加重マトリクス ················· 91
画素 ················· 56
画像処理 ················· 56
画像の作成 ················· 53
画像描画 ················· 31
加法混色 ················· 129
カメラ座標 ················· 226
カラー・バッファ ················· 268
カラーピッカー ················· 34
環境光 ················· 235,236
環境マッピング ················· 254
眼点座標 ················· 226
ガンマ補正 ················· 79
き 輝度値 ················· 56
ギブス現象 ················· 102
キャニー・フィルタ ··· 118
キャンバス ················· 13
キャンバス画像の取得 ··· 32,53
キャンバス座標系 ··· 17,25,183
キャンバスの色 ················· 14
キューブ・マッピング ··· 254
鏡面光 ················· 235,237
曲面鏡 ················· 219
距離変換 ················· 178
均等スケーリング ················· 216
近傍処理 ················· 91
く 空間フィルタ ················· 91
屈折環境マッピング ··· 254
組み込み変数 ················· 189
曇りガラス ················· 260
クライアント座標系 ··· 25

グラデーション画像 ················· 65
クリア ················· 18,191
クリップ座標 ················· 227,228
グレア・フィルタ ················· 298
グレイ・スケール画像 ··· 57
クレーン ················· 234
クロージング ················· 97,140
クロスフェード・ディゾルブ
················· 157
黒つぶれ ················· 76,80
クロマ・キー合成 ··· 148,155
け 形状変更係数 ················· 216
減算 ················· 150
減法混色 ················· 130
こ 高域通過フィルタ ··· 104
光源 ················· 235
後進オイラー法 ················· 51
合成 ················· 147
勾配の大きさ ················· 113
勾配の方向 ················· 119,166
ごま塩雑音 ··· 95,98,110
コントラスト ················· 76,80
コンボリューション ················· 91

≪さ行≫

さ 差 ················· 151
最近傍法 ················· 70
最近隣平均化 ················· 96
サイズ処理 ················· 69
最大値／最小値フィルタ ··· 97
彩度 ················· 34,132
再描画 ················· 32
最頻値フィルタ ················· 97
雑音 ················· 110
座標系 ··· 17,25,183,224
座標変換 ················· 224
差分オペレータ ················· 112
差分フィルタ ················· 112
サンプラ型 ··· 201,205
サンプリング位置 ················· 216
サンプリング定理 ················· 70
し シェーダ記述言語 ················· 183
四角形型 ················· 216
時間刻み ················· 47
色差信号 ················· 131
色相 ················· 34,132
色調変換 ················· 75

301

索 引

視錐台 ·············· 227
視体積 ·············· 227
視点座標 ············ 226
視点座標系 ·········· 226
射影行列 ············ 227
射影変換 ············ 227
遮断周波数 ·········· 100
視野変換 ············ 226
視野変換行列 ········ 226
周期 ················· 47
周波数特性 ·········· 100
従法線ベクトル ······ 248
縮小処理 ············· 70
純色 ················ 133
乗算 ················ 151
白とび ··············· 76
深度情報 ········ 268,286

す 水彩画風画像 ········ 169
数値解法 ············· 51
ズーム ·············· 234
スクリーン ·········· 152
スケーリング ········· 69
ステンシル・バッファ ····· 268
ステンドグラス風画像··179,262
ストローク・ベース ··· 165
スネルの法則 ········ 255
すりガラス ·········· 260
せ 正規化デバイス座標 ······ 228
正規分布 ············· 93
正投影変換 ·········· 227
積和演算 ············· 91
接空間 ··········247,248
接線ベクトル ········ 248
セピア色 ············· 57
ゼロ・クロス・フィルタ ····· 118
ゼロ・クロス点 ··· 115,118
ゼロ交差法 ·········· 118
鮮鋭化フィルタ ······ 122
線形濃度変換 ········· 78
線形フィルタ ········· 92
線形変換 ············· 42
線形量子化法 ········· 66
前進オイラー法 ······· 51
選択的局所平均化フィルタ ···· 96
線幅 ················· 18
そ 双線形補間法 ········· 70
ソース ·············· 147
ソーベル ············ 114
ソフトキーによる画像合成 ···149
ソラリゼーション ····· 90

≪た行≫

た 帯域通過フィルタ ······· 104
ダイナミックレンジ ··· 76
タイマー関数 ········· 45
タイム・ステップ ····· 47
多角形 ·············· 29

高さマップ ·········· 246
多数決フィルタ ···· 97,140
畳み込み演算 ·······91,92,99
タンブル ············ 234
ち 頂点シェーダ ········ 188
頂点テクスチャ・フェッチ ··· 252
直線 ················· 17
チルト ·············· 234
て 低域通過フィルタ ······ 99
ディスティネーション ······· 147
ディゾルブ ·········· 157
適応的閾値処理 ······ 120
適応的母点配置 ······ 177
テクスチャ・アクセス関数··· 205
テクスチャ・オブジェクト
················197,269
テクスチャ・ユニット ··· 198
デジタル・フィルタ ··· 99
デプス・バッファ ···· 268
点処理 ··············· 61
と トゥーン・シェーディング
··················· 263
投影行列 ············ 227
投影変換 ············ 227
等加速度運動 ········· 50
透視除算 ············ 228
透視投影変換 ········ 227
透明度 ·········· 22,33,147
トーンカーブ ········· 78
ドラッグ＆ドロップ ··· 38
ドリー ·············· 234
ドロネー網 ·········· 172

≪な行≫

な 波 ··············· 248,260
に ニアレストネイバー法 ········· 70
の 濃淡画像 ············· 65
濃度値 ··············· 56
濃度値ヒストグラム ··· 75
濃度反転 ·········· 56,90
濃度分解能 ··········· 65
濃度変換 ········ 75,136
濃度変換曲線 ········· 78

≪は行≫

は ハードキー ·········· 150
ハーフ・ベクトル ···· 237
背景画像 ············· 14
ハイライト ·········· 237
バインド ·······198,269,270
ハニング窓 ·········· 102
ハミング窓 ·········· 102
パン ················ 234
バンプ・マッピング ··· 246
ひ 比較 ··············· 151
非最大抑制 ·········· 119
非写実的描画 ······160,263

ヒステリシス ········ 120
ヒストグラム ······ 75,97
ヒストグラム平坦化 ··· 81
非線形濃度変換 ······· 79
非線形フィルタ ······· 95
微分オペレータ ······ 112
微分フィルタ ········ 112
ビューアップ・ベクトル ···· 226
ビュー行列 ·········· 226
ビュー投影行列 ······ 226
ビュー変換 ·········· 226
ビューポート変換 ···· 229
描画コンテキスト ····· 16
描画状態 ········· 29,45
標準偏差 ············· 93
ふ ファイルの読み込み ··· 41
フィルタ係数 ········· 91
フィルタリング ····· 73,91
フーリエ級数展開法 ··· 101
フォン修正反射モデル ······ 237
フォンのモデル ······ 237
フラグメント・シェーダ ······ 189
プレウィット ········ 114
フレームバッファ・オブジェクト
··············· 268,269
プログラム・オブジェクト ··· 283
分散 ················· 93
へ 平均値フィルタ ······· 92
平行移動 ············· 42
変位マッピング ······ 246
ペン画風画像 ········ 165
変形処理 ············ 212
ほ 法線マップ ·········· 247
膨張／収縮処理 ···· 97,140
放物運動 ············· 50
飽和度 ·············· 132
ボカシ処理 ········ 58,91
補色 ················ 129
ポスタリゼーション ··· 161
母点 ················ 172
ボロノイ図 ·········· 172

≪ま行≫

ま マウスカーソルの位置 ·········· 25
マウス操作 ··········· 22
漫画風 ·············· 267
マンセル表色系 ······ 132
み ミップマップ ········ 200
む 無限長インパルスフィルタ ··· 100
め 明度 ·········· 34,132
メディアン・フィルタ ··· 95,109
も モザイク処理 ······ 58,63
モザイク風画像 ····· 176,177
文字描画 ············· 29
モデリング変換 ······ 225
モデル変換 ·········· 225
モノクロ画像 ········· 57

≪や行≫

や 焼き込み······················152
ゆ 有限長インパルス応答フィルタ
　　　··················100
　油彩画風画像··············169,181

≪ら行≫

ら ライブラリ·····················229
　ラプラシアン··················114
　ラプラシアン・フィルタ
　　　··········· 115,122
　ランバートのモデル··· 236
り リサイズ処理·····················69
　領域ベースのNPR···········172
　量子化····························65
　量子化数··························65
　リンキング·······················102
れ レベル変換·······················75
　レンズ·····················219,257
　レンダーバッファ・オブジェクト
　　　···············268,270
　レンダリング・ターゲット···· 294
ろ ローカル・ファイル···········38
　ロバーツ··························114

≪わ行≫

わ ワールド座標系········ 225,226

アルファベット順

A addEventListener()·········· 23,40
　arc()·····························17
B beginPath()·····················17
　BPF··························104
C Camera クラス··············· 230
　canvas 要素····················16
　clearInterval()··················46
　clearRect()······················18
　closePath()················18,27
　CMYK 色空間···········130
　CMY 色空間···········129
　createImageData()·················53
D discard 文·················189
　document·····················23
　drawCircle()·················186
　drawImage()·················31
　drawLine()·················185
　drawLines()·················185
　drawLineStrip()·················185
　drawPoints()·················186
　drawRectangle()·················186
　drawTriangle()·················185
F FileReader オブジェクト····· 41
　fill()·····························17
　fillRect()················17,18
　fillStyle·······················18
　fillText()·······················30

　FIR フィルタ·····················100
G getBoundingClientRect()·······25
　getImageData()··········· 32,53
　getTime()·······················49
　gl.bindFramebuffer()·····269,278
　gl.bindRenderbuffer()·········270
　gl.bindTexture()···········198,279
　gl.clear()·····················191
　gl.clearColor()·····················191
　gl.createFramebuffer()····· 269
　gl.createProgram()····· 283
　gl.createRenderbuffer()·········270
　gl.createTexture()·················269
　gl.drawArrays()···········184,203
　gl.framebufferRenderbuffer()
　　　··········271
　gl.framebufferTexture2D()
　　　·············271,294
　gl.generateMipmap()·········· 200
　gl.getExtension()·········· 290
　gl.getParameter()········ 252,290
　gl.program·················· 283,284
　gl.renderbufferStorage()········270
　gl.texImage2D()··········199,269
　gl.texParameteri()· 199,213,269
　gl.uniform1fv()·····················210
　gl.uniform4fv()·········· 206,208
　gl.useProgram()··········· 283,284
　gl.viewport()·········229,278,279
　gl_FragColor·······189,205,295
　gl_FragData[]配列·········· 295
　gl_PointCoord·················189
　gl_Position·················189,228
　glFrustum·················· 228
　GLSL··························183
　gluLookAt()·················· 226
　gluPerspective()········· 228
H HLS 色空間···········134
　HPF··························99,104
　HSL 色空間···········34,134
　HSV 色空間···········135
　HTML ファイル···········14
I IIR フィルタ·····················100
　Image オブジェクト····31,41,197
J JavaScript ファイル···········14
L Laplacian オペレータ·········115
　Light クラス·················237
　lineTo()·····················17
　lineWidth·······················18
　lookAt()·················· 226
　LPF··························73,99
M Matrix4 クラス····· 225,226,228
　mouseOperation()·············· 234
　moveTo()·······················17
　MRT··········· 290,295
N NPR··················160,263
　NTSC 加重平均法··················57

O onmousedown·············· 23
　onmousemove·············· 23
　onmouseup·············· 23
　OpenGL··················183
P perspective()·············· 228
　PNG 画像···········159
　preventDefault()·················40
　Prewitt オペレータ·········114
　putImageData()··········· 33,53
R readAsDataURL()·················41
　refract()·················· 255
　requestAnimationFrame()····194
　restore()·················29,45
　RGBA·····························18
　RGB 色空間···········128
　Rigid クラス·················· 238
　Roberts オペレータ·········114
　rotate()·····························42
S save()·················29,45
　scale()·················28,42,45
　setInterval()·····················45
　setTimeout()·····················45
　Sobel オペレータ·········114
　stroke()·····························17
　strokeRect()·····················17
　strokeStyle·······················18
　strokeText()·····················30
T textAlign·······················30
　texture2D()·················· 205
　translate()·················42,45
W WebGL 座標系···········183
　window オブジェクト·········· 23
X XYZ 色空間···········131
Y YCC 色空間···········130
　YCRCB···········131
Z Z バッファ·················· 268
　Z 変換···········100

■著者略歴

酒井　幸市 (さかい・こういち)

1941年	北海道生まれ
1965年	北海道大学工学部電子工学科卒業
同　年	沖電気工業株式会社入社
1974年	釧路工業高等専門学校講師
1988年	釧路工業高等専門学校教授
1993年	函館工業高等専門学校教授
2005年	函館工業高等専門学校名誉教授

工学博士

【主要著書】

WebGLによる「流れと波」のシミュレーション	
WebGLによる物理シミュレーション	
WebGLによる3D-CGアニメーション	
「OpenGL+GLSLによる「流れ」のシミュレーション」	
「OpenGL+GLSLによる物理ベースCGアニメーション2」	
「OpenGL+GLSLによる物理ベースCGアニメーション」	
「OpenGL+GLSLによる画像処理プログラミング」	
「OpenGL+GLSLによる3D-CGアニメーション」	（工学社）
「OpenGLでつくる3次元CG＆アニメーション」	
「画像処理とパターン認識入門」	
「OpenGLで作る力学アニメーション入門」	（森北出版）
「ディジタル画像処理の基礎と応用」	
「物理・制御シミュレーション入門」	
「OpenGL3Dプログラミング」	（CQ出版）
「VBで学ぶコンピュータ応用」	
「ディジタル画像処理入門」	
「高専学生のためのディジタル信号処理」	（コロナ社）

本書の内容に関するご質問は、
① 返信用の切手を同封した手紙
② 往復はがき
③ FAX (03) 5269-6031
　（返信先のFAX番号を明記してください）
④ E-mail　editors@kohgakusha.co.jp
のいずれかで、工学社編集部あてにお願いします。
なお、電話によるお問い合わせはご遠慮ください。

サポートページは下記にあります。

［工学社サイト］

http://www.kohgakusha.co.jp/

I/O BOOKS

JavaScriptとWebGLによる画像処理プログラミング

平成28年7月10日　初版発行　ⓒ2016	著　者	酒井　幸市
	編　集	I/O編集部
	発行人	星　正明
	発行所	株式会社 工学社
		〒160-0004 東京都新宿区四谷 4-28-20 2F
	電話	(03) 5269-2041 (代) ［営業］
		(03) 5269-6041 (代) ［編集］
※定価はカバーに表示してあります。	振替口座	00150-6-22510

印刷：シナノ印刷（株）

ISBN978-4-7775-1958-3